BIBLIA Y DISCIPULADO

RAÍCES, PLENITUD, FRUTOS

Esta publicación académica ha pasado por el doble peritaje anónimo.

This academic publication has undergone double anonymous peer review.

© Ediciones Universidad San Dámaso
Jerte, 10
E - 28005 Madrid, 2024
Teléf.: 91 364 40 18
publicaciones.ad@sandamaso.es

ISBN: 978-84-10270-00-8
D L : M-18247-2024

En portada: *Take My Yoke Upon You* © Ioan Gotia dcjm 2021

Impreso en papel 100% procedente de bosques gestionados de acuerdo con criterios de sostenibilidad.

BIBLIA Y DISCIPULADO

RAÍCES, PLENITUD, FRUTOS

Luis Sánchez Navarro – Napoleón Ferrández Zaragoza (eds.)

Madrid 2024

EDICIONES
UNIVERSIDAD SAN DÁMASO

ÍNDICE

PRESENTACIÓN 9

El 25 de octubre de 2023 tuve la oportunidad de saludar cordialmente en nombre del Sr. Decano a los participantes en la jornada de estudio sobre "El seguimiento en la Biblia"; la organizó el grupo de investigación sobre "El discipulado en la Biblia", que coordinan los profesores Luis Sánchez Navarro y Napoleón Ferrández Zaragoza, ambos de nuestra Facultad. Me permito unir a la publicación de este evento las breves palabras que entonces les dirigí.

En un breve artículo sobre el seguimiento de Jesús[1], Joseph Ratzinger recordaba que el libro más conocido y más extendido en el cristianismo después de la Biblia, lleva el título de *La imitación de Cristo*. Tras ponderar las virtudes y los límites de esta obra en la actualidad, afirmaba que la pregunta que permanece, y que siempre hay que plantear de nuevo es: "¿En qué consiste propiamente el seguimiento y la imitación

---

1 Cf. J. RATZINGER, *Dogma und Verkündigung*, Erich Wewel Verlag, München 1973 (trad. esp.: "El seguimiento de Cristo", en ID., *Obras completas* IV, BAC, Madrid 2018, 509-513).

de Cristo?". En este breve artículo, Ratzinger hace afirmaciones importantes. Las recojo de modo telegráfico:

En primer lugar, el seguimiento de Cristo es algo a la vez totalmente externo y totalmente interno. En segundo lugar, seguimiento significa ir detrás, aceptar el camino propuesto, que incluye la renuncia a uno mismo. Tercero, la vocación de los discípulos se concentra en la palabra "sígueme", que describe la esencia del discípulo. Cuarto, seguimiento significa conocer la voz de Jesús, confiarse a la palabra de Dios; se trata de la elección fundamental entre vivir para uno mismo o entregarse y desprenderse. Quinto, el martirio colma la plenitud del seguimiento, pues seguir a Cristo significa aceptar la esencia interior de la cruz, el amor radical que se expresa en ella. Sexto, seguir e imitar a Cristo es, por ello, penetrar en el abandono de uno mismo como núcleo del amor, participar de la actividad de Dios mismo.

Como afirman los organizadores de esta jornada, el discipulado recorre la Sagrada Escritura, desde los orígenes de la historia de Israel, pasando por el Éxodo y los profetas, hasta llegar a su plenitud en el Nuevo Testamento. En el seguimiento de Cristo confluyen cristología, antropología, moral, historia, reflexión filosófica y ciencias humanas. La riqueza de un acercamiento interdisciplinar posibilitará captar mejor todos los matices que es necesario tener en cuenta para elaborar una respuesta adecuada, y permitirá profundizar en una cuestión nuclear para el cristianismo de todos los tiempos.

Juan de Dios Larrú Ramos
Vicedecano de la Facultad de Teología – UESD

Luis Sánchez Navarro – Napoleón Ferrández Zaragoza
UESD

El discipulado pertenece al acontecimiento cristiano: Jesús no existe sin sus discípulos. Desde el primer momento hasta el final, su camino terreno estuvo acompañado de quienes, reconociéndolo como Maestro, habían sido llamados por él para seguirlo por los caminos de Palestina, y fueron luego enviados a proclamarlo por los caminos del mundo entero. Desde entonces y hasta hoy, la Iglesia ha vivido con intensidad el misterio del seguimiento de Cristo, que ya san Pablo relaciona con su imitación. El interés por el "misterio del discipulado cristiano" está en el origen del grupo de investigación "Biblia y discipulado", establecido en la Facultad de Teología de la Universidad Eclesiástica San Dámaso en 2022, y cuyo primer fruto tiene el lector en sus manos. Fruto, concretamente, de la Jornada de Investigación "El seguimiento en la Biblia", celebrada el 25 de octubre de 2023.

El discipulado/seguimiento es, sí, un fenómeno central en los evangelios; pero, por su propia naturaleza, abarca toda la persona, de modo que su comprensión requiere un acercamiento que desborda el estudio puramente bíblico: pues la *plenitud* bíblica, en particular neotestamentaria, se ilumina a partir de sus *raíces* antropológicas y culturales, y manifiesta sus *frutos* en la tradición eclesial y la configuración afectiva del cristiano como discípulo. Por ello, desde el principio hemos planteado un grupo en el que la interdisciplinariedad hiciera posible un acercamiento plural a este hecho, fascinante y complejo, muy conocido y sin embargo aún por descubrir.

En consecuencia, el lector encontrará en este volumen aproximaciones diversas y complementarias. Primero, la perspectiva filosófica nos desvela su alcance antropológico: David Torrijos muestra cómo, en la antigüedad clásica, la escuela filosófica reunida en torno a un maestro es concebida como una comunidad de amistad, donde el ejemplo y la imitación juegan un papel relevante; se trata de una formación de carácter ético (*paideía*), que apunta a un comportamiento marcado por la virtud. Acercándonos al ámbito bíblico, Daniel Justel nos ilustra acerca de las formas análogas al discipulado en el antiguo Oriente próximo, centrándose en dos contextos: laboral (aprendiz) y cultual (sacerdote); pese a su diferencia con el mundo bíblico (en sumerio y acadio no existe el término equivalente a "discípulo"), encontramos realidades que permiten contextualizar, a un tiempo, la semejanza cultural y la novedad bíblica, que radica fundamentalmente en la naturaleza y función del maestro.

En su estudio sobre el discípulo profeta en el Antiguo Testamento, Carlos Granados muestra cómo la profecía es, en sí misma, paso de maestro a aprendiz, de modo que el discípulo pertenece al hecho profético: no como mero instrumento de transmisión, sino por necesidad interna. El recorrido por algunos personajes emblemáticos (Moisés-Josué y Elías-Eliseo, pero también Eliseo-Guejazí y Jeremías-Baruc) muestra cómo el discípulo revela al maestro y desvela las características del "discípulo profeta", prefiguración del neotestamentario. Cayetana Heidi Johnson amplía la visión del judaísmo al ilustrar el discipulado rabínico: la formación del joven judío, en alianza de familia y comunidad, está imbuida de la Torá; y Dios es el primer maestro, pues el mismo YHWH tiene una "Bet Midrás" (escuela) para enseñar la ley a los justos.

Dos contribuciones entran de lleno en el discipulado evangélico. Napoleón Ferrández ofrece un completo estudio del seguimiento de Cristo en los sinópticos y en Juan, analizando su terminología propia y mostrando su sentido a la vez físico y espiritual, finalizado a la imitación del Maestro. Luis Sánchez ahonda esta perspectiva en el evangelio de Mateo, para quien la imitación de Cristo es conformación, interior y cordial, pero también exterior y concreta, con el Enmanuel vivo y operante entre los hombres mediante su Iglesia.

Las dos aportaciones conclusivas suponen sendas aperturas que apuntan a la actualización del discipulado cristiano. En la primera, Jaime López Peñalba aborda, desde el punto de vista de la teología espiritual, el discipulado en el monaquismo antiguo: seguimiento e imitación son dos categorías centrales de esta tradición espiritual, muy importantes para comprender el ideal de santidad que se está perfilando entre los monjes de los primeros siglos, perpetuado después en la Iglesia mediante las diversas formas de vida consagrada. Por último, Raúl Sacristán aúna las perspectivas psicológica y moral al presentarnos un análisis del vínculo afectivo como clave del discipulado: en su conclusión manifiesta la circularidad entre amor y educación, pues sólo el amor educa, pero a la vez el amor es el fin de la educación; y a ello se llega mediante una relación interpersonal del discípulo con el maestro.

Perspectivas, en fin, diversas y complementarias, fruto de una labor común que constituye al mismo tiempo semilla para futuras investigaciones. De este modo, esperamos contribuir a mostrar la relevancia eclesial, y los caminos para realizarla, de la gran propuesta de Jesús a los hombres de todos los tiempos: "Tú, sígueme" (cf. Jn 21,22).

EL DISCIPULADO
EN LA FILOSOFÍA ANTIGUA

David Torrijos Castrillejo
UESD

Me propongo examinar la concepción del discipulado en el ámbito de la filosofía antigua. La filosofía se inserta como una novedad pedagógica, una suerte de renovación de la preparación de los jóvenes para la vida adulta. Ahora bien, lo que comienza siendo una reforma educativa acaba representando un auténtico enfoque intelectual del que surge la formulación del conocimiento científico tal como lo conocemos. Aún así, pese a que el modo de cultivar el espíritu humano entre los griegos acaba traspasando las originariamente estrechas fronteras de la *paideia*, entendida como formación de los jóvenes, para convertirse en una forma de vida también para los adultos, ello no impide que la concepción de la filosofía entre los griegos y también en el mundo romano se comprenda como una comunidad de vida, si no siempre entre "maestros y discípulos", al menos sí entre "amantes del saber", filósofos, que son también entre ellos amantes, vale decir, "amigos".

Por estas razones, nuestro itinerario en estas páginas va a partir de una somera consideración de la *paideia* griega, desde la religión tradicional a la filosofía. En segundo lugar, expondré el importante carácter imitativo de la educación griega que es heredado por la filosofía. En tercer lugar, prestaré atención a un contexto privilegiado de desarrollo de la imitación, la amistad filosófica, el discipulado entre filósofos propiamente dicho. En la amistad encontraremos un contexto que supera algunas de las limitaciones planteadas por la educación fundada en la imitación.

1. La paideia griega entre religión y filosofía

A diferencia de una pedagogía centrada en el estudio de la Palabra de Dios, los griegos no parten de una condición de discípulos de un Dios dispuesto a enseñar. La religión griega no gira en torno a una revelación y verla así sólo contribuiría a distorsionarla. Pese a la gran validez de las investigaciones de Wilamowitz-Moellendorff, el título de su gran obra sobre la religión griega —*Der Glaube der Hellenen*— adolece de cierto cristianocentrismo. La religión no es sobre todo una "fe", ni lo fundamental en ella son unas creencias, sino sobre todo es —si se quiere usar tal término— una "praxis", pues su centro es el culto. Sólo después entran las ideas, los mitos, etc., que tienen un lugar bastante secundario y en ningún modo poseen el carácter de una revelación divina definitiva. Es precisamente la mentalidad filosófica de época clásica y sobre todo helenística quien convierte los textos poéticos de carácter mitológico en una especie de sabiduría divina que encerraría verdades venidas de los dioses.

Ahora bien, que los griegos no partiesen de la revelación en su educación supuso un camino peculiarmente interesante en lo tocante a su relación con la divinidad, que resultó mucho más atractivo a los judíos y sobre todo a los cristianos que lo que podrían serlo las más bien modestas aportaciones al pensamiento y al *ethos* humano de la religión tradicional griega. En época clásica, los grandes filósofos griegos forjan un modo de hacer filosofía que, por su propia naturaleza, les permite abrirse a la trascendencia. Las fronteras de la experiencia son traspasadas para alcanzar una divinidad que no sólo rebasa el mundo sensible, sino incluso los límites impuestos a lo sagrado por la lógica de la imaginación imperante en el mito. La inteligencia filosófica alcanza una "segunda navegación", y Sócrates y sobre todo su discípulo Platón superan las barreras de lo material alcanzando el mundo del espíritu que, en último término, está presidido por "lo divino". Por fin ha sido alcanzado algo que merece dicho nombre debido a su manera intelectual y ética de ser, no meramente por su carácter inmortal. De este modo, si los filósofos griegos no comienzan su itinerario como discípulos de Dios, sí acaban convenciéndose de que, al fin y al cabo, el saber consiste en aprender las cosas divinas. Ciertamente, no siempre éstas se enseñan a sí mismas de manera patente pero, en cualquier caso, cultivar la filosofía consiste en introducirse en semejante discipulado.

Como volveremos a recordar al final de estas páginas, formar parte de una comunidad filosófica significa entrar en una relación de amistad, la que tienen los discípulos con el maestro, muy similar a la que tienen los colegas filósofos con sus iguales. Los filósofos son amigos de la verdad y por eso son amigos los unos de los otros. Ahora bien, más que nada son amigos de la verdad. El filósofo —como bien decía Sócrates— no es un sabio. Sabia es sólo la divinidad. El filósofo es alguien que cultiva el amor por la verdad, el amor por la sabiduría. Puesto que la divinidad es poseedora de esa sabiduría, es imposible ser filósofo y no amar la divinidad, poseedora de lo que uno desea. Es más, una y otra vez —con diversos matices, claro—, los filósofos pensarán que la divinidad no sólo es poseedora de la verdad sino que, más bien, es ella misma la verdad. Amar la sabiduría es, en definitiva, amar a Dios.

Ciertamente, Aristóteles se lamentaba de que las cosas divinas sólo se podían conocer de manera precaria; con todo, su conocimiento valía más que la muy prolija y completa noticia que nos es accesible acerca de las demás cosas (*De part. an.*, 644b32-35). Así que habíamos de procurarnos ese conocimiento de lo más elevado en la medida en que pudiéramos y así nos convertiríamos sin duda en "amados de Dios" (*EN* 1177b30-35; *EN* 1179a23-31). Más optimistas aún se habían mostrado Platón y otros discípulos suyos, pues pensaban que era accesible una mirada directa a las cosas divinas y que, en virtud de ese conocimiento, entonces el filósofo aprendía sobre todo lo demás. Todo discipulado consistiría, pues, en ascender el camino del amor hasta gozarse en esta suprema belleza, es decir, cultivar la amistad con esta sabiduría plena, verdad completa, merced a la cual el hombre puede orientarse tanto en su vida personal como la pública. No constituye esto una total novedad de Platón, pues ya Parménides atribuía a la "revelación" de una innominada diosa el conocimiento divino que consigna en su *Poema*. Ciertamente, en época presocrática florecen las sectas órficas y de ahí pudo llegar también hasta Empédocles, Platón y otros la idea de un conocimiento divino venido de lo alto, cierto tipo de "inspiración" accesible a los iniciados. En cualquier caso, lo que se situaba al principio en un "delirio" privado es presentado en Platón como un camino luminoso íntimamente ligado a la sobria lucidez de la inteligencia, del razonamiento y de la investigación contrastable.

Estos ideales clásicos tienen variopintas derivaciones en los siglos posteriores. De manera particular, entraña interés la centralidad de la amistad y de la vida común como clave para la iniciación filosófica en época helenística y romana. La filosofía es vida porque su morada es el alma. El ágrafo Sócrates ya había advertido que no podía descansar en las páginas muertas de un libro. Es la vida del filósofo, sus pensamientos, sus acciones, el lugar en que cabe hallar la filosofía. Por este motivo, difícilmente podía entenderse la práctica de la filosofía como una tarea individualista y solitaria, pues compartir el saber es establecer una comunicación vital. Es evidente la presencia de muchas diferencias entre las escuelas filosóficas; pese a ello, todos celebran la amistad como un gran bien y el quicio de las relaciones entre personas, pero sobre todo entre filósofos. La amistad es el ámbito oportuno en que uno puede convertirse en filósofo, sobre todo cuando, sobre todo en época helenística, se entiende la filosofía como forma de vida[1]. Filósofo

---

1   Cf. Pierre Hadot, *Ejercicios espirituales y filosofía antigua* (Siruela, Madrid 2006).

no es el que aprende una doctrina, sino el que alcanza un *modus vivendi*
generalmente identificado con el del "sabio". La filosofía en cuanto
tal, es decir, los razonamientos, las disputas, la investigación, la lectura,
etc., están más bien subordinadas a alcanzar un estado del alma, una
manera de vivir que consta de esas ejercitaciones igual que incluye el
ejercicio de la virtud. No se trata, pues, primariamente de aceptar una
serie de doctrinas o de defenderlas y argumentarlas sino, sobre todo,
conformar un tipo de espíritu, una manera precisa de desenvolverse
en la vida, todo lo contrario de letra muerta embalsamada en papiro.

2. IMITACIÓN Y DISCIPULADO

Dentro de este marco esencialmente social de la educación en la
Antigüedad, cabría explorar un rasgo central de la concepción clásica
de la formación humana que atraviesa diferentes escuelas: el discipulado como "imitación". Mientras que el paradigma de la ética en la
modernidad está centrado en la "regla", un patrón exterior y universal,
el paradigma ético clásico gira en torno a la virtud, es decir, el carácter
(interior e individual), y tiende hacia una vida plena, la *eudaimonía*,
la *apatheia*, la *felicitas*, etc. A este propósito quisiera referirme a una
anécdota vinculada con la traducción de la Ética a Nicómaco de Calvo
Martínez, publicada en Alianza[2]. El editor ha tenido la poco feliz ocu-
rrencia de presentar la obra con una portada completamente reñida con
la concepción aristotélica de la ética: en ella aparecen representadas
dos manos, sosteniendo sendas señales de tráfico, una de "prohibido
el paso" y otra de "sentido obligatorio a la derecha". Desde luego,
un lector contemporáneo, al leer el título "ética", debe de pensar en
"acciones permitidas" y "acciones prohibidas". Ahora bien, si el señor
ilustrador de tan desacertada portada hubiera tenido a bien hojear un
poco esa obra maestra del filósofo griego, habría descubierto, acaso

---

2   Cf. Aristóteles, Ética a Nicómaco, ed. José Luis Calvo Martínez (Alianza, Madrid 2005).

desconcertado, que apenas se habla ahí sobre las cosas que "es obligatorio" hacer y mucho menos de las que están "prohibidas". Más bien, por el contrario, hallaría el arte de ser feliz, es decir, no de disfrutar de la vida —como volverá a malentender el hombre contemporáneo, herido de hedonismo— sino el de sacar el máximo partido a la vida, llegar a ser un hombre extraordinario, el tipo de persona que admiramos en los demás y queremos ser nosotros mismos.

Por estas razones, la formación ética clásica ha hecho hincapié en el "ejemplo" y su método ha sido la "imitación". Es ingenuo pensar que la imitación sea un ridículo remedo de la conducta de otra persona. Sin duda, en contadas ocasiones también ha sido eso y ahí tenemos el caso de un Diógenes de Sínope a quien Platón describió —al parecer— como "un Sócrates enloquecido" (Diogenes Laertius, VI, 53). Copiar los rasgos más exteriores y chuscos de Sócrates no es *imitar* a Sócrates (después volveremos sobre esto). Imitar a un hombre extraordinario es tratar de asemejarse a su carácter, a su virtud.

La imitación profunda de otro hombre, de su *ethos*, significa obrar como él lo haría si estuviera en nuestras circunstancias, bien diferentes a veces de las suyas. De ahí que el máximo monumento de la ética clásica, la ya mencionada Ética a Nicómaco, proporcione como *criterio último* de juicio moral el punto de vista del "hombre prudente" ("Es, por tanto, la virtud un modo de ser selectivo, un término medio relativo a nosotros, determinado por la razón y por *aquello por lo que decidiría el hombre prudente*": EN 1106b35)[3]. Se trata de un pasaje de no secundaria importancia, nada menos que la formulación de la definición de la virtud. Ahí se nos enseña que el criterio último para la acción no es una regla muerta, sino la interiorización intelectiva (racional, animada por la *phronesis*) del carácter del hombre prudente, es decir, del "modelo", pues el hombre bueno es una regla viviente, él mismo

---

3 Véase también *EN* 1166a: "la medida de cada cosa es [...] el hombre honrado". Cuando no indico que se trata de mi traducción, empleo las traducciones citadas en la bibliografía. Para la *EN* uso la versión de Pallí Bonet.

es "su propia ley" (*EN* 1128a33). Es, pues, el referente viviente para la conducta ética, la cual aspira a "imitar (μιμεῖσθαι) en todo al mejor" (*EN* 1171b12).

Como es bien sabido, Aristóteles habla de la imitación en su *Poética*, donde desarrolla una teoría del arte inspirada de las ideas apuntadas por Platón, el cual lo concebía ya de manera imitativa. Es bien sabido que la "imitación" tiene en Platón un significado metafísico profundo, puesto que es uno de los expedientes empleados para explicar la dependencia de las cosas sensibles respecto de las Ideas. Los artefactos, al imitar las cosas visibles, se convertirían así en "imitación de la imitación". Esto significa cierta degradación en la imitación que no pervive empero en Aristóteles, el cual incluso cree que la imitación artística —de manera aparentemente paradójica— sublima las realidades naturales, hasta el punto de volver agradables las cosas que no lo son, como las "figuras de los animales más repugnantes y de los cadáveres" (*Poet.*, 1448b11-12). En este mismo libro, Aristóteles expresa que el artista debe presentar a los héroes como "modelos" (παράδειγμα) de ciertos rasgos del carácter (*Poet.*, 1454b14). Se trata de un término que emplea para referirse a las Ideas platónicas en otros contextos. Existe una conciencia de que en el arte las cosas y sobre todo las personas son elevadas y convertidas en ejemplares, son —por decirlo de una manera algo anacrónica— "idealizadas".

El valor educativo del ejemplo en el arte era algo ya ampliamente percibido incluso por los mismos artistas: se daban cuenta de que esa índole paradigmática de los modelos morales que ponían en sus obras suscitaban un aprendizaje moral. Así es como se expresa Aristófanes: "Lo que el maestro es para los niños, cuando los guía, eso mismo somos nosotros, los poetas, para los adultos. Por eso hemos de contarles siempre lo más noble" (*Ranae*, 1054-1055; mi traducción). En esta comedia, Aristófanes deplora las innovaciones educativas de Eurípides a quien pone en contraposición con el severo Esquilo, representante de la educación tradicional, centrada en las virtudes militares. Frente a él, se erige el nuevo paradigma urbanita ilustrado por el nuevo poeta trágico, a quien Aristófanes percibe como un decadente.

Un juicio similar respecto de Eurípides lo hallamos en Aristóteles, el cual afirma que éste se conformaba con presentar a los hombres "como son", mientras que Sófocles lo aventajaba pues los representaba "como deberían ser" (*Poet.* 1460b33-34). El filósofo de Estagira se hace eco de esta manera de concebir el arte también respecto de la pintura, pues afirma que Polignoto mostraba a los hombres con una apariencia mejor de la que de hecho tenían, mientras que Pausón los representaba con una peor (*Poet.* 1448a5-6); por eso, las obras de Polignoto tenían un valor educativo en cuanto mostraban la virtud, la excelencia (*Pol.* 1340a36-37).

Era la formación del carácter la meta principal de la educación. Es por eso que Aristóteles concedía mayor valor educativo a la música porque, al moldear los estados de ánimo, provocaba amor por lo bueno y odio por lo malo y tal era, según él, el objetivo de la educación (*Pol.* 1340a14-18; 1340b11). Como es bien sabido, Aristóteles cree que esta educación afectiva es más eficaz que la pura transmisión de discursos racionales, mucho más débiles para moldear el carácter de los más jóvenes (*EN* 1172a22, 1179b25). Por esta razón, no debe ser desatendida la reflexión de este filósofo acerca de una importante pasión, la "emulación" (ζῆλος). Dedica unas sugestivas páginas a este afecto que se encuentra muy próximo a la "envidia" (φθόνος). Ahora bien, mientras que la envidia es una pasión vil y constitutivamente mala (*EN* 1107a11; *Rhet.*, 1388a36), la emulación es un afecto noble y propio de hombres de bien: "La emulación es un cierto sufrimiento por la presencia manifiesta en personas semejantes por naturaleza a nosotros de bienes estimados y que podemos conseguir, y no porque el otro los tiene, sino porque nosotros no" (*Rhet.*, 1388a32-35).

La emulación constituye un sano impulso moral, puesto que prepara al que lo experimenta a disponerse para alcanzar lo admirado en otro. La envidia, en cambio, tan sólo ansía privar al prójimo del bien. La emulación despierta la aspiración a cosas especialmente nobles y honestas. De ahí que haya sido señalado su valor educativo[4]. En efecto, es especialmente propia de los jóvenes, es decir, de cuantos han de formar su carácter. La fuerza del ejemplo de los hombres tomados como modelos despierta un camino de desarrollo moral cuya primera etapa se sitúa en la admiración. Inspirándose en Aristóteles, Langlands describe así cómo es suscitado el deseo de emulación:

1) Admiración y asombro: La persona u obra ejemplar suscita admiración, asombro y suspensión en quienes aprenden de ella.

2) Comparación: El ejemplo provoca en ellos compararse a sí mismos con el héroe e interrogarse si ellos mismos serían capaces de lograr realizar lo que el héroe ha alcanzado.

3) *Aemulatio*: El ejemplo suscita un sentido de rivalidad con el protagonista ejemplar, el cual incorpora una emoción de dolor y deseo, una mezcla de motivación negativa y positiva. Existe un sentido de temor de que el aprendiz podría no tener las mismas capacidades que el ejemplo; no obstante, al mismo tiempo, el ejemplo inspira y promueve las aspiraciones del aprendiz a poseer y desarrollar las mismas cualidades excelentes exhibidas por el protagonista[5].

---

4   Cf. Kristján Kristjánsson, "Emulation and the use of role models in moral education": *Journal of Moral Education* 35 (2006) 42-48.

5   "1) Admiration and wonder: The exemplary person or act evokes admiration, awe and amazement in the learner. 2) Comparison: The exemplum provokes learners to compare themselves to the hero and to wonder whether they would be capable of achieving what the hero has done. 3) *Aemulatio*: The exemplum sparks a sense of rivalry with the exemplary protagonist, which incorporates emotional pain and desire, a mixture of negative and positive motivation. There is a sense of anxiety that the learner may not possess the same capacities as the exemplum; yet at the same time the exemplum inspires and promotes aspirations in the learner to possess and develop the same excellent qualities that are displayed by the protagonist". Rebecca Langlands, *Exemplary Ethics in Ancient Rome* (Cambridge UP, Cambridge 2018) 86-87.

Sobre este impulso básico, esta autora cree que la educación moral se completa a través de otros tres pasos: en cuarto lugar, pues, se produce un proceso de modelaje del carácter cuya estructura es imitativa; en quinto lugar, la asimilación del modelo incluye una importante dimensión cognitiva (no meramente emocional y comportamental); en sexto y último lugar, este aprendizaje es coronado por una mirada reflexiva sobre la conducta moral y un verdadero discernimiento ético.

La educación tradicional griega, que gira en torno al relato de las hazañas de los grandes héroes, propicia una concepción de la ética esencialmente mimética. La personalidad del héroe queda caracterizada por sus rasgos imitables y constituye una guía para la orientación de la conducta de los demás. Esto se manifiesta incluso en el conocido "homenaje que el vicio rinde a la virtud" —por decirlo con la célebre expresión de La Rochefauld—[6]. Aristóteles aprecia en algunos viciosos el intento de "imitar" la virtud bajo ciertos aspectos suyos, sin lograrlo. Por ejemplo, el temerario es, según él, un hombre jactancioso que pretende dar trazas de valentía presumiendo de arrojo ante lo temible. No obstante, un hombre tal "quiere manifestarse como un valiente frente a lo temible y, por tanto, lo imita en lo que puede" (*EN* 1115b30-32). De manera similar, lo verdaderamente digno de aprecio y honor es la auténtica virtud. Entre ellas, se encuentra la magnanimidad. Sin embargo, quieren parecer magnánimos sin serlo los que, habiendo sido beneficiados con copiosos bienes de fortuna pero desprovistos de su virtud, se comportan de manera similar al verdaderamente magnánimo. Intentan obrar como lo haría éste, pero tan sólo lo "imitan" (μιμοῦνται) sin gozar de su virtud (*EN* 1124b2). Ya antes de Aristóteles, al parecer, los atomistas habían afirmado que "se ha de ser bueno o imitar al bueno" (DK 68B39; LM 67D311). Tanto éstos como aquél son, pues,

---

6   François de la Rochefauld, *Maximes*, en Juan B. Bergua (ed.), La Rochefauld, *Máximas*; Goethe, *Epigramas*; La Bruyere, *Los caracteres de Teofrastos* (Bergua, Madrid 1963) 52, §218.

conscientes de una cierta "imitación" que no acaba de coincidir con la asimilación profunda de la excelencia y la bondad moral.

Esta forma de hipócrita imitación de los rasgos exteriores de la conducta se aproxima a la designada por Roller "imitación estructural"; ésta se diferenciaría —según él— de la "imitación categorial", merced a la cual se darían similitudes en el mismo carácter[7]. Ahora bien, para Roller, ambas formas de imitación son compatibles entre sí y la imitación estructural no sería, según él, un mero remedo artificioso de la conducta del modelo. Yendo más a fondo en esta cuestión, Lane había individuado en Platón dos formas de imitación:

> Una concepción de la imitación como la "copia de un modelo" busca que la apariencia superficial de las copias sea muy similar a la del modelo, aunque diverja en otros aspectos (un ejemplo clásico es el de la copia de una moneda cuya calidad es inferior tanto en lo tocante al metal como a la perfección de la figura representada en ella, pese a llevar ambas la misma imagen). La presentación de la imitación en el *Político* está centrada en el modo como los humanos deben imitar el cosmos siendo, como éste, autónomos y responsables por sí mismos. Esta presentación se centra en un rasgo estructural que modelo y copia reproducirán a la vez, aunque la apariencia resultante de cada uno pueda ser bastante diversa[8].

---

7   "[…] we may identify two distinct ways in which deeds can be 'alike': their resemblance may be categorical, in that Romans could place both under a single ethical rubric like *fortitudo* […]; or the resemblance may be structural, in that one deed reproduces specific features of another". Matthew B. Roller, "Exemplarity in Roman Culture: The Cases of Horatius Cocles and Cloelia": *Classical Philology* 99 (2004) 23-24.

8   "A model-copy view of imitation expects the superficial appearance of the copies to be quite similar to that of the model, even if they diverge in other ways (a classic example is a copy of a coin which is inferior in metal and shape to the original model, but bears the same picture). The *Statesman*'s account of imitation in the story, however, focused on the way that the humans must imitate the cosmos by being, as it is, autonomous and responsible themselves (Part II). This account of imitation focuses on a structural

Como vemos, Lane denomina "estructural" a lo que Roller llama "categorial", es decir, a una imitación en los elementos profundos, opuesta a una imitación meramente epidérmica, que ha sido denominada por Blondell —en un sentido más próximo a Lane que a Roller— "imitación servil"[9]. En cualquier caso, Platón es el primero en apreciar el riesgo de que la idea de "imitación", tan importante en la educación griega, degenere en fútil mímica[10]. Seguramente por ello desbarata la idealización de su modelo por excelencia, Sócrates, el cual, en lugar de ser un personaje heroico y, por tanto, trágico, es más bien cómico. Sócrates se convierte así en una suerte de "antimodelo": su ejemplo es valioso en cuanto no nos remite a él mismo, sino a una sabiduría que está por encima de él, pues él mismo nos enseña a explorar racionalmente y a concordar, no con él, sino con la verdad. Imitarle servilmente, como hemos visto antes en el ejemplo de Diógenes y el propio Platón ridiculiza en otras ocasiones, significa una traición al propio espíritu socrático. Hemos de perseguir lo mismo que él amó, pero no es preciso recorrer el camino exactamente como él lo hizo.

La estrategia de Platón tiene el valor de abrir la relación con el modelo a una trascendencia superior. Sin embargo, conlleva el peligro de despersonalizar la imitación o, al menos, deshumanizarla. Es la sólita tragedia de la apertura a la divinidad de los griegos que, al superar los modelos "demasiado humanos" de sus propios dioses y héroes, a la vez se encuentran con unos ideales —por así decir— "demasiado divinos", tan elevados que difícilmente pueden guiar la vida humana.

---

feature which model and copy will instantiate in common even though the resulting appearance of each may be quite diverse". Melissa S. Lane, *Method and Politics in Plato's* Statesman (Cambridge UP, Cambridge 1998) 158.

9   Cf. Ruby Blondell, *The Play of Character in Plato's Dialogues* (Cambridge UP, Cambridge 2002) 102.

10   Cf. Ruby Blondell, *The Play of Character in Plato's Dialogues*, 102-112.

Como hemos comentado ya, el lugar donde la imitación adopta su máximo valor educativo es en la amistad. Frente a esa mímesis meramente superficial y conductual que encontramos en el vicio y en los vulgares imitadores, en la amistad se establece una honda afinidad entre las personas, hace de ellas "una sola alma", se genera una comunidad en los pensamientos y en los deseos. Se crea así una sana homogeneidad en el carácter, no una superficial similitud en la conducta. Quien conoce amistosamente a Sócrates, tiene interiorizado su carácter, Sócrates se ha convertido en su *alter ego* y, por tanto, puede comportarse como otro Sócrates. Por supuesto, esto no es ninguna enajenación, sino llegar a ser quienes realmente somos, es descubrir en el amigo el tipo de hombre que queremos ser y que, por la amistad, en cierto modo ya somos.

Varios siglos después de la redacción de las célebres páginas de Aristóteles sobre la amistad, Séneca enfatizaba la importancia que había tenido para los discípulos la convivencia con los grandes maestros. Eran ellos en persona quienes habían marcado a sus seguidores y no meramente el aprendizaje de sus enseñanzas:

> Cleantes no hubiera imitado a Zenón, si tan sólo le hubiera escuchado: participó en su vida, penetró en sus secretos, examinó si vivía según sus normas. Platón, Aristóteles y toda la pléyade de sabios que había de tomar rumbos opuestos, aprovecharon más de la conducta que de las enseñanzas de Sócrates; a Metrodoro, Hermarco y Polieno no les hizo hombres prestigiosos la escuela, sino la intimidad con Epicuro (Seneca, *Ad Lucilium*, 6, 6).

Séneca parece hacerse cargo de una especie de superación de la antes calificada de trágica disociación entre lo personal y lo ideal en la educación griega. Por eso, concibe que "el proceso de aprender a partir del ejemplo no representa tanto un acceso a cierto ámbito de abstracciones universales cuanto más a un cuerpo de valores morales y modelos aceptados culturalmente, con toda la complejidad y contradicciones que éstos encierran"[11]. Esta concepción del valor educativo de la imitación en el campo de la ética entronca con la visión de Séneca de la amistad como un ámbito óptimo de progreso intelectual. Este autor estoico es heredero en esto de una larga tradición filosófica clásica precedente.

En efecto, en la raíz de la tradición filosófica griega se encuentra la amistad como el clima propicio para el estudio de la filosofía. La amistad con la sabiduría tan sólo puede ser cultivada en una atmósfera de amistad con otras personas. Por eso, encontramos a Sócrates refiriéndose a sus discípulos no como a tales, sino como a amigos. Pese a las múltiples diferencias de planteamiento entre unas escuelas filosóficas y otras, siempre permanece la amistad como el contexto oportuno en que ha de desarrollarse la investigación. El propio Aristóteles, conocido por sus amplias reflexiones en torno a la amistad, nos habla del "contemplar juntos" (συνθεωρεῖν: *EU* 1245b4) o del "filosofar juntos" (συμφιλοσοφεῖν: *EN* 1172a5) como la máxima actividad a la que cabe dedicarse en compañía de los amigos[12]. La que se da entre filósofos constituye seguramente el máximo grado de amistad según Aristóteles, el cual, como es sabido, distingue entre una amistad fundada sobre el agrado, otra sobre el mutuo provecho y otra sobre la virtud. La amistad entre filósofos permite cultivar todas las virtudes pero, de manera especial, las dianoéticas y, entre ellas, la de mayor precio: la sabiduría. Podemos, pues, profundizar en la naturaleza del discipulado si penetramos en las ideas aristotélicas sobre la amistad entre hombres virtuosos.

Vakirtzis ha defendido la importancia de la faceta imitativa de la amistad virtuosa de Aristóteles en orden al mejoramiento del propio

---

11   "The process of learning from *exempla* represents not so much access to a range of universal abstractions, as to a culturally agreed body of moral values and models, with all the complexity and contradictions that these entail". Langlands, 104.

12   Sobre esta cuestión, véase David Torrijos Castrillejo, "Amistad y filosofía según Aristóteles": *Disputatio. Philosophical Research Bulletin* 8 (2019) 413-426.

carácter[13]. Aunque el filósofo macedonio insiste en el papel de la imitación en otras formas de amistad, incluso en la existente entre personas
degradadas moralmente, no por ello cree que, entre hombres virtuosos,
la imitación deje de contribuir al recíproco mejoramiento del carácter
de los amigos:

> La amistad de hombres malos es mala (porque, siendo incons-
> tantes, participan en malas acciones, y se vuelven malvados
> al hacerse semejantes unos a otros); en cambio, la amistad
> de hombres buenos es buena, y crece con el trato, y parece
> incluso que se hacen mejores actuando y corrigiéndose mu-
> tuamente, porque toman entre sí modelo de lo que les agrada
> (EN 1172a8-13).

Los virtuosos no están estáticamente establecidos en su excelencia sino que, aun habiéndola alcanzado, también pueden progresar
moralmente merced a la fructífera compañía de sus amigos. El amigo
virtuoso se convierte en un modelo a partir del cual aprender en qué
cosas hay que regocijarse y qué cosas son odiosas. La afinidad entre
ambos contribuye a unas obras que, por su parte, repercuten en una
semejanza cada vez más intensa. De ahí que la imitación vaya de la mano
del carácter "modélico" del otro respecto del cual se va produciendo
una creciente afinidad. Entre personas virtuosas no cabe una imitación
superficial, como la de uno que trata de forzar su conducta para asemejarse a otro, sino que reside en el mismo carácter. Ningún cambio
forzado, sino que las nuevas orientaciones en la conducta significan un
refuerzo de la línea vital perseguida por cada uno de los amigos, cuya
amistad ya se asentaba en una importante conformidad.

Hasta ahora hemos contemplado también dos casos de mala
mímesis: la de los malos que, no disponiendo de la virtud, tratan de

---

13   Cf. Andreas Vakirtzis, "Mimesis, Friendship, and Moral Development in Aristotle's
      Ethics": *Rhizomata* 3 (2015) 125-142.

asemejarse hipócritamente a la conducta producida por ella (tal como constatamos en el epígrafe anterior) y la de los malos que, asemejándose a los que son como ellos, refuerzan su propia perversión y se sumen más hondamente en ella. En cambio, la progresiva asimilación del carácter entre personas virtuosas y la índole imitativa de su mutuo refuerzo en la virtud no puede ser comparada con la imitación superficial de los hipócritas. Puesto que atañe al carácter mismo, no está reñida con la creatividad en la acción. Como señala Vakirtzis, "cada agente virtuoso tiene su manera particular de llevar a cabo una buena acción" de modo que "aunque dos amigos sean virtuosos, ello no significa que vayan a cumplir una buena acción del mismo modo"[14]. Por tal razón, este estudioso habla de una "*mímesis* interpretativa" que presupone un ejercicio de la inteligencia y una creatividad ética por parte del imitador. Se trata del ejercicio de la razón adornada por la *phronesis*, sin la cual no cabe una auténtica acción virtuosa.

Esta mímesis creativa constituye un proceder con el cual estamos bien familiarizados en diferentes ámbitos de la vida. Por ejemplo, en las bellas artes, encontramos una evidente inspiración en el arte gótico en el movimiento neogótico de gran popularidad durante el siglo XIX y parte del XX, pero también el gótico ha resultado inspirador para la arquitectura contemporánea[15]. ¿Cuál de los dos movimientos representa una "*mímesis* interpretativa" y creativa, que atañe a las características profundas de la otra forma de obrar? El neogótico se conforma con que el resultado de la obra se asemeje superficialmente a la arquitectura gótica, copiando servilmente soluciones arquitectónicas y, sobre todo, la decoración: un ejemplo elocuente y cercano de esto lo tenemos en la capilla del seminario de la Inmaculada y San Dámaso, cuyas bóvedas no son estructurales sino mera decoración colgada de la auténtica estructura. En cambio, la arquitectura contemporánea se inspira en el

---

14 Vakirtzis, 135.

15 Cf. Henry-Russell Hitchcock and Philip Johnson, *The International Style: Architecture Since 1922* (W.W. Norton & Company, New York 1932) 20.

gótico de manera mucho más profunda, removiendo las cargas de los muros y abriendo paso a la luz. No se trata, pues, de una asimilación ornamental sino constructiva. La arquitectura es un arte en que lo visual parece reclamar una correspondencia con lo estructural: no parece sincera una decoración al margen de la edificación misma. De manera similar, reproducir la forma de conducirse, los gestos, la mera apariencia de obrar de otra persona no es una forma de imitación interpretativa, pues no integra los rasgos hondos del carácter de esa persona ni es capaz de generar una conducta nueva adecuada a otras circunstancias. Una persona virtuosa no se comporta de manera homogénea sino que se adapta a las coyunturas de cada momento: quien lo imite no puede conformarse con remedar el proceder del modelo pues las circunstancias son siempre inéditas. Además, la conducta del virtuoso es irreproducible porque no son los gestos exteriores o una estructuración meramente "técnica" del obrar lo que la guía, sino los rasgos profundos del carácter de esa persona.

Por estas razones, Langlands explica que la aplicación de la pedagogía de la ejemplaridad con fines educativos exige siempre más apertura de lo que podría parecer. Es preciso que el sujeto receptor de un relato ejemplar realice siempre una hermenéutica activa en orden a reelaborar su propia conducta dando forma a su carácter de manera imitativa[16]. Para ilustrarlo compara la narrativa heroica de los romanos con la de un sistema totalitario como el de la China maoísta, para mostrar que, incluso en un sistema político tan cerrado y con fines de control tan patentes, es preciso que sea el talante ético quien inspire la narración, dejando a los destinatarios bastante libertad para adaptar a sus circunstancias particulares el mensaje moral que se está transmitiendo.

---

16   Cf. Langlands, 80.

4. Conclusiones

En estas páginas hemos dado una sencilla mirada al carácter imitativo de la educación griega para apreciar cómo en ella lo cognoscitivo queda integrado en la unidad de la persona humana. Una percepción apresurada de la educación clásica puede ver en ella una serie de elementos impersonales que deben ser captados de manera intelectiva, sin encaje directo con el conjunto de la antropología. Sin embargo, no sólo la educación clásica incorporaba una multitud de facetas humanas, sobre todo de carácter afectivo y social, sino que además los grandes autores eran conscientes de ello. La formación de las personas se enmarca, pues, en un grupo social que comparte aspiraciones y tiene el carácter personal de una relación. La amistad es la forma de relación personal paradigmática, donde se comparte el amor por los mismos bienes y el rechazo de los mismos males. En el contexto social de la comunidad cívica se establecen los modelos sociales conforme a los cuales las personas modelan libre e inteligentemente su conducta mediante la mímesis. No es ésta una copia servil de la conducta ajena, sino una asimilación del carácter profundo que dirige la conducta de las personas tomadas como modélicas. El ejemplo es admirado y suscita emulación, un deseo de poseer los rasgos del carácter de que él disfruta.

Si aplicamos estas características de la educación imitativa clásica a la comunidad de filósofos, encontramos que también ellos procuran una semejanza profunda, no meramente superficial. Su relación no consiste sólo en ofrecer enseñanzas transmitidas de palabra, comprendidas intelectivamente y después memorizadas, sino que asimismo se trata de una comunidad de carácter ético, con unos rasgos comunes de carácter. Ese modo de ser está marcado por la virtud y el aprecio por lo más elevado. La sabiduría significa conocer la verdad profunda sobre la propia vida y la realidad; por eso, una imitación superficial estaría aquí aún más desubicada. La persecución de la sabiduría hace a los filósofos aspirar incluso a lo que supera al ser humano y lo pone en relación con cosas que difícilmente pueden ser "asimiladas". Por este motivo, la filosofía se acaba topando con la dificultad de llevar al hombre más allá de lo que ella misma puede sostener, pues lo abre a una forma de vida que es, en cierto modo, más que humana. Asimismo, la propia naturaleza trascendente de las aspiraciones del filósofo obliga a los discípulos a relativizar el carácter modélico del amigo e incluso la amistad con él.

5. BIBLIOGRAFÍA

Bernabé, Alberto (ed.), Aristóteles, *Retórica* (Alianza, Madrid 1998).

Bergua, Juan B. (ed.), La Rochefauld, *Máximas*; Goethe, *Epigramas*; La Bruyere, *Los caracteres de Teofrastos* (Bergua, Madrid 1963).

Blondell, Ruby, *The Play of Character in Plato's Dialogues* (Cambridge UP, Cambridge 2002).

García Gual, Carlos (ed.), Diógenes Laercio, *Vidas y opiniones de los filósofos ilustres* (Alianza, Madrid 2007).

García Yebra, Valentín (ed.), Aristóteles, *Poética* (Gredos, Madrid 1974).

Calvo Martínez, José Luis (ed.), Aristóteles, *Ética a Nicómaco* (Alianza, Madrid 2005).

Hadot, Pierre, *Ejercicios espirituales y filosofía antigua* (Siruela, Madrid 2006).

Kristjánsson, Kristján, "Emulation and the use of role models in moral education": *Journal of Moral Education* 35 (2006) 37-49.

Lane, Melissa S., *Method and Politics in Plato's* Statesman (Cambridge UP, Cambridge 1998).

Langlands, Rebecca, *Exemplary Ethics in Ancient Rome* (Cambridge UP, Cambridge 2018).

Pallí Bonet, Julio (ed.), *Ética nicomáquea; Ética eudemia* (Gredos, Madrid 1985).

Roca Meliá, Ismael (ed.), Séneca, *Epístolas morales a Lucilio* (Gredos, Madrid 1986).

Roller, Matthew B., "Exemplarity in Roman Culture: The Cases of Horatius Cocles and Cloelia": *Classical Philology* 99 (2004) 1-56.

Torrijos Castrillejo, David, "Amistad y filosofía según Aristóteles": *Disputatio. Philosophical Research Bulletin* 8 (2019) 413-426.

Wilamowitz-Moellendorff, Ulrich von, *Der Glaube der Hellenen* (Weidmann, Berlin 1931).

EL DISCIPULADO EN EL PRÓXIMO ORIENTE ANTIGUO A PARTIR DE LAS FUENTES CUNEIFORMES

Daniel Justel Vicente
UNIVERSIDAD DE ALCALÁ

1. INTRODUCCIÓN

La documentación cuneiforme, el tipo de escritura original de la antigua Mesopotamia, no deja de sorprendernos por la inmensa cantidad de textos redactados en diferentes lenguas[1], su gran amplitud

---

* El presente trabajo ha sido redactado durante una estancia de investigación (febrero-marzo 2024) en el *The Netherlands Institute for the Near East* (NINO) de la Universidad de Leiden, y auspiciada por el Proyecto de Investigación *Deported Communities in the Ancient Near East (7th-4th Centuries BC)* de la Comunidad de Madrid (ref. CM/JIN/2021-001) y del que el autor es Investigador Principal. Agradezco a la Prof.ª Dra. Caroline Waerzeggers su acogida y permiso para consultar los volúmenes de la biblioteca del NINO.

1 Resulta realmente complicado estimar la cantidad de textos cuneiformes conocidos, habida cuenta de que miles de ellos se encuentran en colecciones clandestinas, mercado ilegal, o son pequeños fragmentos separados pertenecientes a la misma tablilla. Solo en lengua acadia el número de documentos atestiguados se puede estimar en alrededor de un millón (cf. J. HUEHNERGARD y Ch. WOODS, "Akkadian and Eblaite", en R. D. WOODARD [ed.], *The Cambridge Enclyclopedia of the World's Ancient Languages* [Cambridge 2004] 218).

geográfica, cronológica y su variada temática[2]. Estos aspectos, entre otros, confieren a este heterogéneo corpus una potencialidad de estudio enorme y singular en el Mundo Antiguo.

Así, en la historiografía moderna son numerosos los análisis dedicados a cuestiones relacionadas con la literatura cuneiforme, la administración de palacios o templos, las prácticas jurídicas cotidianas o la relación diplomática entre ciudades o Estados. En muchos de estos ejemplos contamos con la suerte de poder identificar con relativa facilidad el hilo conductor y común que dota de cohesión una cuestión concreta, bien porque los textos proceden del mismo archivo, bien porque son de la misma época o presentan una temática similar.

El caso que nos ocupa en el presente trabajo es diferente. La realidad del discipulado en el antiguo Oriente no se circunscribe a una época específica o a un área concreta; ni siquiera se puede abordar desde un elenco textual cerrado y definido. Por tanto, la aproximación a la cuestión debe realizarse desde esta óptica abierta, teniendo en cuenta documentos de diversos géneros literarios y procedentes de archivos públicos y privados y a veces lejanos entre ellos tanto geográfica como cronológicamente.

La dificultad que entraña el análisis es si cabe mayor al constatar que no hay bibliografía específica sobre el concepto de "discipulado" en el Oriente cuneiforme. La historiografía ha prestado más atención a cuestiones como procesos de aprendizaje o las actividades desarrolladas por los pupilos[3]. Sin embargo, y como reflejo de la parquedad de los textos al respecto, guarda silencio sobre el transcurso de la instrucción de un maestro hacia su educando.

---

2   Sobre el origen, desarrollo, desciframiento, etc. de la escritura cuneiforme, véase especialmente B. Lion y C. Michel (dir.), *Histoires de déchiffrements. Les écritures du Proche-Orient à l'Egée* (Paris 2009).

3   Sobre estas cuestiones véase especialmente A. García-Ventura (ed.), *What's in a Name? Terminology related to Work Force and Job Categories in the Ancient Near East*, Alter Orient und Altes Testament 440, Ugarit-Verlag (Münster 2018).

El objetivo del presente trabajo, tras plantear aspectos terminológicos, es precisamente exponer ejemplos concretos y paradigmáticos de la relación entre maestro y discípulo en contextos diversos, desde laborales hasta cultuales. Sobre este último ámbito, el caso de estudio propuesto se corresponde con la época neobabilónica (612-539 a. C.). Dos son las razones principales que nos mueven a ello. La primera es la cantidad y la calidad de los textos relacionados con el rito de paso de un aspirante al sacerdocio mesopotámico. Por otro lado, el contexto histórico, contemporáneo al Exilio babilónico de los judíos, nos posiciona en un entorno óptimo para poder relacionar el tema con las tradiciones judías, rabínicas, evangélicas o clásicas que aborda el Grupo de Investigación del que emana el trabajo.

2. Fuentes y terminología

Como se ha apuntado, al aproximarnos a las fuentes cuneiformes relativas al discipulado y la relación entre maestro y aprendiz, se debe primeramente tener en cuenta que no existe una tipología textual concreta que nos informe sobre dicho vínculo. Por tanto, se ha acometido una profunda revisión de distintos *corpora* que puedan arrojar luz al respecto. Caben destacar en este sentido dos tipos de fuentes: contratos de adopción y documentos que emanan de archivos de determinados templos.

En cuanto a las adopciones, la historiografía sí ha prestado atención a esta institución por la que se crea un vínculo legal entre adoptados y adoptantes, análogo al de la relación biológica. La bibliografía sobre adopciones en el Oriente próximo es sumamente prolífica, especialmente desde la primera obra de referencia, planteada por Marcus David hace casi un siglo[4]. En ella, el autor analizaba contratos de época paleobabilónica y mesoasiria, series lexicales y el propio Código de Hammurapi,

---

4   M. David, *Die Adoption im altbabylonischen Recht* (Leipzig 1927).

arguyendo que la principal motivación para adoptar sería asegurarse la preservación de la familia en caso de no contar con descendencia biológica. Con posterioridad a este trabajo, y ante la publicación de cientos de documentos nuevos sobre adopciones, otros investigadores centraron su atención en este fenómeno, bien de manera genérica[5], bien centrándose en realidades archivísticas concretas[6]. Estos nuevos análisis evidenciaron que la casuística y objetivos perseguidos de las adopciones eran mucho más amplios y complejos que los planteados originalmente por David[7]. Uno de esos propósitos serían precisamente el que un adoptante instruyera en algún oficio a su pupilo, algo que se analizará más adelante (§3).

De otra tipología son los textos procedentes de distintos templos mesopotámicos y que nos informan sobre el paso de una persona, desde

5   Véanse por ejemplo É. Cuq, *Études sur le Droit Babylonien. Les lois assyriennes et les lois hittites* (Paris 1929) 46-57; G. R. Driver y J. C. Miles, *The Babylonian Laws, vol. I, Legal Commentary* (Oxford 1952) 383- 460; É. Szlechter, *Tablettes juridiques de la 1re Dynastie de Babylone*, Deuxième partie, Transcription-Traduction-Commentaire (París 1958); P. R. Obermark, *Adoption in the Old Babylonian period*, Tesis doctoral inédita, Jewish Institute of Religion (Ohio 1992); R. Paulissian, "Adoption in Ancient Assyria and Babylonia", *Journal of Assyrian Academic Studies*, 13/2 (1999) 5-34; R. Westbrook, "The Character of Near Eastern Law", en R. Westbrook (ed.), *A History of Ancient Near Eastern Law* (Leiden 2003) 50-54; C. Wunsch, "Findelkinder und Adoption nach neubabylonischen Quellen", *AfO*, 50 (2003-2004) 174-244.

6   Varios archivos o ámbitos documentales han proporcionado textos suficientes como para que el fenómeno de la adopción sea analizado de una manera específica. Véanse E. C. Stone y D. I. Owen, *Adoption in Old Babylonian Nippur and the Archive of Mannum-mešu-liṣṣur* (Winona Lake 1991) (archivo de Nippur); E. Cassin, *L'adoption à Nuzi* (Paris 1938); S. Stohlmann, *Real Adoption at Nuzi*, Tesis doctoral inédita (Brandeis University 1971) (archivo de Nuzi); N. Bellotto, *Le Adozioni a Emar* (Padova 2009); D. Justel, "La adopción en Emar en su contexto próximo-oriental antiguo", *Historiae* 8 (2011) 103-119 (archivo de Emar); D. Justel, "La adopción en la Babilonia casita", *Gerión. Revista de Historia antigua* 40/1 (2022) 11-36 (documentación mesobabilónica).

7   Sobre estas causas y consecuencias de las adopciones en el Próximo Oriente antiguo, con especial énfasis en las adopciones infantiles, véase D. Justel, "Adopciones infantiles en el Próximo Oriente Antiguo", en D. Justel (ed.), *Niños en la Antigüedad. Estudios sobre infancia en el Mediterráneo antiguo* (Zaragoza 2012) 122-141.

la posición de estudiante o aspirante vinculado a un ámbito cultual, a la categoría de sacerdote. Si bien es cierto que la institución del sacerdocio mesopotámico no se puede definir con precisión[8], sí contamos con una serie de documentos que muestran de manera clara y estructurada la necesaria y extremadamente pautada transición entre el formando y el sacerdote pleno (§4).

Por último, y en cuanto a las fuentes para el estudio del discipulado en el antiguo Oriente, se ha de hacer referencia a la terminología empleada. Los principales textos que nos informan sobre esta realidad se redactaron en sumerio y acadio. En ambas lenguas contamos con numerosos términos que hacen referencia a la descendencia[9]. Sin embargo, es el acadio *tarbītu(m)*[10] el sustantivo que nos indica el estadio temporal y funcional del discípulo que se halla en proceso de aprendizaje. Así, *tarbītu(m)* es entendido en los diccionarios de referencia como "crianza de un niño", "niño (en proceso de ser instruido)" o el genérico "descendencia"[11]. Por tanto, un niño adoptado que debería ser formado será entregado *ana tarbīti(m)*, literalmente "en calidad de aprendiz" (cf. ejemplos en §3).

Como se puede apreciar, concepto *tarbītu(m)* se acerca a lo que nosotros entendemos por "discípulo". Sin embargo, cabe plantearse la cuestión sobre si hay algún término acadio o sumerio que defina directamente esta realidad. La respuesta, no enteramente satisfactoria ni prometedora, es negativa. Aún así, debemos acudir a otros vocablos que se puedan acercar a la realidad referida del discipulado, en esta ocasión mediante el sustantivo acadio *talmīdu(m)*. El *Akkadisches Handwörterbuch* (1311b), bajo *talmī/ēdu(m)*, entiende el término como

---

8   Cf. C. Waerzeggers, "The Babylonian Priesthood in the Long Sixth Century BC": *BICS* 54/2 (2011) 60.

9   Sum. dumu / ac. *māru(m)* ("hijo"); sum. lú.tur / ac. *šerru(m)* ("hijo pequeño"); sum. tur / ac. *ṣeḫru(um)* ("pequeño", "joven"); etc.

10   Menos frecuente su versión sumeria nam.bulùg.

11   Cf. *Chicago Assyrian Dictionary* T, 223a.

"Lehrling, ein Pflug"[12], mientras que el *Chicago Assyrian Dictionnary* (T, p. 103a), bajo *talmīdu*, lo traduce como "apprentice". Significativo asimismo es que el concepto "discípulo" no aparece como tal en los trabajos dedicados a la religión de la antigua Mesopotamia, los cuales son realmente ingentes en número.

Estas cuestiones filológicas e historiográficas son reveladoras, al menos para formularse varias preguntas: ¿existía en el Oriente cuneiforme una realidad como la que nosotros entendemos por "discipulado"? Es decir, ¿contamos con una persona que voluntariamente se pone bajo la dirección de un maestro y comparte con él sus ideas? ¿Qué tipos de acompañamientos hacía un maestro de su pupilo? ¿Cómo era esa relación? Estos son precisamente los puntos de partida planteados en el trabajo. Las fuentes cuneiformes arrojan algo de luz para contestar o al menos vislumbrar una respuesta a estas preguntas.

3. RELACIÓN ENTRE MAESTRO Y APRENDIZ EN ACTIVIDADES ARTESANALES

Al aproximarnos al vínculo entre maestro y aprendiz, una buena parte de los textos nos hablan de actividades cotidianas, especialmente relacionadas con labores artesanas[13]. Un aspecto recurrente en todo el Próximo Oriente antiguo es la preocupación e interés por garantizar el traspaso de conocimientos prácticos entre el maestro y el discípulo, con el objetivo de dar continuidad al proceso productivo[14]. Esta trans-

---

12 AHw 1311b.

13 Sobre el trabajo manufacturado en el Próximo Oriente antiguo véanse por ejemplo M. Heltzer, *Die Organisation des Handwerks im "Dunklem Zeitalter" und im I. Jahrtausend v.u.Z. im östlichem Mittelmeergebiet* (Padova 1992); H. Neumann, *Handwerk in Mesopotamien* (Berlin 2020). Sobre labores y trabajo en general, cf. P. Steinkeller y M. Hudson, *Labor in the Ancient World* (Dresden 2015).

14 En palabras de P. Greenfield, "In non-industrial societies, children are socialized to produce cultural artefacts through a process of informal education or apprenticeship"

misión se solía producir en el seno de la familia, de padres a hijos[15], y es frecuente contar con varias generaciones atestiguadas desempeñando distintas labores[16]. Ahora bien: la falta de descendencia podía hacer que el artesano se viera en la necesidad de hacerse con un aprendiz de fuera de la familia. Para ello, la solución más fácil era acudir a la adopción.

Ya el Código de Hammurapi, en el siglo XVIII a. C., legislaba sobre esta cuestión:

> CH 188: Si un artesano toma un niño para criarlo y le instruye en su oficio, el niño no deberá ser reclamado.
> CH 189: Si no le instruyera en su oficio, ese aprendiz volverá a la casa de su padre.

En el contexto del análisis del proceso de aprendizaje, es interesante comprobar la existencia en CH 188 de la expresión acadia *ṣiḫram ana tarbītim ilqēma*, "toma un niño para criarlo". La fórmula más fre-

---

("Children, material culture and weaving", en J. Sofaer Derevenski [ed.], *Children and Material Culture* [London 2000] 72).

15 Otro tipo de aprendizaje no contemplado aquí es el vinculado a contextos serviles, para lo cual contamos con miles de documentos cuneiformes de diversas épocas. Sirva como ejemplo el archivo sirio paleobabilónico de Mari (siglo XVIII a. C.), donde se pueden apreciar grupos de trabajadores, normalmente mujeres prisioneras de guerra, junto con sus hijos. Estos desarrollaban sus trabajos en el *nēparātum*, instalaciones que hacían las veces de talleres y prisiones, y que siempre se encontraban fuera de los límites palaciegos. El *bīt išparātim* sería el taller dedicado exclusivamente a la industria textil. En estas condiciones (podemos imaginar pésimas), la transmisión de conocimientos se realizaba en grupos, por lo general de entre 25 y 35 trabajadores. Aunque no siempre, los líderes de estos colectivos eran especialistas en producción de textiles. Sobre la realidad de Mari al respecto, véase C. Michel, "Textile Workers in the Royal Archive of Mari (Syria, 18th Century BC)", en L. Quillien y K. Sarri (eds.), *Textile Workers. Skills, Labour and Status of Textile Craftspeople Between the Prehistoric Aegean and the Ancient Near East* (Vienna 2020) 127-138.

16 Sobre la transmisión de conocimientos a lo largo de varias generaciones véanse especialmente los ocho trabajos del "Workshop: From Parents to Children" en A. Archi (ed.), *Tradition and Innovation in the Ancient near East* (Winona Lake 2015) 511-606.

cuente de adopción se articula en torno al sustantivo *māru(m)*, "hijo", en su forma abstracta: *mārūtu(m)*, "estatus de hijo", "filiación". Así, esperaríamos la expresión *ṣiḫram ana marūtim ilqēma*, "toma un niño en filiación" ("adopta un niño"). Sin embargo, la referencia al sustantivo *tarbītum* (en su forma abstracta y genitiva: *tarbītim*) de CH 188 indica esa potencialidad de aprendizaje por parte del menor adoptado.

Estas dos disposiciones (CH 188 y CH 189), evidentemente relacionadas entre sí, constituirían la base de las actuaciones judiciales que se dieron antes del Código de Hammurapi, puesto que éste se fundamenta en el derecho consuetudinario. De hecho, seguirá siendo una referencia legal a la hora de acomodar ulteriores casos que tuvieran una casuística similar. No sorprende, por tanto, que documentos posteriores y lejanos geográficamente evidencien un conocimiento del Código, o al menos sean herederos de esa tradición jurídica mesopotámica.

Es el caso del archivo de Nuzi, a cientos de kilómetros al norte de Babilonia y de unos tres siglos después del Código de Hammurapi. Este emplazamiento (norte de Iraq, siglo XV a. C.) ha provisto cientos de tablillas procedentes de archivos familiares, así como con textos que corroboran la realidad referida. Sirva como ejemplo el documento JEN 572:

> Ḫui-Tilla, hijo de Warteya, ha entregado su hijo Naniya a Tirwa-ya, esclavo de Enna-mati. Y Tirwaya le proporcionará una esposa y le instruirá en el oficio de tejedor [...] Si Tirwaya no instruyera a Naniya como tejedor, entonces Ḫui-Tilla vendrá y se llevará consigo a su hijo Naniya.

Como se aprecia en este texto, es el mismo esclavo Tirwaya, como adoptante de Naniya, el que debe instruir al segundo como tejedor. En todo caso, si el maestro no llevara a cabo la labor de instructor de su pupilo, el tutor legal (Ḫui-Tilla, padre del adoptado) deberá llevarse a su hijo consigo[17]. La última consideración es sumamente significativa, ya que implica que esta adopción *ana tarbītim* se puede considerar de carácter temporal. Probablemente este tipo de vínculos personales no se desarrollarían más allá del proceso de aprendizaje. El resultado verdaderamente primordial en esta relación entre maestro y discípulo es el mismo conocimiento de una actividad (que devendrá en destreza y competencia), y no tanto una herencia tangible[18].

A partir de las referencias y textos reseñados, es patente el pragmatismo en el planteamiento de cualquier contrato de adopción con fines formativos. El seguimiento e imitación del maestro se llevaría a cabo en talleres privados o vinculados a la administración, pero dicho acompañamiento es un aspecto en el que desgraciadamente no podemos profundizar en detalle a partir de la documentación disponible.

---

17 El archivo de Nuzi nos provee de varios ejemplos de formación de aprendices en contextos de adopción. El texto HSS 19 44 presenta el caso en el que un hombre adopta un adulto, compartiendo su herencia con sus hijos biológicos y el nuevo hijo adoptivo. Este debería instruir el oficio de tejedor al hijo mayor del adoptante (B. Lion y D. Stein, *The Tablets from the Temple Precinct at Nuzi* [Bethesda 2016] 169-173. Por su parte, en EN 9/3 87 encontramos un contrato de adopción con la obligación de enseñar la labor de un barbero (véase transliteración, traducción y comentarios en J. Fincke, "The Tradition of Professions within Families at Nuzi", en Archi, *Tradition and Innovation*, 566). En HSS 19 59 y EN 9/1 257 los contratos de aprendizaje hacen referencia respectivamente a trabajo de herreros y plateros (cf. Fincke, "The Tradition of Professions" 565, n. 69). En otras realidades documentales también encontramos contratos de aprendizaje, como en el período neobabilónico. Al respecto, incluyendo un caso en el que la formación en el oficio de carpintero duraría seis años (cf. p. 239), véase Y. Cohen y S. Kedar, "Teacher-Student Relationships: Two Cases of Study", en K. Radner y E. Robson (eds.), *The Oxford Handbook of Cuneiform Culture* (Oxford 2011) 238-242.

18 En palabras de Westbrook, "if adoption gives the adoptee the status in law of a son, then all the incidents of that status should apply, including inheritance. The inheritance of a craftsman, however, is not his property, but his craft". Cf. R. Westbrook, "The Adoption Laws of Codex Hammurabi", en A. R. Rainey (ed.), kinattūtu ša dārâti. *Raphael Kutscher Memorial Volume* (Tel Aviv 1993) 199.

4. EL DISCÍPULO Y SU PROMOCIÓN RELIGIOSA Y CULTURAL: EL CASO NEOBABILÓNICO

Nuestra concepción de "discípulo" y "discipulado" se enmarca no solo en los comentados ámbitos de las artes o los trabajos manufacturados, sino también en las esferas científicas o doctrinales. Son precisamente esos dos aspectos los relacionados con el terreno religioso, cultural, de vínculo con la divinidad, y protagonizado por los sacerdotes mesopotámicos. De nuevo no contamos con un término específico ni en sumerio ni en acadio para hacer referencia directa al discípulo, postulante a sacerdote. Esta ausencia o infrecuencia no es exclusiva de sumerio o acadio, sino que más bien es común en otras lenguas semíticas antiguas. Así, por ejemplo, el término hebreo "discípulo" (תַּלְמִיד) apenas se emplea en el Antiguo Testamento, si bien es más frecuente en la tradición judía posterior[19].

Nos encontramos, además, ante otra dificultad evidente al abordar estas cuestiones religiosas: por definición, un discípulo necesita un maestro al que seguir. Para el pueblo de Israel de la tradición veterotestamentaria, lo más recomendable no sería en ningún caso acompañar a un hombre que se hiciera llamar maestro, sino al mismo Dios, y a ello hacen referencia los profetas[20] o el salmista[21]. Ahora bien, ¿qué tipo de maestro —si es que lo había— seguía un discípulo en el Oriente antiguo en el contexto religioso y cultural?

Bien es cierto que no podemos asegurar con certitud cómo las gentes de la Mesopotamia antigua se acercaban a los dioses de manera

---

19 Por supuesto será un vocablo habitual en el Nuevo Testamento mediante el griego μαθητής, cuyo sentido original lo aporta Jesús.

20 Jer 31, 34: "Ya no tendrán que adoctrinar más el uno a su prójimo y el otro a su hermano, diciendo: «Conoced a Yahveh», pues todos ellos me conocerán, del más pequeño al más grande —oráculo de Yahveh— cuando perdone su culpa, y de su pecado no vuelva a acordarme"; Is 54, 13: "Todos tus hijos serán discípulos de Yahveh, y será grande la dicha de tus hijos".

21 Sal 119, 12: "Bendito tú, Yahveh. Enséñame tus preceptos".

cotidiana[22]. Aún así, la constatación de numerosos himnos a distintos dioses o la presencia de amuletos[23] dejan entrever una religiosidad plenamente aceptada y asentada. Además, cientos de textos que emanan de los archivos de los templos de Sippar, Babilonia y —sobre todo— Borsippa arrojan luz sobre la formación y —sobre todo— promoción dentro del ámbito religioso.

Varias son las perspectivas desde las que se puede afrontar esta realidad en el Oriente antiguo. La primera, intrínseca e inherente al hecho de ser discípulo, es la "voluntariedad". Todos los ejemplos tenidos en cuenta se refieren a personas que pretenden acercarse voluntariamente a la divinidad. La máxima expresión de los individuos que se aproximan a los dioses son sin duda los sacerdotes. Por tanto, su formación y actividades serán nuestro objeto preferente de análisis.

Por otra parte, se debe tener en cuenta que en la Mesopotamia antigua el seguir a los dioses se podía hacer desde múltiples tareas, pero siempre estando ligadas al templo de turno. Estas actividades eran llevadas a cabo por los sacerdotes, una profesión sobremanera diferente a la actual occidental. De hecho, tan complejo puede resultar a nuestros ojos el sacerdocio mesopotámico que incluso la historiografía asiriológica no ha llegado a un consenso para definirlo. Así, para unos un sacerdote sería un especialista interlocutor entre hombres y divinidades[24]. Otros proponen una visión más inclusiva, al ser una persona que participa en

---

22 Cuando hablamos de "cotidianeidad" hacemos referencia literal al étimo latino, referido a "todos los días". Evidentemente sí podemos profundizar en actividades religiosas plenamente configuradas y calendarizadas en las festividades mesopotámicas: la celebración del año nuevo en Babilonia (akītu), conmemoraciones de hitos memorables, nacimiento de dioses, de hijos de los reyes, coronación, siembra y siega, etc.

23 También constatada a nivel arqueológico.

24 Por tanto, llevarían a cabo las tareas y rituales de exorcismos, adivinos, profetas, etc. Véanse para esta interpretación W. SALLABERGER y F. HUBER VULLIET, "Priester I.A. Mesopotamien", Reallexikon der Assyriologie und Vorderasiatischen Archäologie 10 (2005) 617-640; A. LÖHNERT, "The Installation of Priests According to Neo-Assyrian Documents", State Archives of Assyria Bulletin 16 (Padova 2007) 273-286; I. HRŮŠA, Ancient Mesopotamian Religion. A Descriptive Introduction (Münster 2015) 76.

DANIEL JUSTEL VICENTE

el culto gracias a contar con el conocimiento requerido (y certificado) que le habilita para ello, así como a sus cualidades en la esfera ritual[25].

Sea como fuere, el sacerdocio mesopotámico era una institución altamente especializada, con numerosas subdivisiones definidas por ocupaciones y devociones, y ello se aprecia claramente en nuestro caso de estudio: los sacerdotes neobabilónicos (especialmente siglo VI a. C.). Así, los distintos profesionales eran denominados según las deidades específicas a las que servían y según sus responsabilidades[26]: exorcistas, cantores, orfebres, carpinteros, barberos, escribas, acróbatas, etc. Cada una de estas ocupaciones contribuía mediante rituales perfectamente estudiados y medidos a un objetivo común, que no es otro que la adoración de los dioses.

Una persona que iba a acompañar y ser acompañada por la divinidad debía cumplir varias pautas y directrices. Se trataba de unas reglas de admisión para los sacerdotes, quienes constituían en definitiva la máxima demostración de lo que significaba ser seguidores de los dioses y estar en su presencia[27].

En primer lugar, una comisión se encargaba de realizar una investigación exhaustiva sobre los antecedentes familiares de la persona en cuestión. Un aspecto fundamental era haber nacido dentro del matrimonio de sus padres. De hecho, lo apropiado era que el padre hubiera sido sacerdote, habiéndole enseñado a su hijo el oficio que desempeñó en el templo, y que su hijo desempeñaría a partir de entonces. Este aspecto es profundamente revelador, puesto que pone de manifiesto por una

---

25 Como defiende C. Waerzeggers, *The Ezida Temple of Borsippa. Priesthood, Cult, Archives* (Leiden 2010) 34ss. Para las comentadas aproximaciones véase B. Still, *The Social World of the Babylonian Priests* (Leiden-Boston 2019) 10-12.

26 Waerzeggers, *The Ezida Temple of Borsippa*, 38-42.

27 Las fases de la admisión para ser sacerdotes se conocen especialmente por los textos emanados del archivo neobabilónico de Borsippa, magistralmente analizado por Caroline Waerzeggers (*The Ezida Temple of Borsippa*, esp. 51-53). Véanse asimismo C. Waerzeggers, "On the Initiation of Babylonian Priests": *Zeitschrift für altorientalicsche und biblische Rechtsgeschichte* 14 (2008) 1-35; C. Waerzeggers, "The Babylonian Priesthood in the Long Sixth Century BC": *BICS* 54/2 (2011), 59-70.

parte que la "llamada de los dioses" está condicionada por la situación familiar de la que se procede. Por otro lado, es notorio que la transmisión de conocimientos se realizaría, de nuevo, en el seno familiar[28].

La primera fase del ritual de iniciación, desarrollado completamente en una piscina sagrada del templo, se conocía como *gubullu*, literalmente "rasurar". Esta consistía en el afeitado de cabeza y cuerpo del novicio. Seguidamente, el mismo barbero debía comprobar que la condición física del postulante fuera idónea. Debía ser un hombre con un cuerpo inmaculado, sin grandes defectos o heridas[29]. Con respecto a la edad, el candidato no podía ser menor de edad, y en todo caso habría de haber pasado la adolescencia. El último aspecto se refiere al escrutinio íntegro del que era objeto el candidato. Mediante incisivas preguntas, de nuevo una comisión comprobaba que el futurible sacerdote tenía un comportamiento intachable, no había cometido crímenes de sangre, robos, etc.

Si se superaban todos estos pasos[30], el candidato se convertiría en sacerdote, pero no sin antes ser ratificado por la administración real. En todo caso, el monarca de turno tendrá la prerrogativa de conceder o denegar la decisión final de ser sacerdote[31].

Todas estas fases, con sus numerosos condicionantes, pueden parecer anecdóticas, pero documentan lo que significaba seguir completamente a un dios. Las interminables y calculadas pautas establecían

---

28 Por tanto, no contamos —al menos, no tenemos constancia— con un espacio común de aprendizaje para los discípulos y postulantes a sacerdotes, cual —salvando el anacronismo— seminarios.

29 Textos hablan sobre que los sacerdotes debían tener el cuerpo "puro como el oro" (Waerzeggers, *On the Initiation of Babylonian Priests* 4).

30 Contamos con referencias que muestran casos de postulantes que no superaban estas fases.

31 De nuevo en este caso (cf. nota anterior) tenemos ejemplos en los que el rey deniega la condición de sacerdotes a dos individuos. El suceso tiene lugar en Uruk (templo Eanna) en tiempos de Nabonido, y afecta a dos personas. Al respecto véase el texto YOS 6 10 y P.-A. Beaulieu, *The Reign of Nabonidus, King of Babylon (556-539 BC)* (New Haven-London 1989) 118-119.

el estándar esperado del seguidor de dios y del ser humano perfecto: alguien que, por su propia perfección y pureza, podía ser aceptado en la presencia divina. Así, el que quisiera servir y ser instruido por los dioses debía ser perfecto, como ellos mismos lo eran[32].

5. CONCLUSIONES

A lo largo del presente trabajo se han propuesto diferentes realidades mesopotámicas sobre la concepción de "discípulo", "aprendiz" o "seguidor" de un maestro. Las diferencias entre la percepción mesopotámica de esta noción con respecto a la tradición judía o cristiana son manifiestas. El mundo mesopotámico es sumamente práctico, y se regulan una serie de normas y actitudes para llegar a la perfección, a la impecable imitación de un maestro y referencia, bien a través de una actividad concreta, bien cuando se trata de una misma divinidad.

Al nacer el estudio dentro de un Grupo de Investigación que aborda con profundidad la literatura bíblica, queremos concluir a través de algunas precisiones comparativas. La noción de "discípulo" que plantearán los Evangelios es completamente diferente a la del Oriente cuneiforme, ya que el discípulo evangélico no debe ser ni parecer perfecto. En este sentido, probablemente la gran diferencia estriba en la naturaleza de los Maestros. En Mesopotamia, además de los propios padres, los maestros son los mismos dioses, como lo es Yahveh en el Antiguo Testamento. Sin embargo, las restricciones que constatamos en

---

32 Esta idea de simbiosis con los dioses se resalta al poner en evidencia cómo la última parte del ritual presenta numerosos paralelos con el ritual de *Mīs pî* ("Lavado de la boca") llevado a cabo en la iniciación de culto de una imagen de una estatua divina. En este sentido, los paralelos entre ambos rituales apuntarían a que el cuerpo del sacerdote se asociaría en último término y directamente con el dios específico al que serviría (cf. WAERZEGGERS, *The Babylonian Priesthood*, 67). Sobre el ritual de *Mīs pî* véase especialmente Ch. WALKER y M. DICK, *The Induction of the Cult Image in Ancient Mesopotamia. The Mesopotamian Mīs Pî Ritual* (Helsinki 2001).

Babilonia y alrededores hacen que esta experiencia total de seguimiento se limite y esté condicionada por motivos genealógicos (instrucción de padres a hijos) o físicos (habilidades manuales, pureza corporal, etc.).

El Nuevo Testamento cambiará radicalmente esta relación, situando a un hombre como Maestro, siempre presente, siempre cercano y que acompaña en todo momento. Además, la llamada de ese Maestro, según los Evangelios, tiene vocación de causar un cambio espiritual e incluso físico (y no al revés, como sucede para ser sacerdote mesopotámico); además, por definición, no es excluyente sino más bien es universal.

6. BIBLIOGRAFÍA

ARCHI, ALFONSO (ed.), *Tradition and Innovation in the Ancient near East. Proceedings of the 57th Rencontre Assyriologique International at Rome, 4-8 July 2011* (Eisenbrauns Winona Lake 2015).

AA. VV. *The Assyrian Dictionary of the University of Chicago* (Oriental Institute of the University of Chicago, Chicago 1956-2010).

BEAULIEU, PAUL-ALAN, *The Reign of Nabonidus, King of Babylon (556-539 BC)* (Yale University Press, New Haven-London 1989).

BELLOTTO, NICOLETTA, *Le Adozioni a Emar*, History of the Ancient Near East Monographs vol. 9 (Sargon, Padova 2009).

CASSIN, ELENA, *L'adoption à Nuzi* (Adrien-Maisonneuve, Paris 1938).

COHEN, YORAM y KEDAR, SIVAN, "Teacher-Student Relationships: Two Cases of Study", en RADNER, KAREN y ROBSON, ELEANOR (eds.), *The Oxford Handbook of Cuneiform Culture* (Oxford University Press, Oxford 2011) 229-247.

CUQ, ÉDOUARD, *Études sur le droit babylonien: Les lois assyriennes et les lois hittites* (Geuthner, Paris 1929).

DAVID, MARTIN, *Die Adoption im altbabylonischen Recht* (Theodor Weicher, Leipzig 1927).

DRIVER, GODFREY ROLLES y MILES, JOHN C., *The Babylonian Laws vol. I: Legal Commentary* (At the Clarendon Press, Oxford 1952).

FINCKE, JEANETTE C., "The Tradition of Professions within Families at Nuzi", en ARCHI, ALFONSO (ed.), *Tradition and Innovation in the Ancient near East. Proceedings of the 57th Rencontre Assyriologique International at Rome, 4-8 July 2011* (Eisenbrauns Winona Lake 2015) 555-566.

GARCIA-VENTURA, AGNÈS (ed.), *What's in a Name? Terminology related to Work Force and Job Categories in the Ancient Near East*, Alter Orient und Altes Testament 440 (Ugarit-Verlag, Münster 2018).

GREENFIELD, PATRICIA "Children, material culture and weaving. Historical change and developmental change", en SOFAER DEREVENSKI, JOANNA (ed.), *Children and Material Culture* (Routledge, London 2000) 72-86.

HELTZER, MICHAEL, *Die Organisation des Handwerks im "Dunklem Zeitalter" und im I. Jahrtausend v.u.Z. im östlichem Mittelmeergebiet*, History of the Ancient Near East Studies vol. 3 (Sargon, Padova 1992).

HUEHNERGARD, JOHN y WOODS, CHRISTOPHER E., "Akkadian and Eblaite": en Woodard, Roger, D. (ed.), *The Cambridge Enclyclopedia of the World's Ancient Languages* (Cambridge University Press, Cambridge 2004) 218-280.

HRŮŠA, IVAN, *Ancient Mesopotamian Religion. A Descriptive Introduction* (Ugarit-Verlag Münster 2015).

JUSTEL VICENTE, DANIEL, "La adopción en Emar en su contexto próximo-oriental antiguo": *Historiae* 8 (2011) 103-119.

JUSTEL VICENTE, DANIEL, "Adopciones infantiles en el Próximo Oriente Antiguo", en JUSTEL (ed.), *Niños en la Antigüedad. Estudios sobre infancia en el Mediterráneo antiguo*, Colección Ciencias Sociales n.º 87 (Prensas de la Universidad de Zaragoza, Zaragoza 2012) 99-148.

JUSTEL VICENTE, DANIEL, "La adopción en la Babilonia casita": *Gerión. Revista de Historia antigua* 40/1 (2022) 11-36.

LION, BRIGITTE y MICHEL, CÉCILE (dirs.), *Histoires de déchiffrements. Les écritures du Proche-Orient à l'Egée* (Éditions Errance, Paris 2009).

Lion, Brigitte y Stein, Diana, *The Tablets from the Temple Precinct at Nuzi*
(Eisenbrauns, Bethesda 2016).

Michel, Cécile, "Textile Workers in the Royal Archive of Mari (Syria, 18th
Century BC)", en Quillien, Louise y Sarri, Kalliope (eds.), *Textile
Workers. Skills, Labour and Status of Textile Craftspeople Between
the Prehistoric Aegean and the Ancient Near East. Proceedings
of the Workshop held at 10th ICAANE in Vienna, April 2016*
(Austrian Academy of Sciences Press, Vienna 2020) 127-138.

Löhnert, Anne, "The Installation of Priests According to Neo-Assyrian
Documents", *State Archives of Assyria Bulletin* 16 (Sargon, Padova 2007) 273-286.

Neumann, Hans, *Handwerk in Mesopotamien. Untersuchungen zu seiner
Organisation in der Zeit der III. Dynastie von Ur*, Schriften zur
Geschichte und Kultur des Alten Orients vol. 19 (De Gruyter,
Berlin 2020).

Obermark, Peter Raymond, *Adoption in the Old Babylonian period*, Tesis
doctoral inédita (Hebrew Union College Jewish Institute of Religion, Cincinnati 1992).

Paulissian, Robert, "Adoption in Ancient Assyria and Babylonia": *Journal
of Assyrian Academic Studies* 13/2 (1999) 5-34.

Sallaberger, Walther y Huber Vulliet, Fabienne, "Priester A.I. Mesopotamien": *Reallexikon der Assyriologie und Vorderasiatischen Archäologie* 10 (2005) 617-640.

von Soden, Wolfram, *Akkadisches Handwörterbuch* (Otto Harrassowitz,
Wiesbaden 1965-1981).

Steinkeller, Piotr y Hudson, Michael, *Labor in the Ancient World*, The International Scholars Conference on Ancient Near Eastern Economies
vol. 5 (ISLET-Verlag, Dresden 2015).

Still, Bastian, *The Social World of the Babylonian Priests*, Culture and History of the Ancient Near East vol. 103 (Brill, Leiden-Boston 2019).

Stohlmann, Stephen Ch., *Real Adoption at Nuzi*, Tesis doctoral inédita
(Brandeis University, Waltham 1971).

STONE, ELIZABETH C. y OWEN, DAVID I., *Adoption in Old Babylonian Nippur and the Archive of Mannum-mešu-liṣṣur* (Eisenbrauns, Winona Lake 1991).

SZLECHTER, ÉMILE, *Tablettes juridiques de la 1ʳᵉ Dynastie de Babylone, Deuxième partie, Transcription-Traduction-Commentaire* (Recueil Sirey, Paris 1958).

WAERZEGGERS, CAROLINE, "On the Initiation of Babylonian Priests": *Zeitschrift für altorientalicsche und biblische Rechtsgeschichte* 14 (2008) 1-35.

WAERZEGGERS, CAROLINE, *The Ezida Temple of Borsippa. Priesthood, Cult, Archives*, Achaemenid History XV (Nederlands Instituut voor Nabije Oosten, Leiden 2010).

WAERZEGGERS, CAROLINE, "The Babylonian Priesthood in the Long Sixth Century BC": *Bulletin of the Institute of Classical Studies* 54/2 (2011) 59-70.

WALKER, CHRISTOPHER y DICK, MICHAEL, *The Induction of the Cult Image in Ancient Mesopotamia. The Mesopotamian Mīs Pî Ritual*, State Archives of Assyria Literary Texts, vol. I (Vammalan Kirjapaino Oy, Helsinki 2001).

WESTBROOK, RAYMOND, "The Adoption Laws of Codex Hammurabi", en RAINEY, ANSON F. (ed.), kinattūtu ša dārâti. *Raphael Kutscher Memorial Volume* (Institute of Archaeology of Tel Aviv University, Tel Aviv 1993) 195-204.

WESTBROOK, RAYMOND, "The Character of Near Eastern Law", en WESTBROOK, RAYMOND (ed.), *A History of Ancient Near Eastern Law* (Brill, Leiden-Boston 2003) 1-90.

WUNSCH, CORNELIA, "Findelkinder und Adoption nach neubabylonischen Quellen": *Archiv für Orientforschung* 50 (2003-2004) 174-244.

EL DISCÍPULO PROFETA
EN EL ANTIGUO TESTAMENTO

Carlos Granados
UESD

Puede decirse que "para comprender el significado del término específico *discípulo,* el trasfondo bíblico no es de gran ayuda", pero para añadir enseguida que "el fenómeno del discipulado radica también en el mundo veterotestamentario, donde no es infrecuente mostrar personajes proféticos rodeados por verdaderos y propios seguidores, asimilables por analogía a los seguidores de Jesús"[1].

En realidad, la figura del "profeta discípulo" discurre como clave hermenéutica de la entera profecía. Pero no solamente porque el "discipulado" sea la *forma exterior* necesaria para que hayan llegado a nosotros las palabras del oráculo. Es obvio que ha hecho falta esta transmisión. Pero lo decisivo aquí es reconocer que la misma profecía es paso de maestro a aprendiz; y que el hecho de no poder frecuentemente distinguir si habla uno u otro tiene un valor hermenéutico de primera magnitud. Con razón puede Paul Beauchamp decir que "el discípulo del profeta no es solo la única vía para acceder al profeta, sino que, sobre

---

1   P. Mascilongo, *El discipulado en el Nuevo Testamento* (Madrid 2022) 15-16.

todo, pertenece al mismo hecho profético"[2]. Con ello, insisto, se atribuye a la relación entre ambos un nuevo horizonte: no el de instrumento útil y necesario, sino el de contenido y forma de la misma revelación.

Esto se demuestra, por ejemplo, si reflexionamos sobre el profeta Isaías y ese personaje que la exégesis moderna ha dado en llamar "Segundo" o incluso "Tercer Isaías". Toda la colección recogida en este libro testimonia unos dos siglos y medio de tradición, de maestro a discípulo, con una clara unidad, manifestada de diversos modos[3]. Cada discípulo ha interpretado a "Isaías", en la línea de una misma escuela, en la continuidad de una misma palabra, sin que se pueda llegar a distinguir con claridad quién es quién. Con razón hay que dar un valor interpretativo de primer orden a lo que el libro dice en sus primeros capítulos: "Guarda sellado el testimonio y la enseñanza entre mis discípulos" (Is 8,16).

Aquí no podremos abordar esta importante cuestión en toda su magnitud. La pregunta que nos planteamos será más modesta. Se tratará simplemente de recuperar, a través del estudio de dos figuras señeras, la relación histórica que se dio en el antiguo Israel entre un profeta y su discípulo. Ciertamente, hubo también escuelas sapienciales. He seleccionado aquí, sin embargo, las proféticas, en razón de la delimitación del tema, pero también considerando que es allí donde se traza con más claridad el ideal perfil de novedad en Israel. El asunto además podría estudiarse en los profetas escritores. He escogido aquí, sin embargo, los orígenes remotos de la profecía en Israel, para abrazar la urdimbre en la que se ha tejido esta relación.

Y seguiremos dos líneas de sucesión: la que va de Moisés a Josué; y la que va de Elías a Eliseo. Son dos momentos diferentes de la crónica del pueblo santo; dos figuras estrechamente relacionadas, que han tenido discípulo y han establecido con él una íntima relación,

---

2   P. Beauchamp, "La prophétie d'hier": *Lumière et vie,* 115 (1973) 4-24, p.7.

3   J. L. Barriocanal – F. Ramis – S. Ausín, *Libros proféticos* (Estella 2023) 136s, apuntan "cinco cuestiones esenciales que conforman la teología isaiana" en su conjunto.

testimoniada en los textos bíblicos. Por otro lado, son dos perfiles altamente representativos: Moisés y Elías, presentes en la Transfiguración.
"Se dan tantos puntos de contacto entre ambos casos que es posible
trazar un paralelo entre Moisés y Elías por una parte, y Josué y Eliseo,
por otra. Limitándonos al momento de la vocación-sucesión, ambos,
Moisés y Elías, reciben la orden de investir a su sucesor y la ejecutarán
(Dt 31,3-8; 34,9; 1 Re 19; 16,19-21); también la de dirigirse a la región
de la Transjordania, frente a Jericó, como última etapa de su carrera
terrena (Dt 32,48-50; 34,1.5; 2 Re 2,1-6); y, por último, el fin de ambos
está envuelto en el misterio (Dt 34,6; 2 Re 2,11). Por su parte, tanto
Josué como Eliseo inician su misión carismática con el paso del Jordán
(Jos 3,1; 2 Re 2,14) a imitación de sus respectivos maestros (Ex 14,21;
2 Re 2,8)"[4]. En dos apartados anexos trataré también de la figura de
Guejazí, discípulo de Eliseo que retrata la ambigüedad del seguimiento
y la posibilidad de que el discípulo sea infiel, y del papel de Baruc, escriba de Jeremías, que representa al discípulo que conserva y prolonga
la memoria del maestro por la escritura.

¿Qué luz nos dan estas figuras sobre el discipulado? ¿Cómo
alumbran nuestro conocimiento del mismo? ¿Qué nos dicen incluso
sobre el nacimiento de esta relación?

1. MOISÉS Y JOSUÉ

Partimos de Moisés, primer profeta en el orden de la cronología
y la ponderación. De acuerdo con el Deuteronomio (18,15), Moisés ya
había previsto su sucesión: "El Señor, tu Dios, te suscitará de entre los
tuyos, de entre tus hermanos, *un profeta como yo*. A él lo escucharéis".
La interpretación de este oráculo oscila. Los más circunspectos descubren aquí el intento de domesticar la profecía poniéndola bajo el aura

---

4   J.L. Barriocanal, "Vocación", *Diccionario del profetismo bíblico* (ed. J.L. Barriocanal)
      (Burgos 2008) 777-792, p.783.

institucional y jerárquica de Moisés[5]. La tradición cristiana visualiza un anuncio mesiánico (cf. Hch 3,22-26; 7,37). El libro del Eclesiástico, por su parte, parece atribuir estas palabras a Josué, "valiente guerrero" y *"sucesor de Moisés en la dignidad de profeta"* (46,1). No me parece en absoluto desacertado pensar que en Josué tendría lugar un *primer cumplimiento* de esa palabra del Deuteronomio que le prometía a Moisés un heredero[6].

¿Quién es Josué? El término que emplea el Sirácide en 46,1 se refiere a él por su relación con Moisés como *diadokos,* que literalmente significa "sucesor, lugarteniente, sustituto"; vierte frecuentemente el hebreo *mesharet,* es decir, "servidor, sirviente" (como de hecho se refieren a Josué tanto Ex 24,13; 33,11 como Jos 1,1). Josué era "sirviente *(mesharet)* de Moisés *desde joven",* según lo explicita también Nm 11,28. Este "desde joven" es significativo. Desde que era un *bahur,* un muchacho, Josué había sido elegido por Moisés para esta singular misión[7].

¿Qué significa exactamente este "servicio" que caracteriza, al parecer, la relación del primer profeta con su primer discípulo? El término *shrt,* piel, tiene una aplicación en el servicio cultual, en el ámbito de la corte o del gobierno, como "ayudante", "ministro", "colaborador", en general con una significación diversa del *'ebed,* el siervo. El *mesharet* tiene una misión mucho más elevada y cercana a la persona servida. Si profundizamos un poco más, descubrimos que la elección de Moisés hizo

---

5   Ver H. Simian-Yofre, "I profeti di fronte a Mosè (alla Torah)", *Ricerche Storico Bibliche,* 16 (2004) 25-45; en otro sentido, J.-L. Ska, *Compendio de Antiguo Testamento. Introducción, temas y lecturas* (Estella 2017) 379, ve aquí un signo del "poder profético" que está por encima del de la "realeza". En otro lugar, J.-L. Ska, "Chi è il successore di Mosè secondo il Deuteronomio?", en *Il cantiere del Pentateuco. 2. Aspetti letterari e teologici* (Bologna 2013) 83-104, 99s, habla de la "Torá" como sucesor de Moisés.

6   Pese a las opiniones de J.R. Lundbom, *Deuteronomy. A commetary* (Grand Rapids, MI – Cambridge, 2013) 556-557, el cual, por otro lado, reconoce que hay una interpretación rabínica en este sentido.

7   El griego confunde probablemente el sustantivo *bahur* con el verbo *bahar* y en vez de decir "ayudante de Moisés desde joven", califica a Josué como "el elegido" (no queda claro si por Dios o por Moisés).

que Josué fuera, según Dt 1,38, uno que "permanece delante de" él *(ha'omed lepaneka)*. De nuevo, una expresión significativa de la actitud del discípulo. En verdad, "permanecer delante de uno" denota en hebreo la idea de "servicio" más una fuerte confidencia. Es la expresión que usa Jer 15,19 para explicar cómo se sitúa el profeta Jeremías ante Dios: "Tú permanecerás delante de mí". Josué es el que "está asiduamente ante Moisés", aprendiendo. De hecho, más tarde, en Dt 3,21.28, Moisés aparece dando órdenes a Josué como maestro; y al final confortándolo de cara a la sucesión y a su nueva misión (Dt 31,7).

Tenemos, por tanto, la idea de un *servicio,* como una cierta comunión de vida con el maestro, que viene desde la juventud (nada esporádico) y comporta permanecer fiel a su palabra (nada coyuntural). De hecho, Josué y Caleb son los únicos "fieles" a la voz de Moisés. Se perfila así la idea de un aprendizaje y una transformación vitales, que permitirán a Josué prolongar la acción del maestro en la "tierra prometida" hacia la que caminan. La vocación de Josué se va así aclarando y manifestando en un proceso de convivencia con el maestro en el que aprende de él[8].

Pero, ¿cómo nace la vocación en Josué? Tenemos pocos datos al respecto. No hay relato de su llamada. Pone Nm 27,18 en boca del Señor: "Toma a Josué, hijo de Nun, hombre en quien está el espíritu, e imponle tu mano". Palabras parcas que, sin embargo, ponen al desnudo lo esencial. La iniciativa de elegir a Josué como discípulo sucesor suyo, no parte de Moisés; no surge tampoco, en rigor, de Josué. Es mandato divino. Y así, ya desde este primer atisbo, ni el discípulo elige al maestro, ni el maestro adopta al discípulo. Es el Señor Dios quien destina a ambos: uno para otro. A fin de cuentas, es lo que resulta en el cumplimiento, cuando descubrimos que es el Padre quien le ha dado sus discípulos a Jesús: "Padre, los que Tú me has dado" (cf. Jn 17,24).

---

8   Esta descripción encaja muy bien con la que da del discipulado en el Nuevo Testamento L. Sánchez Navarro, *"Venid a mí" (Mt 11,28-30). El discipulado, fundamento de la ética en Mateo* (Madrid 2004) 289.

¿Para qué fue elegido Josué? Claramente, para cumplir una misión: recibirá finalmente la autoridad de Moisés (cf. Nm 27,20-21) para introducir al pueblo en la heredad y completar, en cierta medida, la obra del propio Moisés (cf. Dt 31,7-8). La misión va a configurar la vida toda de Josué en todo el siguiente volumen, que lleva su nombre y termina, efectivamente, con su muerte.

Fijémonos bien, porque ya en este primer tipo de "discípulo" podemos espigar elementos dignos de ponderación: un aprendizaje vital desde joven; una elección que remite a Dios pasando por la mediación del maestro; una serie de elementos institucionales como la "imposición de manos" o la "presentación" del candidato "ante la comunidad", el cambio de nombre (cf. Nm 13,16). Sobre todo, el discipulado como "servicio" personal al maestro que se abre a una "misión", a un servicio para toda la comunidad.

Es emocionante la descripción que L. Ginzberg nos ha dejado en sus "Leyendas de los hebreos" sobre la relación entre Moisés y Josué. Rescato solamente un pasaje entre otros muchos:

> Moisés eligió a Josué no solo porque se lo había ordenado el Señor, sino también estaba realmente contento de que llegara a ser su sucesor, como un padre que deja todo lo que posee al hijo. Y así, mientras que Dios le había prescrito que impusiera sobre la cabeza de José una mano solamente, Moisés puso las dos manos, comunicándole con este gesto no solo agudeza y conocimiento, sino también un rostro radiante como el suyo[9].

---

9   He tenido acceso solamente a la traducción italiana de la obra de Ginzberg, de la que tomo el texto (*Le leggende degli ebrei. V. Verso la Terra promessa* [Milán 2014] 244).

Continuamos siguiendo la pista del "discipulado" en un segundo perfil. Elías tenía un discípulo llamado Eliseo al que se le dice también "servidor" de Elías, como en el caso de Josué con respecto a Moisés (cf. 2 Re 19,21).

De hecho, Eliseo mismo va a tener más pupilos, una comunidad completa de ellos (según 2 Re 4,38s.). Y es que en torno a la época de la monarquía aparecen esta especie de "fraternidades" de profetas que se denominan *benê hannebi'îm,* "hijos de los profetas" (cf. 2 Re 2,3) o también *hebel nebi'îm,* "comunidad de profetas" (cf. 1 Sam 10,5; y 19,18-24). Es difícil precisar qué tipo de agrupaciones formaban, aunque parece claro que no eran conventículos amorfos, sino sociedades orgánicas, animadas por un líder, "padre" o maestro[10].

Aparece así en estos relatos un registro de "institucionalización" del discipulado que ha llamado la atención de André Neher. Solo que la idea de Neher es que el verdadero sucesor espiritual de Elías no puede ser Eliseo. Esto debería ser así porque el relato nos dice que Eliseo es un profeta regional y particular, "profeta de Samaría" (cf. 2 Re 2,24; 5,3), taumaturgo gregario y aposentado, que no podría ser, de ningún modo, sugiere Neher, el auténtico heredero de Elías; de ese Elías que es "profeta del Dios eterno" (cf. 1 Re 18,31). Según Neher, entonces, los auténticos discípulos de Elías serían los profetas escritores del siglo VIII, con Amós a la cabeza que declara no ser "hijo de profeta", es decir, que dice haber recibido la vocación directamente del único Dios[11]. El profetismo que anuncia Elías no podría remitir -siempre según Neher- a una sucesión institucional; mientras que, recordémoslo, Eliseo recibe "dos tercios" del espíritu de su maestro, cifra que remite a la herencia que pasa de padre a primogénito, es decir, a la institución familiar (cf.

---

10 Ver L. Alonso Schökel – J.L. Sicre Díaz, *Profetas. Comentario. I. Isaías, Jeremías* (Madrid 1987) 34.

11 Ver A. Neher, *L'essence du prophétisme* (París 1955) 191.

Dt 21,17). Neher diría que esto repugna a la tipología de Elías que, por su natural y su palabra, evoca una sucesión puramente carismática.

Me parece, sin embargo, que hemos de dar fe al redactor final y a la forma canónica del relato bíblico: Eliseo es el verdadero discípulo de Elías. Y le sucede según una lógica, como decíamos, "institucional", marcada por las ideas de herencia y de familia. El discipulado genera una cierta tradición, concretada en ritos y gestos definidos, un tipo de "rutinización del carisma", por usar -anacrónica y analógicamente- el lenguaje de Max Weber.

En todo caso, es verdad, de nuevo, que Eliseo no recibe su vocación de Elías, sino de Dios. Y podría repetir pacíficamente la sentencia de Amós, aunque llame a Elías "padre mío". La iniciativa de la llamada es, claramente, de Dios, no de Elías. Y por eso antes del episodio de la vocación (1 Re 19,19-21), está precisamente la orden del Señor: "ungirás a Eliseo profeta en tu lugar" (v.16). Solo después se describe cómo Elías cubre con su manto a Eliseo. Por esto también este último puede decir que ha sido llamado por Dios mismo, es decir, que es, ante todo, profeta y discípulo de Dios. El símbolo del "manto de Elías", recibido por Eliseo en 2 Re 2,13, expresa más tarde este mismo concepto. La capa no funciona por sí sola, mágicamente. Las aguas no se abren al golpearlas con la prenda. Solo cuando Eliseo clama al Dios de Elías, a Yahvé, es cuando el río se quiebra y se obra la maravilla. No es un manto mágico, sino simbólico, que remite al poder y la protección de Dios.

Insistamos, para terminar, en un aspecto repetido y esencial para la definición del discípulo y su misión. El texto presenta a Eliseo como "servidor" (*shrt:* 1 Re 19,21) y al maestro Elías como "señor" (*'adôn:* 2 Re 2,4). Es una pista que ya hemos encontrado en Josué.

El rabinismo empleó de muchos modos a Elías y Eliseo como prohombres de la relación maestro-discípulo[12]. Es interesante notar cómo esta línea del "servicio" se ha mantenido básicamente en esta tradición.

---

12   M. Hengel, *Seguimiento y Carisma. La radicalidad de la llamada de Jesús* (Santander 1981) 32s.

(Berakot, 7b):

> Dijo R. Yojanán en nombre de R. Simón ben Yojai: más grande
> es el servicio de la Torá que su estudio, pues está dicho: Aquí
> está Eliseo, hijo de Safat, el que vertía agua sobre las manos
> de Elías (2 Re 3,11). No se dice que estudiaba, sino que vertía,
> enseñando que su servicio era más grande que su estudio.

Recordamos también cómo Flavio Josefo, con una interpretación
en clave de discipulado, describe la llamada de Eliseo. Dice así: "Eliseo
le siguió y fue discípulo *(mathetes)* de Elías y siervo suyo *(diakonos)*
durante toda su vida" (Ant 8,354). Elías y Eliseo constituyen un "tipo"
característico en la historia del discipulado (cf. Lc 9,61). Verificar que,
en su origen, su relación se vincula inmediatamente con el "servicio"
no deja de ser aleccionador.

Resumamos ahora, para cerrar nuestras reflexiones sobre estas
dos figuras, algunos rasgos del discipulado en la figura de Eliseo: un
aprendizaje vital; un "servicio" personal de convivencia con el maestro
que prepara para una "misión"; ciertos elementos de institucionalización; una elección que remite a Dios pasando por la mediación del
maestro.

3. Guejazí, discípulo de Eliseo

Un capítulo especial, merece la figura de Guejazí. Aparece en
el ciclo de Eliseo en 2 Re 4,12; queda leproso en 2 Re 5,27; y tiene
finalmente una breve representación en 2 Re 8,1-6. Se dice que es un
"muchacho de Eliseo" *(na'ar:* 4,12.25.38; 5,20; 8,4)[13]; y Guejazí llama

---

13   Una vez aparece como "siervo", pero en boca del propio Guejazí y con sentido
     genérico de respeto (*'ebed:* 2 Re 5,25). Los LXX traducen continuamente el término

a Eliseo "amo" (*adôn*: 5,20.22.25). El término *na'ar* es empleado también en 1 Re 9,4 para referirse a un "hijo de los profetas", discípulo del profeta Eliseo (lit. un "muchacho de Eliseo"). Vemos así que pertenece al campo semántico del discipulado. El "discípulo" es un joven *(na'ar)* que aprende el oficio de profeta.

Guejazí aparece, en primer lugar, como la "voz" de su amo: Eliseo se sirve de él para hablar con la sulamita (cf. 2 Re 4,12-16); es su representante. Eliseo, más tarde, le manda con su bastón para curar al niño de la sulamita (cf. 2 Re 4,29). No es un simple "siervo", sino que está llamado a participar en el mismo poder sanador del maestro y a tomar parte en su ministerio terapéutico.

Pero Guejazí manifiesta, al tiempo, la fragilidad del discipulado: no comprende a su maestro, le tergiversa y, finalmente, le es infiel. En primer lugar, intenta apartar a la sulamita para impedir que se acerque al profeta cuando esta viene a suplicarle tras la muerte de su hijo (cf. 2 Re 4,27); en un episodio que recuerda la actuación de los discípulos en Lc 9,50. Más tarde, cuando Eliseo le manda con su bastón para curar al niño de la sulamita, Guejazí se muestra incapaz de realizar el milagro (¿por su falta de fe como los discípulos en Mt 17,19-29?). Por último, haciendo uso ilegítimo de la autoridad de su señor, Guejazí pretende sacar rédito del milagro en la piel de Naamán, obteniendo como resultado que el castigo recaiga sobre él.

Se vislumbra en estos pasajes lo que pudo ser la relación maestro-discípulo en el profetismo, con toda su carga de naturalidad y flaqueza. Se percibe el "servicio" y la participación en el poder del maestro, pero también el riesgo de la codicia y la soberbia.

El hecho de que el discípulo pueda llevar el "bastón" del maestro o su "frasco de aceite" (ver 2 Re 5,29; 9,1) son símbolos de una participación en su ministerio.

---

na'ar referido a Guejazí como *paidarion* ("muchacho"); Vg: *puerum*.

La figura de Baruc es novedosa entre los textos que venimos de rescatar, porque el libro de Jeremías no se refiere a él como "servidor" o "aprendiz" del profeta, sino como "escriba". ¿Es discípulo?

En Jer 35,26 se le llama *sofer*, es decir, "uno que se dedica por oficio a escribir"[14]. No era ni profeta, ni hijo de profeta. Sin embargo, ya la expresión de Jer 36,8 ("hizo Baruc, hijo de Nerías, conforme a todo cuanto le había mandado el profeta Jeremías") remarca un claro sentido de obediencia. De otra parte, el hecho de que en 32,12 Jeremías le confíe la escritura de compra de un campo denota la confianza. Es su acompañante y su "secretario", es decir, el que guarda su secreto. En fin, el oráculo que el profeta Jeremías dirige particularmente a Baruc (Jer 45,1-5) contiene un sentido de concordia en una misión común vinculada con el sufrimiento (cf. Jer 45,3: "¡Ay de mí!"), al mismo tiempo que una promesa individual (v.5: "te daré la vida salva por botín") propia de alguien en cercanía especial al maestro.

La misión escritora de Baruc nos trae al recuerdo otra fundamental del discípulo: conservar la memoria del maestro. Así también sucede en el cumplimiento. Pero no se trata de un ejercicio de historiador imparcial, sino que Baruc además de "escribir al dictado todas las palabras", "añadió a aquellas otras muchas" (Jer 36,32). Esta frase "no es solo significativa desde el punto de vista de la historia literaria, sino también teológicamente: Dios sigue hablando por medio de los profetas de forma siempre nueva en la palabra y la escritura"[15]. Es decir, que el discípulo/escriba Baruc prolonga también la escritura de Jeremías, en una continua "actualización" de las palabras proferidas por el maestro.

---

14 L. Alonso Schökel, *Diccionario bíblico hebreo español,* ad loc.
15 A. Weisser, *Das Buch Jeremia* (ATD 20/21; Göttingen 1966) 330.

Naturalmente, es posible que ocurra lo que vaticina Martin Hengel, a saber, que "la actividad libre, carismática, del maestro profético, tamizada por la formación de escuela y de la tradición, queda a la larga objetivada y su mordiente de cara al entorno se debilita. Los seguidores y discípulos vienen a convertirse en transmisores y cofrades que se saben responsables del patrimonio canónico del maestro y se esfuerzan por conservarlo para la posteridad por tratarse de una doctrina fijada de modo vinculante. El poder libre, profético, cristaliza más y más en autoridad del jefe de escuela o encargado"[16]. Esto es posible, pero no es, ni mucho menos, necesario. De hecho, el profeta pide discípulo: Moisés a Josué, Elías a Eliseo. Y, viceversa, el aprendiz precisa de un maestro. La relación de discipulado no se contrapone con la creatividad, el carisma o la innovación.

De hecho, la vocación de "servicio" que reconocemos en el discípulo revela un aspecto esencial de la misma profecía. Y con ello tenemos que volver a nuestros enunciados iniciales: *el discípulo desvela al maestro*. En el "profeta discípulo" se reconoce una dimensión radical y clave de la profecía toda: *el servicio*. Sin la relación de discipulado no habríamos llegado a comprender en toda su radicalidad esta dimensión esencial.

Más aun, la figura del profeta discípulo, en el paso de Elías a Eliseo y de Moisés a Josué nos sugiere algunas conclusiones. Estos dos maestros aparecen en la Transfiguración como "tipos" del cumplimiento veterotestamentario. Sin duda que uno representa a la "Torá" y otro a los "Nebi'im"; pero sin duda también que ambos, como profetas, coinciden en tener discípulo, es decir, concuerdan en dar relevancia singular al "discipulado" como clave para comprender el cumplimiento en Cristo.

El discipulado, en primer lugar, remite al "servicio", como hemos visto en los dos casos. "Servicio" que implica aprendizaje vital. El aprendiz no existe solo para pasar y transmitir una cierta enseñanza o

---

16   Ver M. Hengel, *Seguimiento y carisma,* o.c., 54.

doctrina; su razón de ser no está tampoco en la comunicación de una serie de ritos o prácticas. Se trata de un acompañamiento existencial del maestro ("estar delante de él", "servirle", "verter el agua en sus manos") que comunica una vida, un modo de ser, que hará apto al discípulo para una misión de guía o de profecía en medio del pueblo, prolongará y desvelará la acción del Maestro.

En segundo lugar, hemos visto que, en rigor, ni el maestro elige al discípulo ni el discípulo elige al maestro, sino que los dos son elegidos por Dios en esta relación singular. Es Dios quien le dice a Elías a quién debe tomar por discípulo; y Eliseo es el llamado y convocado a este servicio.

En tercer lugar, el discipulado en estos dos casos preanuncia una cierta institucionalización, visible en los gestos de la imposición de manos, del manto, de la cifra de "dos tercios" del espíritu. Se va enmarcando así paulatinamente en un cierto desarrollo que permite su estabilización y normalización y que no debe ser para nada contrario a la libertad y la creatividad.

En cuarto lugar, el discipulado está en orden a la misión. Y una misión que define a la persona. No hablamos aquí de una institución creada en orden al aprendizaje genérico de una serie de conocimientos por un tiempo, sino en orden a una misión que abarca a toda la persona, que equivale y define a la persona como "profeta", dándole no solo un rol, sino una identidad nueva.

6. Bibliografía

Barriocanal, J.L., "Vocación", *Diccionario del profetismo bíblico* (ed. J.L. Barriocanal) (Burgos 2008) 777-792.

Barriocanal, J.L. – Ramis F. – Ausín, S., *Libros proféticos* (Estella 2023).

Beauchamp, P., "La prophétie d'hier": *Lumière et vie,* 115 (1973) 4-24.

Hengel, M., *Seguimiento y Carisma. La radicalidad de la llamada de Jesús* (Santander 1981).

CARLOS GRANADOS

Lundbom, J.R., *Deuteronomy. A commetary* (Grand Rapids, MI – Cambridge, 2013).

Mascilongo, P., *El discipulado en el Nuevo Testamento* (Madrid 2022).

Sánchez Navarro, L., *"Venid a mí" (Mt 11,28-30). El discipulado, fundamento de la ética en Mateo* (Madrid 2004).

Simian-Yofre, H., "I profeti di fronte a Mosè (alla Torah)", *Ricerche Storico Bibliche,* 16 (2004) 25-45.

Ska, J.-L., *Compendio de Antiguo Testamento. Introducción, temas y lecturas* (Estella 2017).

Ska, J.-L., "Chi è il successore di Mosè secondo il Deuteronomio?", en *Il cantiere del Pentateuco. 2. Aspetti letterari e teologici* (Bologna 2013) 83-104.

Weisser, A., *Das Buch Jeremia* (ATD 20/21; Göttingen 1966).

EL DISCUPULADO:

MUNDO JUDÍO Y RABÍNICO

Cayetana H. Johnson

FACULTAD DE LITERATURA CRISTIANA Y CLÁSICA SAN JUSTINO (UESD)

La educación en el judaísmo tiene una altísima estima ya que, como criterio de guía, se le supone un conjunto de formas y metodología que conducen al entrenamiento moral y religioso de la persona. Por ello la Biblia es la fuente principal que ayuda a entender el proceso educativo en Israel desde tiempos antiguos. También es importante el registro arqueológico como ayuda para la comprensión de los aspectos educativos que, a su vez, están relacionados con instituciones y la praxis del Próximo Oriente antiguo en su conjunto, dados los vecinos formidables de Egipto, Mesopotamia y el entorno anatolio-helénico.

Algunos matices deben tenerse en cuenta también. En el entorno vecino de Israel, parece que la educación general y, en particular la superior, estaban destinadas a estamentos sociales que disfrutaban de un nivel económico medio-alto como para permitirse mandar a sus menores a recibir instrucción, especialmente si el maestro era un escriba, un servidor social que enseñaba un nivel que hoy se consideraría de enseñanza superior o universitario. En el caso de Israel, era lo contrario, probablemente porque el sistema de escritura alfabética facilitaba mucho más la tarea educativa desde los niveles más humildes de la sociedad[1].

Uno de los aspectos en el relato del patriarca Abraham lo tenemos en: "Porque yo sé que mandará a sus hijos y a su casa después de sí, que guarden el camino de Yhwh, haciendo justicia y juicio, para que haga venir Yhwh sobre Abraham lo que ha hablado acerca de él"[2]. En el ciclo patriarcal se percibe que el objetivo principal de vida es la observancia de lo decretado desde Arriba y ello implica una instrucción en los caminos nuevos que se iban abriendo a los venerables Abraham, Isaac y Yacob.

En consecuencia, ante la experiencia extraordinaria de los patriarcas, cada aspecto de la vida cotidiana se fue espiritualizando y se observa que, paulatinamente, las fiestas y y las ceremonias iban llenándose con contenidos pedagógicos al servicio de la ética y la moral:

> 24 Guardaréis esto por estatuto para vosotros y para vuestros hijos para siempre. 25Y cuando entréis en la tierra que Yhwh os dará, como prometió, guardaréis este rito. 26 Y cuando os dijeren vuestros hijos: ¿Qué es este rito vuestro?, 27 vosotros responderéis: Es la víctima de la pascua de Yhwh, el cual pasó por encima de las casas de los hijos de Israel en Egipto, cuando hirió a los egipcios, y libró nuestras casas. Entonces el pueblo se inclinó y adoró[3].

Además, se aconseja la continuada enseñanza de los principios fundamentales de la Revelación porque deben mantenerse estrechamente unidos lo recibido en la tradición e imprimirse en la conciencia de cada uno:

---

1   Joseph Naveh, *Origins of the Alphabets. Introduction to Archaeology*. The Jerusalem Publishing House, 1975. 8-13
2   Gn. 18,19.
3   Ex. 12, 24-26.

y las repetirás a tus hijos, y hablarás de ellas estando en tu casa,
y andando por el camino, y al acostarte, y cuando te levantes[4].

Desde el punto de vista de una periodización cronológica histórica, es difícil establecer una secuencia al uso sobre las etapas de desarrollo del concepto de educación en el antiguo Israel. Por ello hay que apoyarse en la comparación con las naciones vecinas y las costumbres de cada momento que se vislumbran a lo largo del texto bíblico y sus desarrollos hermenéuticos en el corpus de la literatura rabínica.

1. Infancia como Hijos de Dios

Tener un hijo en Israel era y es una auténtica bendición. Tan alta consideración está presente en el texto bíblico a partir del mandato divino de la procreación en el conjunto de la Creación de Génesis 1. Ya en el ciclo patriarcal, la importancia de la descendencia debe su razón no sólo al sentimiento filial sino también a quién dejar la responsabilidad patrimonial y el buen nombre de la familia. Los lazos que se creaban eran estrechos y estas conexiones se consolidaban conforme las familias se hacían más extensas a través del clan y la tribu. La preocupación de Abraham era evidente cuando Dios le promete grandes cosas y el patriarca se lo hace saber[5]:

> Y respondió Abram: Señor Dios, ¿qué me darás, siendo así que ando sin hijo, y el mayordomo de mi casa es ese damasceno Eliezer? Dijo también Abram: Mira que no me has dado prole, y he aquí que será mi heredero un esclavo nacido en mi casa.

---

4   Deut. 6, 7 (=El Shemá Israel).
5   Gn. 15, 2-3.

La familia entre los hebreos era concebida como un bloque basado en lazos de sangre donde se determinaba lo que era correcto y lo que no lo era, se administraba justicia, se realizaban los ritos y el culto a Dios, bajo el liderazgo del *pater familias* combinado con el aspecto de la matrilinealidad que legitimaba la descendencia.

La autoridad del padre sobre los hijos era indiscutible, siempre armonizándose con la madre. Episodios como la intención de llegar hasta el sacrificio de los propios hijos son más que elocuentes en las acciones de Abraham (Génesis 22) o Jefte (Jueces 11, 39). Fundamental es el campo de la educación en la prole ya que desde la figura paterna la religión, con todo el conjunto de tradiciones familiares, era transmitida sistemáticamente[6].

En la construcción del carácter de una familia, es indispensable la mujer y era visto como una desgracia la incapacidad de tener hijos[7]. En este sentido, la exclamación de Raquel es la representación del sentir general de las mujeres hebreas que interpretaban la esterilidad como un castigo divino[8]:

> Y se acordó Dios de Raquel, y la oyó Dios, y le concedió hijos. Y
> concibió, y dio a luz un hijo, y dijo: Dios ha quitado mi afrenta.

Los hijos eran considerados los pilares del Reino de Dios[9], los vigilantes del hogar y sus miembros y el sostén constante[10]. Por ello se incluían a los hijos de las concubinas en esta estructura y el establecimiento de la institución del levirato fue fundamental[11].

---

6   W. Robertson Smith, *Lectures on the Religion of the Semites*, London, 1894. 5

7   Cf. Getzel Ellinson and Mitchell Snyder "Early Ovulation as an Impediment to Conception: A Halachic Problem and Some Suggested Solutions". Proceedings of the Association of Orthodox Jewish Scientists 6 (1980) 157–76.

8   Gn. 30, 22-23.

9   Sal. 8.

10   Deut. 25, 17-19.

11   Deut. 25, 5-10.

Estrechamente ligado a la filiación terrenal es el desarrollo teológico de la filiación divina, algo esencialmente necesario para entender
la construcción familiar entre los hebreos en general y, en particular,
todo lo relacionado con la instrucción y la educación que forjan el entrenamiento de un discipulado histórico sujeto a los contextos de los
tiempos que correspondan vivir.

El tema de la filiación divina no es patrimonial de Israel. Se sabe
que esta categoría formaba parte de contenidos en todo el Próximo
Oriente antiguo mediante fórmulas que vinculaban al rey como hijo de
su dios particular, quien le amparaba y lo legitimaba en el trono. Desde
el tercer milenio antes de Era Cristiana, diversos reyes y faraones os-
tentaban títulos como Hijo de Isis, Hijo de Ra y, en el caso de Ramsés II,
su dios le dice "Yo soy tu padre..."[12]. En el lado cananeo, en el ciclo de
Keret, el rey se declara "Hijo de El" con la asociación de la inmortalidad
ya que al ser hijo de la divinidad, no iba a morir. Y en otra dirección, la
célebre diosa Ishtar es reconocida como madre del rey en Asiria[13], por
tanto la filiación divina también integraba el aspecto femenino en estos
esquemas de paternidades y maternidades sagradas.

En el campo judío, es importante tener en cuenta los aspectos
de filiación divina en este contexto semítico mencionado previamente
con algunos ejemplos para comprender la perspectiva cultural desde la
que se parte y su transformación sapiencial teológica entre los hebreos.

En la lengua hebrea con el término bēn (בֵּן) se identifica genéri-
camente la expresión "hijo". No es cualquier raíz si se tiene en cuenta el
estilo exegético judío ya que su significado procede del verbo construir[14].

---

12 David Noel Freedman, ed., *The Anchor Bible Dictionary*, Vol.6. New York: Doubleday,
    1992. 128.

13 Martti Nissinen, "Gender and Prophetic Agency in the Ancient Near East and in
    Greece", pp. 27-58 in Stökl, Jonathan and Corrine L. Carvalho (eds). *Prophets Male
    and Female: Gender and Prophecy in the Hebrew Bible, and Eastern Mediterranean,
    and the Ancient Near East*. Atlanta, GA: Society of Biblical Literature, 2013. 54.

14 Ernest Klein, *A Comprehensive Etymological Dictionary of the Hebrew Language*.
    Carta Jerusalem, The University of Haifa, 1987. 76: también se hace referencia con

En consecuencia, lo que para otras culturas el crecimiento demográfico consiste en "tener hijos", para los hebreos los hijos "se construyen" porque con ellos se construye el plan de Dios en su intervención en la historia humana. Igualmente es cierto que los hebreos conciben que los hijos proceden de la unión de un hombre y una mujer desde los inicios de la Creación con el conocimiento bíblico entre Adán y Eva en el relato del Génesis. Los hijos son concebidos físicamente (Gn. 4,17; Ex. 1,16; Nm. 27,8) y con el plural genérico *banim* se incluyen a los hijos y a las hijas.

Añadido a lo anterior, el discurso profético reforzó la idea de pertenencia a una nación con un sólido arraigo geográfico. Por ello, con la filiación de unos padres concretos se hace la extensión familiar al clan y a la tribu: los hijos de Esaú de Deut. 2,4, los hijos de Judá con Os. 1,11 o Israel en 1 Reyes 8,1. Desde el punto de vista sapiencial-teológico, el énfasis en la filiación con Dios es más que evidente:

בָּנִים אַתֶּם, לַיהוָה אֱלֹהֵיכֶם (Deut. 14,1) "Hijos sois para el Señor vuestro Dios"

כִּי נַעַר יִשְׂרָאֵל, וָאֹהֲבֵהוּ; וּמִמִּצְרַיִם, קָרָאתִי לִבְנִי (Oseas 11,1): "Siendo un muchacho Israel, lo amé; y de Egipto (lo) llamé (para ser) mi hijo"

קֹדֶשׁ יִשְׂרָאֵל לַיהוָה, רֵאשִׁית תְּבוּאָתֹה; כָּל-אֹכְלָיו יֶאְשָׁמוּ, רָעָה תָּבֹא אֲלֵיהֶם נְאֻם-יְהוָה. (Jer. 2,3): "Santo (es) Israel para el Señor, sus primicias de crecimiento; todo aquel que lo devore, el mal vendrá hacia ellos, oráculo del Señor"

En Israel, la categoría de hijos tiene un sentido más amplio si se compara con otros pueblos. A destacar es la noción de la pertenencia

---

el mismo significado de construir a la forma aramea para hijo, *bar*, proponiendo una disimilación regresiva de la letra *nun* hacia la *resh*.

filial como hijos de Dios ya que ello implica una valoración o designación basado en la moralidad y la ética de los individuos y la nación. En este sentido, se utilizan expresiones con *bēn māwet*, "hijo de la muerte" (1 Sam. 20,31), para indicar a alguien que merece la muerte, o los *bǝnê 'ōnî*, "los hijos de la aflicción" de Prov. 31,5.

Ya con el profeta Jeremías[15] se emplea la imagen de los "hijos descarriados" que deberían volver a su padre celestial:

שׁוּבוּ בָנִים שׁוֹבָבִים נְאֻם־יְהוָה, כִּי אָנֹכִי בָּעַלְתִּי בָכֶם; וְלָקַחְתִּי אֶתְכֶם אֶחָד מֵעִיר,
וּשְׁנַיִם מִמִּשְׁפָּחָה, וְהֵבֵאתִי אֶתְכֶם, צִיּוֹן

"Volved, hijos descarriados, dice el Señor; porque yo soy el Señor para vosotros, y os tomaré uno de ciudad, y dos de familia, y os llevaré a Sion".

וְאָנֹכִי אָמַרְתִּי, אֵיךְ אֲשִׁיתֵךְ בַּבָּנִים, וְאֶתֶּן־לָךְ אֶרֶץ חֶמְדָּה, נַחֲלַת צְבִי צִבְאוֹת גּוֹיִם;
וָאֹמַר, אָבִי תִּקְרְאוּ לִי, וּמֵאַחֲרַי, לֹא תָשׁוּבוּ

"Pero yo dije: '¿Cómo te pondré entre los hijos y te daré una tierra agradable, la heredad más hermosa de las naciones?'. Y yo dije: 'Me llamaréis, padre mío; y no os apartaréis de detrás de mi".

Con el sentimiento parental entre el ser humano y Dios a través de Israel, se refuerza la analogía del padre que amonesta a su hijo con Dios que se comporta igual con sus hijos rebeldes[16]:

וְיָדַעְתָּ, עִם־לְבָבֶךָ: כִּי, כַּאֲשֶׁר יְיַסֵּר אִישׁ אֶת־בְּנוֹ, יְהוָה אֱלֹהֶיךָ, מְיַסְּרֶךָּ

"Y considerarás en tu corazón que, como un hombre castiga a su hijo, así te castiga el Señor tu Dios".

---

15   Jer. 3, 14; 19.
16   Deut. 8, 5.

Y del mismo modo que Dios muestra su ira, también es inmensamente misericordioso[17]:

כְּרַחֵם אָב, עַל־בָּנִים-- רִחַם יְהוָה, עַל־יְרֵאָיו

"Como un padre se compadece de sus hijos, así se compadece el Señor de los que le temen".

Por ello Israel debe ser compasivo en la misma medida[18]:

אָמַר, שְׁלֹשָׁה סִימָנִים יֵשׁ בָּאֻמָּה זוֹ: הָרַחְמָנִים, וְהַבַּיְישָׁנִין, וְגוֹמְלֵי חֲסָדִים. רַחְמָנִים — דִּכְתִיב: "וְנָתַן לְךָ רַחֲמִים וְרִחַמְךָ וְהִרְבֶּךָ". בַּיְישָׁנִין — דִּכְתִיב: "בַּעֲבוּר תִּהְיֶה יִרְאָתוֹ עַל פְּנֵיכֶם". גּוֹמְלֵי חֲסָדִים — דִּכְתִיב: "לְמַעַן אֲשֶׁר יְצַוֶּה אֶת בָּנָיו וְאֶת בֵּיתוֹ וְגוֹ'". כֹּל שֶׁיֵּשׁ בּוֹ שְׁלֹשָׁה סִימָנִים הַלָּלוּ — רָאוּי לְהִדָּבֵק בָּאֻמָּה זוֹ

"David dijo: Hay tres marcas distintivas de esta nación, el pueblo judío. Son misericordiosos, se avergüenzan y realizan actos de bondad. Son misericordiosos, como está escrito: "Y Él os dará misericordia, y tendrá misericordia de vosotros y os multiplicará" (Deut. 13,18); Dios no solo tendrá misericordia de ti, sino que te otorgará el atributo de la misericordia. Están avergonzados, como está escrito: "Y que su temor esté sobre vuestros rostros" (Éx. 20,17), y el temor que está en el rostro de uno es su vergüenza. Realizan actos de bondad, como está escrito: "Porque yo le he conocido, para que mande a sus hijos y a su casa después de él, para que guarden el camino del Señor, para que practiquen la justicia y el derecho" (Gn. 18,19), es decir, para que hagan actos de bondad. Quienquiera que tenga estas tres marcas distintivas es apto para adherirse a esta nación".

Este universo de relaciones filiales conduce inevitablemente a la instrucción y la enseñanza, pues al convertirse Dios en el Primer Maes-

---

17   Sal. 103,13-19.
18   Talmud de Babilonia (TB), *Yevamot* 79a.

tro que corrige a sus hijos, la utilización de la palabra bēn también se emplea en el vocabulario escolar cotidiano ya que el profesor se dirige a sus alumnos como "hijos" gracias a otra analogía judía[19]:

בְּנִי, תּוֹרָתִי אַל-תִּשְׁכָּח; וּמִצְוֹתַי, יִצֹּר לִבֶּךָ

"Hijo mío, no te olvides de mi enseñanza; pero guarde tu corazón mis mandamientos".

2. LA OBLIGACIÓN DE APRENDER

Entre los hebreos, la concepción de que los hijos sufren las consecuencias de las acciones de los padres es algo que está fuertemente arraigado[20], que puede perdurar hasta la cuarta generación en la opinión sapiencial de Israel y el gusto por la gematría simbólica. La interpretación desarrollada sobre este tema procede de Génesis Rabbá 20, que contiene la explicación rabínica de la caída de la pareja primordial tras la tentación de la astuta serpiente. A partir de este pasaje se explican los sufrimientos y padecimientos en los embarazos de la mujer y la nueva realidad laboriosa del ser humano en general.

El lenguaje de este midrás es pedagógico ya que busca explicar el origen de las penalidades y cómo resolverlas desde una actitud resiliente. El tono que se percibe en el Génesis Rabbá es que Yhwh es el Primer Maestro, pues castiga con la vara de medir[21] que también sirve para impartir misericordia. Por ello, en el caso de que un bebé no llegase a buen término durante el embarazo, Yhwh conserva su tutela sobre

---

19   Prov. 3, 1.

20   cf. Maimónides *Hiljot Deot* 6, 7: quien tiene el poder de impedir que alguien cometa un pecado pero no lo hace, es apresado (es decir, castigado, responsabilizado) por ese pecado. De ahí la importancia de la educación de los padres.

21   cf. *Prov.* 13, 24.

el infante y mantiene su instrucción en las escuelas celestiales hasta su regreso a una familia terrenal. Se tratará este punto más adelante.

Sobre esto, la sabiduría rabínica comenta[22]:

ברביעיות מאי עביד יושב ומלמד תינוקות של בית רבן תורה שנאמר (ישעיהו כח, ט) את מי יורה דעה ואת מי יבין שמועה גמולי מחלב עתיקי משדים למי יורה דעה ולמי יבין שמועה לגמולי מחלב ולעתיקי משדים

"La Guemará responde: Él se sienta y enseña Torá a los escolares, como está dicho: "¿A quién se le enseñará el conocimiento? ¿Y a quién se hará entender el mensaje? los que son destetadas de la leche, los que son sacadas de los pechos" (Isaías 28:9)".

En circunstancias cotidianas, el ciclo curricular comenzaba a los cinco años con el aprendizaje de las Escrituras, a continuación la Mishná a los diez años y a los trece, que coincide con la ceremonia del Bar Mitzvá, el ciclo se completaba con el conjunto de la Ley o Torá. Cuando se daba el año sabático, los niños en edad escolar eran llevados al Templo para atender la lectura que el rey hacía del Deuteronomio[23]:

הַקְהֵל אֶת-הָעָם, הָאֲנָשִׁים וְהַנָּשִׁים וְהַטַּף, וְגֵרְךָ, אֲשֶׁר בִּשְׁעָרֶיךָ--לְמַעַן יִשְׁמְעוּ וּלְמַעַן יִלְמְדוּ, וְיָרְאוּ אֶת-יְהוָה אֱלֹהֵיכֶם, וְשָׁמְרוּ לַעֲשׂוֹת, אֶת-כָּל-דִּבְרֵי הַתּוֹרָה הַזֹּאת

"Reúne al pueblo, a los hombres, a las mujeres, a los niños, y al forastero que está dentro de tus ciudades, para que oigan, y aprendan, y teman al Señor tu Dios, y guarden para poner por obra todas las palabras de esta Ley".

Era habitual la presencia de niños en el recinto del Templo o las sinagogas, pues formaba parte de la costumbre para mentalizarlos en la instrucción y la preservación de las tradiciones a partir de una rutina.

---

22   TB, *Avodá Zará* 3b.
23   Deut. 31, 12.

Caía bajo la responsabilidad del padre que desde los cuatro años fuera llevado públicamente a estos lugares para luego hacer el ingreso en la Bet Sefer o escuela a los cinco, la "Casa de las Letras". En el caso de las hijas, las madres eran las responsables de su educación hasta que se casaban, por analogía con el Cantar de los Cantares 8.

3. Las escuelas

En la práctica, diversos modelos de instrucción, eminentemente de estilo patriarcal, dominaba el ambiente hebreo hasta el exilio de Babilonia. El modelo a seguir se apoyaba en la costumbre familiar, las escuelas proféticas y la instrucción cortesana de los escribas. A la vuelta del exilio y de la mano de Ezra el sacerdote[24], hubo una nueva toma de conciencia cuyo objeto era la preservación de las enseñanzas recibidas a través de una reorganización sistemática de materiales escritos y la tradición oral.

Dado el origen sacerdotal de Ezra, el cuerpo de profesores debía ser igualmente sacerdotal, como en los tiempos anteriores. Por ello, los levitas fueron los encargados de la tarea educativa en este período del retorno del exilio[25], luego transferidos a los escribas[26] a partir de la Revuelta Macabea e inicios de la era cristiana, pero no por ello los levitas dejaron de formar parte del conjunto del profesorado, especialmente los itinerantes. Es en este período cuando aparece en el horizonte la distinción, a veces negativa, entre los escribas y el 'am ha-aretz, "la gente de la

---

24 TB, Sukká 20a: Ezra es llamado el "restaurador de la Torá", porque se habían olvidado las Leyes y ello condujo al destierro.

25 Cf. 2 Crónicas 35, 1-4: sobre la reforma del rey Josías, los levitas son mencionados como los profesores de Israel.

26 Cf. Daniel 12, 3: "Y los sabios resplandecerán como el resplandor del firmamento; y los que convierten a muchos a la justicia (serán) como las estrellas por los siglos de los siglos", en alusión a los escribas. En el Talmud, Baba Batra 12a también se alude a los sabios (=escribas) como sucesores de los profetas, de ahí que fueran muy respetados.

tierra", que ya se percibe en los libros de Ezra y Nehemías: los segundos designan a las personas carentes de instrucción que permanecieron en Israel y Judá porque las élites sacerdotales y la dinastía reinante fueron deportados a Babilonia, por tanto, no hubo quien pudiera actuar como maestros o profesores para la población remanente[27].

Como ya se ha mencionado anteriormente, la Bet Sefer acogía a los estudiantes hasta los trece años. A continuación, la Bet Midrás será la etapa correspondiente a una educación superior hasta que el estudiante haya llegado a la edad de casarse. Aquí es donde el padre suele agradecer que haya llegado al final de su responsabilidad sobre la prole y es habitual que en el presente los padres exclamen "Bendito sea el Señor por liberarme de este castigo".

El origen de la Bet Midrás se rastrea en el Templo de Jerusalén. A partir del retorno del exilio babilónico, se consolidó el sistema de enseñanza y es con el rabino Shimon Ben Shetaj (s.I a.C.), hermano de la reina Salomé Alexandra y primer nasí del Gran Sanhedrín, cuando se instaura un sistema público de escuelas de todos los niveles, especialmente para aquellas familias que no tenían padres quienes tutelaran a los hijos en la educación. El estado creaba profesores que se convertían en tutores de varios pueblos en función del número[28]:

התקינו שֶׁיְהוּ מוֹשִׁיבִין מְלַמְּדֵי תִינוֹקוֹת בִּירוּשָׁלָיִם. מַאי דְּרוּשׁ? "כִּי מִצִּיּוֹן תֵּצֵא תּוֹרָה". וַעֲדַיִין מִי שֶׁיֵּשׁ לוֹ אָב – הָיָה מַעֲלוֹ וּמְלַמְּדוֹ, מִי שֶׁאֵין לוֹ אָב – לֹא הָיָה עוֹלֶה וְלָמֵד. הִתְקִינוּ שֶׁיְהוּ מוֹשִׁיבִין בְּכָל פֶּלֶךְ וּפֶלֶךְ. וּמַכְנִיסִין אוֹתָן כְּבֶן שֵׁשׁ עֲשָׂרָה כְּבֶן שֶׁבַע עֲשָׂרָה,

"Cuando los Sabios vieron que no todos eran capaces de enseñar a sus hijos y que el estudio de la Torá estaba disminuyendo, instituyeron una ordenanza para que se establecieran maestros de niños en Jerusalén. La Guemará explica: ¿Qué versículo

---

27   Jeffrey L. Rubenstein, *The culture of the Babylonian Talmud.* Baltimore, Md.: Johns Hopkins University Press 2003. 8, 124.

28   TB, *Baba Batra* 21a.

interpretaron homiléticamente que les permitió hacer esto? Interpretaron el versículo: "Porque la Torá sale de Sión" (Isaías 2:3). Pero el que tenía padre, su padre subía con él a Jerusalén y le enseñaba, pero el que no tenía padre, no subía y aprendía. Por lo tanto, los Sabios instituyeron una ordenanza para que los maestros de niños se establecieran en una ciudad en todas y cada una de las regiones. Y trajeron a los estudiantes a la edad de dieciséis años y a la edad de diecisiete".

La escuela central que se localizaba en el Templo de Jerusalén de Herodes el Grande era conocida con el nombre de Bet Midrás ha-Gadol (la Grande) porque estaba estrechamente relacionada con el gran tribunal rabínico o Bet Din ha-Gadol ya que en el Templo estaban centralizadas las instituciones principales de la vida social y religiosa judías. Era normal ver a los discípulos y estudiantes de todas las ramas del saber de entonces entrar y salir del santuario; se les reconocía porque se sentaban en el suelo alrededor del maestro o profesor. En este contexto se entiende el pasaje de Jesús de Nazaret ante los Doctores de la Ley del Evangelio de Lucas 2 (probablemente sosteniendo el debate prescrito según la costumbre del bar mitzvá a los trece años[29]).

Diversas tradiciones rabínicas refuerzan la importancia del estudio desde tiempos legendarios. Ya el profeta Samuel tenía en Ramá una Bet Ulpaná[30], la forma aramea para Bet Midrás (y también sirve para designar el aprendizaje del hebreo en el actual Israel bajo el término ulpán). El rey Ezequías ordenó traer linternas y lámparas de aceite para iluminar las salas de estudio en escuelas y sinagogas, además de amenazar con la espada a todo aquel que no estudiara la Ley[31]:

---

29 Michael Hilton. *Bar Mitzvah, a History.* Jewish Publication Society, 2014.
30 Targum Jonatán, 1 *Samuel* 19, 18-19.
31 TB, *Sanhedrín* 94b.

ישעיהו י, כז) והיה ביום ההוא יסור סבלו מעל שכמך ועולו מעל צוארך וחובל עול
מפני שמן א»ר יצחק נפחא חובל עול של סנחריב מפני שמנו של חזקיהו שהיה
דולק בבתי כנסיות ובבתי מדרשות

"Y acontecerá aquel día, su carga será quitada de sobre vuestros hombros, y su yugo de sobre vuestro cuello, y el yugo
será destruido por causa de la grosura [vergüenza]" (Isaías
10:27). Rabí Itzjak Nappajá dice: "El yugo de Senaquerib fue
destruido debido al aceite [shemen] de Ezequías que ardía en
las sinagogas y salas de estudio cuando el pueblo judío estaba
ocupado en el estudio de la Torá por la noche".

La mejor evidencia de una Bet Midrás consolidada la tenemos en
la pareja de *zuggot* Shemaya y Abtalión, quienes tutelaron la formación
de Hillel el Anciano, que a su vez formaría parte de los últimos dos zuggot
junto con Shamay. Los *zuggot*[32] eran pares de profesores religiosos que
operaban entre el año 170 a.C. aproximadamente hasta el año 30 d.C.
En el Talmud se registra que Hillel tuvo que pagar por recibir instrucción,
costumbre que se consolidó con el tiempo[33]:

אָמְרוּ עָלָיו עַל הִלֵּל הַזָּקֵן שֶׁבְּכָל יוֹם וָיוֹם הָיָה עוֹשֶׂה וּמִשְׂתַּכֵּר בְּטַרְפָּעִיק, חֶצְיוֹ הָיָה
נוֹתֵן לְשׁוֹמֵר בֵּית הַמִּדְרָשׁ, וְחֶצְיוֹ לְפַרְנָסָתוֹ וּלְפַרְנָסַת אַנְשֵׁי בֵיתוֹ. פַּעַם אַחַת לֹא מָצָא
לְהִשְׂתַּכֵּר, וְלֹא הִנִּיחוֹ שׁוֹמֵר בֵּית הַמִּדְרָשׁ לְהִכָּנֵס. עָלָה וְנִתְלָה וְיָשַׁב עַל פִּי אֲרוּבָּה
כְּדֵי שֶׁיִּשְׁמַע דִּבְרֵי אֱלֹהִים חַיִּים מִפִּי שְׁמַעְיָה וְאַבְטַלְיוֹן

"Dijeron de Hillel el Viejo que cada día trabajaba y ganaba
medio dinar, la mitad del cual daba al guardia de la sala de
estudio y la otra mitad gastaba en su sustento y el de los miembros de la comunidad su familia. Una vez no encontró empleo
para ganar un salario y el guardia de la sala de estudio no le
permitió entrar. Ascendió al techo, se suspendió y se sentó

---

32 Sobre la formación de las generaciones rabínicas, cf. Jeffrey L. Rubenstein, *The culture of
the Babylonian Talmud*. Baltimore, Md.: Johns Hopkins University Press 2003. Cap. 5.
33 TB, *Yoma* 35b.

en el borde del tragaluz para escuchar las palabras de la Torá del Dios viviente de boca de Shemaya y Avtalyon, los líderes espirituales de esa generación".

A partir de la generación de los *zuggot* brotará el concepto del estudio por pares o la Havrutá[34], que sigue teniendo vigencia hasta hoy en las escuelas[35] o en los comportamientos del ejército israelí de ir de dos en dos para cubrir al compañero. La Havrutá surge de la noción de que Yhwh entregó la Ley a Moisés en el Sinaí y este "tú y yo" va a ser la base de lo que es el espíritu colectivo judío[36]: en la pluralidad se hacen las confesiones, las penitencias, las plegarias y el servicio religioso que se expresa con la necesidad del *minyan* o el número mínimo de diez personas. La necesidad dialéctica conduce al aprendizaje[37]:

אָמַר רַבִּי חָמָא בְּרַבִּי חֲנִינָא. מַאי דִּכְתִיב: "בַּרְזֶל בְּבַרְזֶל יָחַד", לוֹמַר לָךְ: מָה בַרְזֶל
זֶה — אֶחָד מְחַדֵּד אֶת חֲבֵירוֹ, אַף שְׁנֵי תַּלְמִידֵי חֲכָמִים — מְחַדְּדִין זֶה אֶת זֶה בַּהֲלָכָה.

"La Guemará cita otras exposiciones que tratan sobre el estudio de la Torá. Rabí Ḥama, hijo de Rabí Janina, dijo: "¿Cuál es el significado de lo que está escrito: "El hierro afila el hierro, así el hombre aguza el semblante de su amigo" (Proverbios 27:17)? Este versículo viene a decirte que así como con estos implementos de hierro, uno afila al otro cuando se frotan entre sí, así también, cuando los eruditos de la Torá estudian juntos, se afilan unos a otros en *la halajá*".

34　Cf. Marcos 6, 7-13: "*Jesús llamó a los Doce y los envió de dos en dos, dándoles poder sobre los espíritus impuros*".

35　Aliza Segal, *Havruta Study in the Contemporary Yeshivah*. ATID 1999-2000. http://www.atid.org/journal/journal00/segal.doc

36　Cf. Williams Pitter, *Martin Buber, Yo y Tú*, 95. Academia.edu. Buber (1878-1965) era el representante de la filosofía del diálogo y toma como referencia la costumbre judía de la havrutá combinada con el espíritu jasídico de la bondad y la misericordia.

37　TB, *Taanit* 7a.

En cuanto a la forma de atender el lugar de estudio, ya sea una Yeshivá o la Bet Midrás, da merito al estudiante que llegué el primero a sus clases y que sea el último en marchar[38]:

אָמַר רַב יְהוּדָה בַּר שֵׁילָא אָמַר רַבִּי אַסִּי אָמַר רַבִּי יוֹחָנָן: שִׁשָּׁה דְבָרִים אָדָם אוֹכֵל
פֵּירוֹתֵיהֶן בָּעוֹלָם הַזֶּה וְהַקֶּרֶן קַיֶּמֶת לוֹ לָעוֹלָם הַבָּא. וְאֵלּוּ הֵן: הַכְנָסַת אוֹרְחִין,
וּבִיקּוּר חוֹלִים, וְעִיּוּן תְּפִלָּה, וְהַשְׁכָּמַת בֵּית הַמִּדְרָשׁ, וְהַמְגַדֵּל בָּנָיו לְתַלְמוּד תּוֹרָה,
וְהַדָּן אֶת חֲבֵרוֹ לְכַף זְכוּת.

"Rav Yehuda bar Sheila dijo que Rabí Asi dijo que Rabí Yojanán dijo: "Hay seis asuntos de los que una persona disfruta de los beneficios en este mundo, y sin embargo el principal existe para él para el Mundo Venidero, y son: Hospitalidad hacia los huéspedes, y visitar a los enfermos, y consideración durante la oración, y levantarse temprano a la sala de estudio, y uno que cría a sus hijos para que se dediquen al estudio de la Torá, y uno que juzga favorablemente a otro, dándole el beneficio de la duda".

Las mujeres estaban exentas del estudio de la Torá por su papel como madres en la sociedad. Sin embargo, sí era posible que se dedicaran a los asuntos propios de una Bet Midrás ya que no hay una prohibición expresa. Por ello se valoraba especialmente que las madres también estuvieran pendientes de que los hijos fueran a la Bet Sefer y, como esposas, velaban por el estudio de los maridos, a quienes esperaban puntualmente en el hogar su vuelta de la Bet Midrás[39]:

גְּדוֹלָה הַבְטָחָה שֶׁהִבְטִיחָן הַקָּדוֹשׁ בָּרוּךְ הוּא לְנָשִׁים יוֹתֵר מִן הָאֲנָשִׁים. שֶׁנֶּאֱמַר: "נָשִׁים
שַׁאֲנַנּוֹת קֹמְנָה שְׁמַעֲנָה קוֹלִי בָּנוֹת בֹּטְחוֹת הַאֲזֵנָּה אִמְרָתִי"

"La Guemará afirma: Mayor es la promesa para el futuro hecha por el Santo, Bendito sea, a las mujeres que a los hombres,

---

como está escrito: "Levantaos, mujeres tranquilas; Oíd mi voz, hijas confiadas, escuchad lo que digo" (Isaías 32:9). Esta promesa de tranquilidad y confianza no se les da a los hombres".

אֲמַר לֵיהּ רַב לְרַבִּי חִיָּיא: נָשִׁים בְּמַאי זָכְיָין? בְּאַקְרוּיֵי בְּנַיְיהוּ לְבֵי כְנִישְׁתָּא, וּבְאַתְנוּיֵי
גַּבְרַיְיהוּ בֵּי רַבָּנָן, וְנַטְרִין לְגַבְרַיְיהוּ עַד דְּאָתוּ מִבֵּי רַבָּנָן

"Rav le dijo al rabino Ḥiyya: ¿En qué virtud merecen las mujeres recibir esta recompensa? Rabí Hiyya respondió: Ellas merecen esta recompensa por llevar a sus hijos a leer la Torá en la sinagoga, por enviar a sus maridos a estudiar la Mishná en la sala de estudio y por esperar a sus maridos hasta que regresen de la sala de estudio".

3.1. LAS ESCUELAS CELESTIALES

El hecho de que el estudio tenga una alta consideración hizo que llegar a la Bet Midrás fuera considerado un signo de distinción espiritual y social. El trasunto doctrinal de ello procede de la noción de que hay un espejo celestial que se constituye en el modelo terrenal de las mismas escuelas de Dios en el ámbito divino.

Yhwh tiene una Bet Midrás donde se enseña la Ley a los Justos. Esta escuela tiene el rango más alto de todas por ello se la conocía como la "Yeshivá Superior"[40]:

אַבָּא אוּמָּנָא הֲוָה אָתֵי לֵיהּ שְׁלָמָא מִמְּתִיבְתָּא דִּרְקִיעָא כָּל יוֹמָא, וּלְאַבַּיֵי כָּל מַעֲלֵי
יוֹמָא דְשַׁבַּתָא, לְרָבָא כָּל מַעֲלֵי יוֹמָא דְכִיפּוּרֵי. הֲוָה קָא חָלְשָׁא דַּעְתֵּיהּ דְּאַבַּיֵי מִשּׁוּם
דְּאַבָּא אוּמָּנָא. אָמְרוּ לֵיהּ: לָא מָצֵית לְמִיעְבַד כְּעוֹבָדֵיהּ.

"A propósito de las historias anteriores que tratan de los méritos de la gente común, la Guemará relata: Abba el Desangrador recibía saludos de la Yeshivá en lo Alto todos los días, y Abaye

---

40 TB, *Taanit* 21b: en el texto, escrito en arameo, utiliza la forma methivtá, equivalente a yeshivá.

recibía estos saludos cada víspera de Shabat, y Rava recibía saludos solo una vez al año en la víspera de Yom Kippur. Abaye estaba angustiado debido a Abba el Desangrador, ya que no entendía por qué Abba recibía mayor honor que él. Le dijeron: "Eres incapaz de hacer lo que él hace, y por lo tanto no mereces el mismo honor".

Esta escuela superior, cuyo director es Yhwh, se conoce con los nombres de Shem y Ever[41], el segundo es el nieto del primero. Shem es el hijo mayor de Noé, la figura diluviana por excelencia del relato bíblico. Según la tradición rabínica, Shem nació circuncidado, es el que inicia la genealogía a través de los patriarcas y es sacerdote y profeta[42]. Se le suele identificar con el sobrenombre de El Grande[43]:

אמר רב חנא בר ביזנא אמר ליה אליעזר לשם רבא כתיב למשפחותיהם יצאו מן
התיבה אתון היכן הויתון א«»ל צער גדול היה לנו בתיבה בריה שדרכה להאכילה
ביום האכלנוה ביום שדרכה להאכילה בלילה האכלנוה בלילה האי זקיתא לא הוה
ידע אבא מה אכלה יומא חד הוה יתיב וקא פאלי רמונא נפל תולעתא מינה אכלה
מיכן ואילך הוה גביל לה חיזרא כי מתלע אכלה

"Rav Jana bar Bizna dice: Eliezer, siervo de Abraham, le dijo a Sem el Grande, hijo de Noé: "Está escrito: "Según sus especies, salieron del arca", lo que indica que los diferentes tipos de animales no se mezclaron mientras estaban en el arca. ¿Dónde estabas y qué hiciste para cuidarlos mientras estaban en el arca? Sem le dijo: "Pasamos un gran sufrimiento en el arca cuidando de los animales". Donde había una criatura a la que normalmente se alimenta durante el día, la alimentábamos durante el día, y donde había una criatura a la que normalmente se alimenta por la noche, la alimentábamos por la noche. Con

---

41   Cf. Rabbi Dr. Isadore Epstein, Foreword in Midrash Rabbah Translated into English, ed. Rabbi Dr. H. Freeman. London, The Soncino Press, 1961, 4-23.

42   TB, *Sanhedrín* 69b.

43   TB, *Sanhedrín* 108b.

respecto a ese camaleón, mi padre no sabía lo que comía. Un
día, mi padre estaba sentado pelando una granada. Un gusano
cayó de él y el camaleón se lo comió. A partir de ese momento,
mi padre amasaba el salvado con agua, y cuando se llenaba de
gusanos, el camaleón se lo comía".

La Escuela de Shem y Ever está estrechamente ligada al desarrollo
del ciclo patriarcal ya que todos estudiaron allí según la tradición. El
punto de partida es el episodio de la Akedá ya que después del intento
de sacrificio de Abraham hacia su hijo Isaac, éste desaparece del relato.
En la explicación rabínica, Isaac fue enviado a estudiar a la Escuela de
Shem[44]:

וַיָּשָׁב אַבְרָהָם אֶל נְעָרָיו, וְיִצְחָק הֵיכָן הוּא, רַבִּי בֶּרֶכְיָה בְּשֵׁם רַבָּנָן דְּתַמָּן, שְׁלָחוֹ אֵצֶל
שֵׁם לִלְמֹד מִמֶּנּוּ תּוֹרָה, מָשָׁל לְאִשָּׁה שֶׁנִּתְעַשְּׂרָה מִפֶּלֶךְ, אָמְרָה הוֹאִיל וּמִן הַפֶּלֶךְ
הַזֶּה הִתְעַשַּׁרְתִּי, עוֹד אֵינוֹ זָז מִתַּחַת יָדִי לְעוֹלָם. כָּךְ אָמַר אַבְרָהָם, כָּל שֶׁבָּא לְיָדִי אֵינוֹ
אֶלָּא בִּשְׁבִיל שֶׁעָסַקְתִּי בַּתּוֹרָה וּבַמִּצְוֹת. לְפִיכָךְ אֵינִי רוֹצֶה שֶׁתָּזוּז מִזַּרְעִי לְעוֹלָם.

"Abraham regresó a su juventud [después de la Akeda]".
¿Dónde estaba Isaac? R. Berejya, en nombre de los rabinos,
explicó que Abraham envió a Isaac a Sem para estudiar Torá.
Una parábola: Esto es como una mujer que se hizo rica como
resultado del uso hábil de un huso, y por lo tanto dijo: 'Ya que
con este huso he tenido éxito, lo guardaré para siempre conmigo'. De manera similar, Avraham dijo: "Todo lo que tengo
es el resultado de mi profundización en la Torá y las Mitzvot".
Por lo tanto, nunca deseó que este aprendizaje se apartara de
su descendencia".

Igualmente, el patriarca Yacob también estudia en la Escuela de
Shem y ello hace que Esaú no cumpla la venganza contra su hermano

---

44 *Gn. Rabbá* 56, 11.

por el robo de la primogenitura, porque esta Escuela estaba vinculada al Bet Din ha-Gadol, el Gran Tribunal ya mencionado más arriba[45]:

אמר רבה אמר רב יצחק בר שמואל בר מרתא גדול תלמוד תורה יותר מכבוד אב ואם שכל אותן שנים שהיה יעקב אבינו בבית עבר לא נענש.

"Rabá dijo que Rav Itzjak bar Shmuel bar Marta dijo: "Estudiar Torá es más grande y más importante que honrar al padre y a la madre, y una prueba de esto es que durante todos esos años que nuestro padre Yaakov pasó en la casa del Eterno Estudiando Torá, no fue castigado por haber descuidado el cumplimiento de la mitzvá de honrar a los padres".

4. CONCLUSIÓN: LA PEDAGOGÍA DE LAS RUINAS

Con este concepto se suelen identificar los aspectos que provocan la reflexión filosófica, estética y moral que sugieren los restos arqueológicos de diversos tiempos. Por ello y para finalizar este escrito se va a tener en cuenta esta perspectiva pues forma parte de la pedagogía de Israel hasta la actualidad.

Tal como se ha ido mostrando a lo largo de este texto, el Talmud es la fuente escrita que recoge un amplio campo de actitudes del pueblo hebreo ante la vida y ante Dios, en una recopilación extraordinaria de tradiciones orales y costumbres, en principio, que luego se concretaron gracias a la pluma de generaciones de sabios.

Por ello, se toma como referencia inevitable de esta parte de la conclusión al mismo Talmud para comentar la reflexión sobre las ruinas y su pedagogía[46]:

---

45 TB, *Meguilá* 16b-17a. También las penas por adulterio se concentraron en este tribunal bajo el nombre de "la corte de Shem"= *Avodá Zará* 36b. Estaba localizado en el Templo herodiano y la acusada de adulterio era expuesta en la Puerta Nicanor públicamente, los estudiantes debían estar presentes.

46 TB, *Yoma* 9b.

מִקְדָּשׁ רִאשׁוֹן מִפְּנֵי מָה חָרֵב — מִפְּנֵי שְׁלֹשָׁה דְּבָרִים שֶׁהָיוּ בּוֹ: עֲבוֹדָה זָרָה, וְגִלּוּי

עֲרָיוֹת, וּשְׁפִיכוּת דָּמִים. עֲבוֹדָה זָרָה, דִּכְתִיב: "כִּי קָצַר הַמַּצָּע מֵהִשְׂתָּרֵעַ"

"¿Por qué razón fue destruido el Primer Templo? Fue destruido debido al hecho de que había tres asuntos que existían en el Primer Templo: la adoración de ídolos, las relaciones sexuales prohibidas y el derramamiento de sangre. La adoración de ídolos, como está escrito: 'La cama es demasiado corta para estirarse [*mehistare'a*], y la cubierta es demasiado estrecha para reunirse'" (Isaías 28,20).

a) La Cueva de Shem y Ever de Safed

En este lugar los padres siguen observando la costumbre de traer a sus hijos cuando inician la edad escolar, como punto de partida de sus obligaciones con respecto al estudio. La tradición se apoya en el comentario de Génesis 25, 22 y la agitación de los gemelos Esaú y Yacob en el vientre de su madre Rebeca. Según el talmudista[47]:

וַיִּתְרֹצְצוּ הַבָּנִים בְּקִרְבָּהּ, בְּשָׁעָה שֶׁהָיְתָה עוֹמֶדֶת עַל בָּתֵּי כְנֵסִיּוֹת וּבָתֵּי מִדְרָשׁוֹת

יַעֲקֹב מְפַרְכֵּס לָצֵאת, הָדָא הוּא דִכְתִיב (ירמיה א, ה): בְּטֶרֶם אֶצָּרְךָ בַבֶּטֶן יְדַעְתִּיךָ,

וּבְשָׁעָה שֶׁהָיְתָה עוֹבֶרֶת עַל בָּתֵּי עֲבוֹדַת כּוֹכָבִים עֵשָׂו רָץ וּמְפַרְכֵּס לָצֵאת, הָדָא הוּא

דִּכְתִיב: זֹרוּ רְשָׁעִים מֵרָחֶם.

"Los niños se agitaban dentro de ella": cuando se paraba junto a las sinagogas y las salas de estudio, Yacob se convulsionaba para salir. Eso es lo que está escrito: "Antes de formarte en el vientre, te conocí" (Jeremías 1,5). Cuando pasaba por las casas de adoración de ídolos, Esaú corría y convulsionaba para salir. Eso es lo que está escrito: "Los impíos están corrompidos desde el vientre".

---

47 Midrás *Gn. Rabbá* 63.

Por ello, Yacob era el hijo destinado a ser Israel por su amor al estudio, no así Esaú.

Fig. 1 La Cueva-Escuela de Shem y Ever, Safed.
Foto cortesía de Wikipedia, autor Ariel Palmon.

B) EL MONUMENTO DE YAD ABSALOM, JERUSALÉN

Bellísimo ejemplo de un memorial funerario llamado *nefesh* en la costumbre judía. Su factura refleja el gusto herodiano de fusionar elementos decorativos helenísticos con el estilo oriental sirio. En la costumbre hebrea, los padres traen a sus hijos a este lugar para explicarles lo que hizo Absalom contra su padre, el Rey David. Por ello, la instrucción es la de no declararse en rebeldía contra la autoridad de los padres, porque está escrito en el Talmud[48]:

"וְאַבְשָׁלוֹם לָקַח וַיַּצֶּב לוֹ בְחַיָּיו". מַאי "לָקַח"? אָמַר רֵישׁ לָקִישׁ: שֶׁלָּקַח מִקַּח רַע לְעַצְמוֹ

---

48   TB, *Sotá* 10b.

"La Guemará pregunta: ¿Qué se llevó Absalón? Reish Lakish dice: Cometió una mala transacción al aceptar malos consejos, por lo que fue castigado".

Fig. 2 El Nefesh conocido como Yad Absalom,
Valle de Josafat, Jerusalén.

c) La Sinagoga de Magdala

También se trae a este espacio el ejemplo único de una sinagoga activa y operativa mientras el Templo herodiano de Jerusalén estaba en pie. La sinagoga de Magdala, el hogar de María Magdalena, es contemporánea a Jesús de Nazaret y sus discípulos (s. I). Unos años después, Magdala fue la base de operaciones de Flavio Josefo en las Guerras Judías contra el dominio romano, ya que Josefo era el comandante en jefe de la rebelión del norte del país. Esta sinagoga formaba parte del circuito de seis sinagogas del mismo período, importantes en las grandes celebraciones judías en la Galilea.

De su configuración se destaca la piedra central, decorada conforme el estilo de otras sinagogas con motivos del Templo y rosetas, además

de una menorá. Hay que mencionar el espacio adyacente de la entrada: es el lugar de la Yeshivá y la Bet Midrás. Probablemente los alumnos se sentaban en el suelo y seguían desde allí lo que hacían los mayores en la sala central, donde se leía la *parashá* correspondiente de la Torá.

Fig. 3 La Sinagoga de Magdala. Se ha identificado como la escuela el ángulo inferior derecho.

5. BIBLIOGRAFÍA

Ellinson, Getzel and Mitchell Snyder, "Early Ovulation as an Impediment to Conception: A Halachic Problem and Some Suggested Solutions", *Proceedings of the Association of Orthodox Jewish Scientists* 6 (1980) 157–76.

Epstein, Rabbi Dr. Isadore, *Foreword* in: Rabbi Dr. H. Freeman (ad.), *Midrash Rabbah Translated into English* (London, The Soncino Press, 1961).

Freedman, David Noel (ed.), *The Anchor Bible Dictionary*, Vol.6. (New York: Doubleday, 1992).

Hilton, Michael, *Bar Mitzvah, a History* (Jewish Publication Society, Philadelphia 2014).

Klein, Ernest, *A Comprehensive Etymological Dictionary of the Hebrew Language* (Carta Jerusalem, The University of Haifa, 1987).

Naveh, Joseph, *Origins of the Alphabets. Introduction to Archaeology* (The Jerusalem Publishing House, Jerusalem 1975).

Nissinen, Martti, "Gender and Prophetic Agency in the Ancient Near East and in Greece", in: Stökl, Jonathan and Corrine L. Carvalho (eds). *Prophets Male and Female: Gender and Prophecy in the Hebrew Bible, and Eastern Mediterranean, and the Ancient Near East* (Atlanta, GA: Society of Biblical Literature, 2013) 27-58.

Rubenstein, Jeffrey L., *The culture of the Babylonian Talmud* (Baltimore, Md.: Johns Hopkins University Press 2003)

Segal, Aliza, *Havruta Study in the Contemporary Yeshivah* (ATID 1999-2000).

Smith, W. Robertson, *Lectures on the Religion of the Semitea. First Series. The Fundamental Institutions* (Pantianos Classics; London, 1894).

SEGUIMIENTO E IMITACIÓN DE JESÚS EN LOS EVANGELIOS SINÓPTICOS Y EN SAN JUAN

Napoleón Ferrández Zaragoza
UESD

En los evangelios el seguimiento tiene su expresión propia con el empleo de determinados verbos: *akoluzêin* en los cuatro evangelios y el verbo *mênein*, que es propio de San Juan. Junto a estos dos verbos hay una terminología que enriquece la concepción del discipulado. La finalidad de este estudio es exponer el vocabulario que usan los evangelistas para describir la vida a la que es llamado el discípulo

1. SEGUIMIENTO EN LOS SINÓPTICOS

Es comúnmente reconocido que el verbo *akoluzêo* es la expresión "técnica" empleada por los evangelios para referirse al seguir del discípulo[1]. Sin embargo, su campo semántico se extiende a verbos como

---

1   G. SCHNEIDER, "ἀκολουθέω", *DENT*, I (Sígueme, BEB 90; Salamanca ³2005) 146. M. J. WILKINS, *Following the Master. A Biblical Theology of Discipleship* (Zondervan, Grand Rapids 1992) 125. G. KITTEL, "ἀκολουθέω, ἐξ-, κτλ.", *ThDNT*, I (Grand Rapids 1995)

erjêszai y *porêueszai*[2]. En cuanto a la terminología empleada para hablar del seguimiento, a estos verbos que hay que añadir la preposición *opî-so*, que puede acompañar al verbo que indica la acción y los adverbios *dêute* y *kazós*. En nuestra exposición partiremos de los verbos, para después presentar el resto de expresiones vinculadas al seguimiento de los Doce Apóstoles[3].

1.1. EL VERBO *AKOLUZÉO*[4]

El verbo *akoluzêo* se emplea en los sinópticos como un término técnico para referirse al seguimiento del Jesús histórico[5]. Así lo vemos en

---

213. N. FERRÁNDEZ ZARAGOZA, "Los Doce y las gentes en Mateo, una relación establecida por Jesús", *EstB* 81/2 (2023) 211-227.

2   Nos remitimos completo estudio de H. CROUZEL, "L'imitation et la 'suite' de Dieu et du Christ dans les premiers siècles chrétiens, ainsi que leurs sources gréco-romaines et hebraïques", *Jahrbuch für Antique und Christentum (JAC)* 21 (1978) 7-41. En este artículo, el autor amplía la terminología del discipulado referida al ámbito filosófico y patrístico.

3   A lo largo del estudio, para facilitar la lectura, emplearemos los términos "Doce", "discípulos" y "Apóstoles" indistintamente, siendo conscientes de que no se refieren necesariamente a la misma realidad. Para una distinción de cada uno de los términos, ver: J. P. MEYER, *Un judío marginal. Nueva visión del Jesús histórico, Tomo III. Compañeros y competidores* (Estella 2003) 43ss.; U. LUZ, "Los discípulos en el Evangelio de Mateo", en: R. AGUIRRE MONASTERIO–A. RODRÍGUEZ CARMONA (eds.), *La investigación de los evangelios sinópticos y Hechos de los Apóstoles en el siglo XX* (Verbo Divino, Introducción al estudio de la Biblia. Instrumentos de trabajo, I; Estella ³2008) 241ss.

4   En este estudio nos resumimos a estudiar el empleo del verbo sólo cuando se aplica a los Apóstoles, por tanto, quedan excluidos los textos en los que es Jesús quien invita al seguimiento (Mt 4,18-22 par.; 8,22; 9,9 par.; 10,1 par.; 19,16-22 par.), y otros en los que personas proponen a Jesús que les admita en su compañía (Mt 8,19; Mc 5,18; Lc 9,57.61) o directamente rechaza la oferta del candidato (Mc 5,18). Excluimos también aquellos relatos en los que el verbo *akoluzêo* no expresa la realidad del seguimiento de los Doce sino que describe un simple movimiento (Mc 2,15; Mc 3,7, par.; 5,24; Mc 9,38/Lc 9,49-50; Mc 14,13; Mt 8,10/Lc 7,9; Mt 20,34).

5   G. KITTEL, "ἀκολουθέω, ἑξ-, κτλ", *ThDNT*, I (Eerdmans, Grand Rapids 1995) 213, explica que, aparte de la única referencia fuera de los evangelios, que se encuentra en el libro del Apocalipsis, el significado del verbo está estrictamente limitado al discipulado

los relatos de las llamadas de los Apóstoles a orillas del lago (Mt 4,18-22; par.) y como consecuencia en labios del Apóstol Pedro (Mt 19,27; par.), en la llamada de Mateo (Mt 9,9 par.) y en las condiciones que Jesús desgrana para el seguimiento cuando comienza a anunciar su pasión por primera vez (Mt 16,21-26 par.).

En los relatos de la llamada de los cuatro primeros discípulos (Mt 4,18, par.) el verbo que explica la consecuencia de la invitación de Jesús a ir detrás de Él es *akoluzêo*: «Ellos al instante, dejando las redes, le siguieron (*ekoluzêsao autó*)» (Mt 4,20). El tiempo aoristo en el que aparece el verbo indica que la acción es definitiva, es decir, que se cumple de una vez para siempre[6]. Lo mismo encontramos al final del relato según Mateo: Santiago y su hermano Juan también «*ekoluzêsao autó*» (Mt 4,22). La versión de Marcos emplea el mismo verbo también en aoristo referido a Simón y Andrés. De esta primera pareja de hermanos se dice «*ekoluzêsao autó*» (Mc 1,18). Sin embargo, la respuesta de la segunda pareja de hermanos, Santiago y Juan, se describe diciendo que «se fueron tras él (*apêlzon opíso autú*)» (Mc 1,20). Ambas expresiones resaltan la idea de seguir a Jesús: si con *akoluzêo* se señala el inicio de algo nuevo, la expresión *apêlzon opíso autú* acentúa que se abandona la vida anterior, es decir que se produce un distanciamiento real de lo que se estaba haciendo antes[7].

---

de Cristo. Hasta cierto punto connota el seguimiento externo. Sobre el empleo y significado de este verbo, son importantes las obras de TH. AERTS, *À la suite de Jésus. Le verbe ἀκολουθεῖν dans la tradition synoptique* (Ed. J. Duculot, Gembloux-Paris 1967); ID., "Suivre Jésus. Évolution d'un thème biblique dans les Évangiles Synoptiques", *Ephem. TheolLovan* 42 (1966) 467-512.

6   G. NOLLI, *Vangelo secondo Matteo. Testo greco, Neovolgata latina, analisi filologica, traduzione italiana* (Città del Vaticano ²2011) 75.

7   Los estudiosos tienden a subrayar la similitud estructural de ambas narraciones de llamamiento (Mc 1,16-18 y 19s.) y descubren un esquema subyacente. El único modelo comparable, pero claro en el Antiguo Testamento, es el llamamiento de Eliseo por Elías en 1R 19,19-21, ver: S. SCHULZ, *Nachfolgen und Nachahmen. Studien über das Verhältnis der neutestamentlischen Jüngerschaft zur urchrislichen Vorbildethic* (Kösel-Verlag, StANT 6; München 1962) 101-102, nota 92; J. GNILKA, *El Evangelio según San Marcos, I*

En el paralelo de Lc 5,11, se lee «llevaron a tierra las barcas y, dejándolo todo, le siguieron (*ekoluzêsao autó*)». Se trata de la misma forma verbal que Mt y Mc, aunque en este caso tiene un carácter ingresivo indicando el inicio de una acción, el comenzar y producirse de la acción que describe el verbo como acto singular. También en este caso, el aoristo indica que seguir a Jesús tiene un carácter definitivo[8].

Los tres relatos coinciden en una condición previa para el seguimiento: dejarlo todo. En el caso de Mt, de la primera pareja de hermanos se dice que siguen al Maestro «dejando (*aféntes*) las redes» (Mt 4,20), y «dejando (*aféntes*) la barca y a su padre» (Mt 4,22)[9]. Marcos, por su parte, emplea el mismo verbo para describir la reacción de cada pareja de hermanos (Mc 1,18.20). Y lo mismo encontramos en Lc 5,11, aunque el tercer evangelista no detalla qué dejan los discípulos, sino que emplea una expresión absoluta: «dejando *todo* (*aféntes panta*)» (Lc 5,11).

Abandonar las redes (Mt 4,20; Mc 1,18) significa no sólo dejar el medio de sustento familiar[10] y la propia familia (Mt 4,22; Mc 1,20), sino también las diversas seguridades materiales[11]. En el caso de Lc 5,11, la reacción de Pedro y sus compañeros ante la sobreabundancia de la pesca es abandonarlo todo y seguir a Jesús convirtiéndose en sus dis-

---

(Sígueme, BEB 55; Salamanca [5]2005) 86-87; J. Marcus, *El Evangelio según San Marcos*, I (BEB 130; 2010) 196

8   F. Bovon, *El Evangelio según San Lucas. Luc 1–9, Vol. I* (BEB 85; Salamanca 22005) 335, considera que Lucas intenta no omitir a los hijos de Zebedeo. Lo consigue aunque, para este estudioso, de forma poco hábil, insertando el v. 10 detrás del sumario del v.9, que sirve de paso a lo siguiente. Detrás del relato de Lucas sólo se encuentra Mc 1,16-20. Lo extraño, continúa diciendo, es que Lucas relate la decisión de los discípulos de dejarlo todo para seguirle, sin que se les haya dirigido ninguna vocación explícita, y que pase del singular (v.10b) al plural (v.11).

9   U. Luz, *El Evangelio según San Mateo. Mt 1–7. Vol. I* (Sígueme, BEstBíb 74; Salamanca ²2001) 292. Para el verbo ἀφίημι, ver: R. Bultmann, ἀφίημι, κτλ., *ThDNT*, I, 509-512; H. Leroy, ἀφίημι, *DENT*, I, 544-549.

10   V. Taylor, *Evangelio según San Marcos* (Cristiandad, Madrid 1980) 186.

11   S. Guijarro Oporto, *Fidelidades en conflicto. Ruptura con la familia por causa del discipulado y de la misión en la tradición sinóptica* (PlenTemp 4; Salamanca 1998), 182-183; J. Gnilka, *San Marcos*, I, 86.

cípulos[12]. Se trata de la primera vez que aparece el verbo *akoluzêo* en
Lucas y en adelante se aplicará siempre a la condición del discípulo. En
este caso el verbo expresa un compromiso personal que rompe todas las
vinculaciones precedentes. En Lucas, al igual que en Mateo y Marcos,
la condición de discípulo reviste una concreción incluso física, ya que
conlleva un movimiento geográfico, el mismo que hará el Maestro[13].

Un episodio que es consecuencia de este y que explica el alcance
de haberlo dejado todo para seguir a Jesús es Mt 19,27 par., arranca
cuando Pedro le hace una pregunta al Maestro en la que reconoce que
los discípulos han hecho una fuerte renuncia: «Nosotros lo hemos dejado
todo (afékamen panta) y te hemos seguido *(ekoluzêsamen soi)*». Ambos
verbos se encuentran en aoristo[14] explicando que la acción de dejarlo
todo atrás y seguir al Maestro es definitiva, es decir, se hace de una
vez para siempre. Por otra parte, el sustantivo *panta*, está en posición
predicativa, sin artículo, por tanto se traduce por *todo sin excepción*.
Esto significa que no tiene tanto el valor de decir que los Apóstoles
lo han dejado todo, sino que lo que han dejado, lo han abandonado
del todo, es decir, sin la esperanza de dejar una cosa para hacerse con
riquezas mayores[15].

---

12   H. Schürmann, *Il Vangelo di Luca. Parte Prima. Testo greco e traduzione. Commento ai capp. 1,1–9,50* (Paideia, Commentario Teologico del Nuovo Testamento, III/I; Brescia 1983) 462-463, explica que precisamente el milagro y la palabra de Jesús miran a la actividad apostólica de Simón, no a una vocación al seguimiento en cuanto tal. Para este autor, la vocación es sólo el presupuesto de la futura tarea y está subordinada a ella.

13   J. A. Fitzmyer, *El Evangelio según Lucas, II* (Cristiandad, Madrid 1987) 497-498. Ver: J. D. Kingsbury, "The Verb *AKOLOUTHEIN* ("to follow") as an Index of Matthew's View of His Community", *JBL* 97/1 (1978) 56-73.

14   En cuanto a *akoluzêo* se encuentra en aoristo en las tres versiones sinópticas. En cambio, el verbo *afíemi* se encuentra en aoristo en la versión de Mt y de Mc, pero en Lc 18,28 aparece en participio, aunque también en aoristo, dando prioridad a este verbo sobre el verbo principal, es decir, Lc quiere enfatizar el hecho de haber dejado todo atrás, por encima del hecho de seguir a Jesús.

15   G. Nolli, *Matteo*, 554. La radicalidad de este abandono, además, queda de manifiesto en las diferencias que se observan entre los evangelistas en el modo como presentan el interrogante de Pedro. Mientras Mt y Mc dicen: «Nosotros lo hemos dejado todo»

Más adelante en los evangelios sinópticos se encuentra la llamada al Apóstol Mateo (Mt 9,9, par.). Jesús ve a Mateo junto al mostrador de los impuestos y le dice: «Sígueme (*akoluzêi moi*)». En los tres evangelios el verbo se encuentra en imperativo presente, que normalmente expresa que se continúe una acción ya comenzada, en este caso, seguir a Jesús[16].

En Mt 16,24 (Mc 8,34; Lc 9,23), dentro de las condiciones para el discipulado, se encuentra la invitación al seguimiento después del primer anuncio de Pasión (Mt 16,21, par.). Para ser discípulo hay que negarse a sí mismo, tomar la cruz (cf. Mt 16,24, par.) y *seguir* a Jesús. Las tres versiones comienzan con la expresión *opíso mu*, donde Lucas añade *erjêszai*[17] y Marcos *akoluzêin*[18], y terminan la sentencia con *akoluzêito moi*. El imperativo en el que se encuentra el verbo tiene un

---

(Mt 19,27; Mc 10,28), la versión de Lc 18,28 usa una fórmula un poco mitigada: «Nosotros hemos dejado nuestros bienes (*ta hídia*)». La palabra *hídios* hace referencia a lo personal, a lo propio, a las posesiones propias. Parece que la renuncia se centra en lo material, en lo que han dejado y les pertenecía. En un primer momento del seguimiento esto será así, pues los Apóstoles tendrán que comenzar por dejar su trabajo (Mt 4,18-22, par.), pero más adelante, según avanzan en el seguimiento, la exigencia se amplía a dejar el *propio yo*, como se verá después del primer anuncio de pasión.

16   G. Nolli, *Evangelo secondo Luca. Testo greco, Neovolgata Latina. Analisi filológica, traduzione italiana* (Città del Vaticano ²1983) 226-227, dado el valor del imperativo presente, este autor postula que probablemente la idea de seguir a Jesús estaba ya madurando en Levi. Quizá la conciencia de su posición de publicano que le impedía llevar a cabo semejante acción exteriormente, le llevó a madurar ese deseo internamente. En este relato Jesús le da a Levi la fuerza de superar todo impedimento.

17   J. A. Fitzmyer, *El Evangelio según Lucas, III* (Cristiandad, Madrid 1987) 114, considera que Lc ha cambiado el infinitivo aoristo de Mt (*elzêin*) por el infinitivo presente (*erjêszai*), que expresa con mayor precisión el carácter de continuidad propio del seguimiento.

18   J. Marcus, *Marcos, I*, 714, comenta que esta locución redundante expresa un doble sentido típicamente Marcano ya que evoca tanto la imagen del discípulo que camina detrás de su maestro como la de un soldado que sigue a su general en la batalla. Este versículo de Marcos ofrece una serie de dificultades en cuanto a la transmisión textual, ver: R. J. Swanson, *New Testament Greek Manuscripts. Variant Readings Arranged in Horizontal Lines against Codex Vaticanus. Mark* (Sheffield Academic Press, Sheffield 1995) 132.

sentido durativo, es decir, los discípulos marchan detrás del Maestro
siguiéndole y tienen que seguir haciéndolo[19]. Se acentúa en este caso
la idea de que quien sigue a Jesús es llamado a aceptarlo como guía y
modelo: obrar como Él, hacerse semejante a Él y hacer el camino como
Él. El verbo, además, implica la invitación a aceptar el mismo destino
que le tocará al Maestro.

1.2. Terminología vinculada al seguimiento

Vinculado al discipulado aparecen en los evangelios sinópticos
otra serie de palabras, como son *dêute*, *opíso*, y *érjomai*. El significado
del adverbio *dêute* es "¡venid! ¡vamos!" y lo hace casi siempre como
una partícula de aliento o invitación[20]. Puede venir acompañado por
un imperativo (Mc 12,7, par.; Mt 28,6) o bien se puede emplear de un
modo absoluto. Este último uso es el que aparece en las llamadas de los
Apóstoles: «Jesús les dijo: "Venid conmigo (*dêute opíso mu*)» (Mc 1,17);
«Y les dice (Jesús): "Venid conmigo (*dêute opíso mu*)» (Mt 4,19)[21].

En cuanto a la expresión *opíso mu*, cuya traducción es "detrás
de mí" o "en pos de mí"[22], los tres sinópticos coinciden en emplearla.
En el judaísmo ir *en pos* es señal de una subordinación de servicio bajo
una persona respetable; entre los rabinos, esta fórmula significa tam-

---

19 G. Nolli, *Matteo*, 467. W. D. Davies–D. C. Allison, *A Critical and Exegetical Commentary on the Gospel according to Saint Matthew*, Vol. II (Bloomsbury Academic, ICC; Edinburgh 2010) 671, señala que los dos primeros verbos –*aparnêsaszo* y *arâto*– en Mt están en aoristo, el tercero –*akoluzêito*– en presente. Esto sugiere que la decisión de negarse a sí mismo y tomar la cruz están al principio del camino del discípulo y que éste ha de seguir adelante con determinación en el camino escogido. E. Best, *Following Jesus. Discipleship in the Gospel of Mark* (Bloomsbury Publishing, JSNT.SS 4; Sheffield 1981) 39, considera que nos encontramos en los principios de la teología de la *imitación de Cristo*.

20 L. Oberlinner, "δεῦτε", *DENT*, I, 877-878.

21 También aparece en Mc 6,31; Mt 11,28; 22,4; 25,34.

22 H. Seesemann, "ὀπίσω, ὄπισθεν", *ThDNT*, V (Eerdmans, Grand Rapids 1981) 289-290, se trata de la respuesta a la pregunta "¿dónde?".

bién ser discípulo, confiar la vida a la tutela de un maestro, a quien se encomienda el aprendizaje y la vida[23].

En los LXX *opíso*[24] es la traducción de *aharei* y puede tener un sentido temporal, local o expresar la relación entre el discípulo y su maestro (1R 19,20ss.). En este último caso se trata de un vínculo que conlleva dependencia en el sentido de que aquel que sigue presta su obediencia a aquel a quien está siguiendo[25]. Especialmente significativa es la relación de *aharei* con el verbo *halah*, "ir, caminar", que en los LXX se traduce por *porêuomai*, entre otros verbos[26]. La expresión *halah aharei* se emplea en la Biblia Hebrea para decir "caminar detrás de Yahvé" (Dt 13,5; 1R 14,8; 18,21; 2R 23,3; 2Cr 34,31; Jr 2,2; Os 11,10)[27]. Normalmente, la expresión "ir por los caminos de Yahvé/caminar detrás

23   W. Bauder, "Seguimiento (ὀπίσω)", *DTNT*, II (Sígueme, BEB 28-29; Salamanca ⁵2004) 183; P. Benoit-M. -E. Boismard-J. L. Malillos, *Sinopsis de los cuatro evangelios*, II (Desclée de Brouwer, Bilbao 1977) 232.

24   J. H. Moulton, *A Grammar of the New Testament Greek, Vol. III. Syntax* (T&T Clark, Edinburgh 1963) 277.

25   F. J. Helfmeyer, אחרי, *ThDOT*, I (Eerdmans, Grand Rapids 1983) 204-205. Varias relaciones se indican cuando *aharei* acompaña al verbo *halah*, "ir, caminar". Cuando ambas palabras aparecen juntas se quiere expresar la relación que existe entre un siervo y su señor (cf. Is 45,14; Sal 45,15; 49,18), entre un ejército y su capitán (Ju 3,28; 4,14; 9,4; 1S 11,7; 17,13ss.; 25,13), entre un adepto y la causa o la persona que apoya (Ex 23,2; 2S 2,10; 15,13; 20,2.22.13.14; 1R 1,35.40, etc.), entre el discípulo y el maestro e incluso entre la mujer y su marido (Gn 24,5.8.39.61; 1S 25,42; Rut 3,10; Cant 1,4).

26   F. J. Helfmeyer, הלך, *ThDOT*, III (Eerdmans, Grand Rapids 1978) 389, expone que este verbo también lo encontramos traducido en los LXX con los verbos ἐρχεσθαι, ἀπερχεσθαι, βαδίζειν, περίπατειν. Ver: L. A. Schökel, הלך, *Diccionario Bíblico Hebreo-Español* (Verbo Divino, Madrid ²1999) 201-203.

27   F. J. Helfmeyer, אחרי, *ThDOT*, I, 205. M. Hengel, *The Charismatic Leader and His Followers* (T&T Clark, Eugene 1968) 34, propone la hipótesis de que el campo semántico de «seguir», es decir, *halah aharei* o sencillamente *aharei*, unido en los LXX a otro verbo de movimiento se amplia a las levas de guerreros que seguían a sus jefes. Se les podía entender en el antiguo Israel como una compañía obediente a la llamada del jefe carismático y de sus mensajeros enviados por Dios en caso de extrema necesidad. Ver: E. Jenni, אחרי, *DTMAT*, I (Cristiandad, Madrid 1978) 183-194.

de Yavhé" tiene un sentido tanto religioso como ético, y hay que añadir que dicha expresión en realidad significa "imitar las acciones de alguien", "actuar como él"[28] incluyendo la idea de *imitación*[29].

Pasando al Nuevo Testamento observamos que el adverbio *opíso* en los sinópticos generalmente tiene un sentido teológico cuando viene acompañado de genitivo de persona o con un verbo de movimiento[30]. En esos casos lo que se expresa es una relación muy cercana entre la persona que llama a ir detrás de él y la que responde[31].

En Mc 1,17 (Mt 4,19) Jesús convoca a sus discípulos para que le sigan y los vincula a sí mismo. La expresión *opíso* expresa que el seguimiento de Jesús no es un simple *ir detrás*, sino que implica estar

---

28 F. Nöchster, "Gotteswege und Menschenwege in der Bibel und in Qumran", *BBB* 15 (1958) 43. Es muy llamativo que en varios textos del Antiguo Testamento esta expresión se emple para hablar de la apostasía: ir detrás de otros dioses es el pecado del pueblo y la causa de todas las desgracias (Dt 4,3; 6,14; Jc 2,12; 1R 21,26; Jr 11,10, etc.). Concretamente, en el profeta Oseas está vinculada con la imagen del adulterio que domina su predicación. En Os 2,7.15 se lee: «Pues su madre se ha prostituido, se ha deshonrado la que los concibió, cuando decía: 'Me *iré detrás* (*alehe aharei*) de mis amantes, que me dan mi pan y mi agua' (v. 7) [...] y se *iba detrás* (*uetalah aharei*) de sus amantes olvidándose de mí» (v. 15). En la Septuaginta, el v. 7 traduce el verbo por *akoluzêso* y en el v. 15 escribe el verbo *eporêueto* empleándolos como sinónimos. En este sentido es particularmente interesante es 1R 18,21: «Elías se acercó a todo el pueblo y dijo: "¿Hasta cuándo vais a estar cojeando con los dos pies? Si Yahvé es Dios *seguidle* (*lahu aharei*); si Baal, *seguid* a éste (*laho aharei*)». En ambos casos los LXX traduce el verbo por πορεύομαι.

29 Normalmente, el verbo que emplea la Septuaginta es *porêuomai*, cuyo significado es "ir", "caminar", ver: W. Radl, "πορεύομαι", *DENT*, II, 1081.

30 Salvo las siguientes excepciones: Mc 1,7; Mt 3,11 y Lc 9,14, donde *opíso* no tiene un significado teológico, sino que simplemente es una indicación temporal. Sin embargo, incluso en los casos en los que se puede traducir como "ir después", en el sentido de un *seguir* o ir *detrás* físicamente, se expresa que se siguen las mismas huellas del que va delante, haciendo su mismo camino.

31 H. Seesemann, "ὀπίσω, ὄπισθεν", *ThDNT*, V, 291. P. Bonnard, *Evangelio según San Mateo* (Cristiandad, Madrid 1975) 81, estima que la expresión *dêute opíso mu* tiene un significado directamente equivalente a *seguir*.

dispuesto a la entrega más radical[32]. Podemos decir que la expresión de Mc 1,20, donde los primeros discípulos «se fueron tras Él (*apêlzon opíso auto*)» es sinónima del verbo *akoluzêo*[33]. Es decir, el seguimiento (*akoluzêo*, Mc 1,18) se implementa marchando físicamente detrás de Jesús (*érjomai opíso*, Mc 1,20)[34].

Por su parte, el verbo *érjomai*, cuyo significado es "venir, ir", se emplea en los sinópticos sobre todo para hablar de la venida de Jesús[35]. Referido directamente al discipulado lo encontramos en Mt 16,24: «Si alguno quiere venir en pos de mí (*ei tis zêlei opíso mu êlzein*)», acompañado de las condiciones para el seguimiento. La conjunción *opíso* y *erjêszai* significa una entrega total a Jesús[36].

Es importante señalar que el paralelo lucano contiene la expresión «*opíso mu erjêszai*» (Lc 9,23). En este caso, *érjomai* puede entenderse como un infinitivo presente de continuidad, y expresa que la llamada de Jesús no se limita a una determinada circunstancia, sino que es para

---

32 W. D. Davies–D. C. Allison, *Matthew*, II, 397, dicen que la expresión *dêute opíso mu* no es una invitación sino una demanda incondicional. Cuando Jesús le dice a Pedro que se ponga *detrás de Él* en Mc 8,33; Mt 16,23 (*hypage opíso mu*) le está intimando a que establezca una separación radical de todo lo que no viene de Dios. Ver: O. Cullmann, "Ὁ ὀπίσω μου ἐρχόμενος", *Coniectanea Neotestamentica* 9 (1947) 26-32.

33 T. Schramm, "ἔρχομαι", *DENT*, I, 1594.

34 R. Pesch, *Il Vangelo di Marco. Parte Prima. Testo Greco e traduzione. Introduzione e commento ai capp. 1,1–8,26* (Paideia, Comentario Teologico del Nuovo Testamento II/I; Brescia 1980) 197. Este autor explica que, precisamente, la expresión conclusiva retoma la invitación por parte de Jesús al seguimiento que aparece en Mc 1,17. V. Taylor, *Marcos*, 186, explica que, en esta perícopa, parece que Marcos piensa en un compromiso de toda la vida, exagerando quizá los hechos reales, puesto que en Mc 4,1.35 la barca de Pedro está a disposición de Jesús.

35 J. Schneider, "ἔρχομαι, κτλ.", *ThDNT*, II, 668. E. Arens, *The HΛΘON-sayings in the Synoptic Tradition. A Historico-critical Investigation* (Vandenhoeck & Ruprecht, OBO 10; Göttingen 1976).

36 J. Schneider, "ἔρχομαι, κτλ.", *ThDNT*, II, 669.

siempre y constantemente[37]. Este infinitivo remarca con mayor precisión el carácter de continuidad propio del discipulado[38].

1.3. Seguimiento en los Sinópticos: conclusiones

Después de este breve repaso de los datos que ofrecen los evangelios sinópticos sobre el verbo *akoluzêo* y la terminología vinculada al seguimiento, podemos decir que dicho verbo sirve para expresar la relación de un discípulo con su maestro[39]. Destacamos tres notas:

a. Con el verbo *akoluzêo* se expresa la reacción de los Doce a la llamada personal de Jesús. Aplicado al discipulado tiene un carácter técnico.

b. El seguimiento se expresa en un *ir detrás*. Jesús llamó a determinadas personas a seguirlo de manera literal, física, en los diversos recorridos de su ministerio[40]. En este sentido, *akoluzêo* apunta a una cierta imitación. Esto conlleva un abandonarlo todo para estrechar el vínculo con el Maestro dejando atrás los demás vínculos.

c. La terminología que acompaña a este verbo refuerza la concepción de que la iniciativa nace de Jesús (*dêute*), que el discipulado conlleva una entrega radical (*opíso*) y que el seguimiento es un constante ir, es decir, es para siempre (*érjomai*).

---

37 J. A. Fitzmyer, *El Evangelio según Lucas, II* (Cristiandad, Madrid 1987) 114; G. Nolli, *Luca*, 422, explica que la expresión "venid detrás de mí" es un hebraísmo ya que en hebreo falta el término "seguir" en el sentido de *acoger una doctrina, convertirse en discípulo*, el cual, caminando, siempre va detrás del maestro.

38 Esa nota de perseverancia la refuerza Lucas añadiendo la adición *kaz'ejêmeran*, «cada día», «día tras día».

39 W. Bauer–W. F. Arndt–F. W. Gingrich, "ἀκολουθέω", 30, explican que en griego el campo semántico del verbo se extiende a *acompañar* e incluso *obedecer*.

40 J. P. Meyer, *Un judío marginal*, III, 78.

En el Cuarto Evangelio el vocabulario discipular es cercano al de los sinópticos, es decir, en Juan encontramos el verbo *akoluzêo* como el que expresa la naturaleza del discipulado y también se emplea *érjomai*. Sin embargo, el último evangelio tiene unas notas características que se traducen en el empleo del verbo *mênein*, cuyo significado es *quedar(se)*, *permanecer*[41], aplicado al seguimiento de Jesús, así como el sustantivo *hypodeigma*.

2.1. El verbo *akoluzéo*

De las dieciocho veces que aparece el verbo en el Cuarto Evangelio, una de ellas se refiere a la multitud (cf. Jn 6,2); tres hacen referencia a que una persona o varias personas siguen a otra (cf. Jn 11,31; 18,15 y 20,6), una vez lo encontramos en boca de Pedro (cf. Jn 13,37) y trece de ellas se refieren al discipulado de los Doce. De éstas, tres aparecen en la narración (cf. Jn 1,37.38.40); las otras diez, aparecen en labios del Maestro (Jn 1,43; 8,12; 10,4.5.27; 12,26; 13,36x2; 21,19.22)[42], a diferencia de los sinópticos donde en labios de Jesús sólo aparece cinco veces.

Las primeras veces que se encuentra el verbo en la narración están en el capítulo primero. Una vez que Juan Bautista señale a Jesús como el «Cordero de Dios» por segunda vez, en Jn 1,36, leemos: «Los dos discípulos le oyeron hablar así y siguieron (*akoluzêsan*) a Jesús» (Jn 1,37)[43]. Son muy significativos los dos verbos que se emplean para

---

41 H. Hübner, μένω, *DENT*, II, 222; F. Hauck, μένω, κτλ., *ThDNT*, IV (Eerdmans, Grand Rapids 1995) 574.

42 Como hicimos cuando exponíamos los relatos de los sinópticos, excluimos los versículos en los que el verbo sólo describe un desplazamiento: Jn 6,2; 11,31; 13,37; 18,15 y 20,6.

43 Acerca de la identidad de estos dos discípulos, ver: M. -J. Lagrange, *L'Évangile selon saint Jean* (Éditions du Cerf, EtB; Paris 1927) 46; É. Cothenet, "Le quatrième évangile",

describir el comportamiento de los futuros discípulos: «oyeron (*ekûsan*) hablar a Juan» y «siguieron (*ekoluzêsan*) a Jesús» (Jn 1,37). El primero expresa una escucha confiada y obediente, y, como consecuencia, el verbo "seguir" significa hacerse discípulo, compartir la vida del Maestro, creer en Él. La conjunción de ambos aoristos señala que se trata de aoristos incoativos, es decir, desde el momento en que los dos discípulos escuchan el testimonio de Juan Bautista, entran en los primeros compases del discipulado de Jesús, dejando atrás el de Juan. Además, *ekoluzêsan* tiene también un carácter perfectivo. En otras palabras, seguir a Jesús es el resultado de haber escuchado a Juan Bautista[44].

En el versículo siguiente hallamos de nuevo *akoluzêo*: «Jesús se volvió, y al ver que le seguían (*akoluzûntas*)» (Jn 1,38). El verbo se encuentra en un participio predicativo, una forma verbal que enfatiza

---

en: M. -E. Boismard–É. Cothenet, *La tradition johannique* (Desclée de Brouwer, Introduction à la Bible III; Le Nouveau Testament, 4; Paris 1977) 293; M. -E. Boismard, "Le disciples que Jèsus amait d'après Jn 21,1ss et 1,35ss", *RB* 105/1 (1998) 76-80; M. Theobald, *Die Fleischwerdung des Logos. Studien zum Verhältnis des Johannesprologs zum Corpus des Evangeliums und zu 1 Joh* (Aschendorff, NTAbh.NF 20; Aschendorff 1988) 181-183; G. R. Beasley-Murray, *John* (Zondervan, WBC 36; Waco 1987) 26, considera que lo más plausible es que sea Juan, el hijo de Zebedeo el discípulo anónimo. Una alternativa es la planteada por R. Schnackenburg, *El Evangelio según San Juan, I. Versión y comentario* (Herder, Barcelona 1980) 126-127, en la que considera que el discípulo anónimo de Jn 1,37 es el Apóstol Felipe. Esta teoría es puesta en entredicho por R. E. Brown, *El Evangelio según San Juan I-XII. Introducción, traducción y notas* (Cristiandad, Madrid 1999) 117-125. J. Mateos–J. Barreto, *El Evangelio de Juan. Análisis lingüístico y comentario exegético* (Cristiandad, Madrid 1992) 123, señalan que el otro discípulo no será identificado en todo el evangelio, y representa al discípulo que se queda con Jesús para no separarse más de Él. Ver también: R. Riesner, "John 1:14 and the Disciple whom Jesus Loved", en: D. Chrupcala (ed.), *Rediscovering John. Essays on the Fourth Gospel in Honour of Frédéric Manns* (TS Edizioni, Anaclecta 80; Milano 2013) 303-336.

44 J. H. Moulton, *Grammar*, III, 71-72. J. Girón Izquierdo, «*Maestro, ¿dónde vives? (Jn 1,38).* Estudio exegético-teológico sobre la función del adverbio «dónde» (ποῦ) en el evangelio de Juan* (Verbo Divino, Estella 2019, 3ª reimpr.) 72-73, explica que la conjunción de los verbos ἀκούω y ἀκολουθέω, que se repite en Jn 1,37 y Jn 1,40, indican que la escucha conduce al seguimiento. La fe de los dos discípulos es una apertura a la escucha de la Palabra.

la cualidad de una acción que se comienza a llevar a cabo, y además expresa un modo de existencia[45]. Para aquellos dos discípulos ha comenzado algo nuevo y, en este sentido, el versículo siguiente muestra que, como sucede en los sinópticos, todo comienza con la iniciativa de Jesús: «Venid y lo veréis» (Jn 1,39).

La siguiente vez que encontramos el verbo "seguir" es en Jn 1,40: «Andrés, el hermano de Simón Pedro, era uno de los dos que habían oído (*akusânton*) a Juan y habían seguido (*akoluzêsanton*) a Jesús». Este versículo insiste en lo mismo que se dijo en Jn 1,37, donde los dos discípulos de Juan Bautista oyen a éste y siguen a Jesús, pero lo que en Jn 1,37 se expresó con dos aoristos, en este caso encontramos los verbos en participio expresando una cualidad, no sólo un hecho que aconteció en el pasado. Además, la conjunción de los dos aoristos, *akusânton* y *akoluzêsanton*, añaden un sentido muy rico al texto. Por una parte, se puede admitir que el participio *akusânton*, como es propio del aoristo, tiene un sentido perfectivo ("escucharon"), es decir, se comienza y se termina de escuchar, indicando que se cierra el discipulado de Juan Bautista; por otra parte, en cambio, el participio *akoluzênsanton* señala que comienza algo que no acaba[46].

La expresión «seguir a Jesús», como término técnico aplicado a los discípulos indica ya desde el principio del Evangelio el deseo de vivir con Él y como Él, colaborar en su misión. «Seguir», en estos textos, significa caminar junto con otro que señala el camino. Con *akoluzêo* se expresa la respuesta de los discípulos a las palabras de Juan: han

---

45   J. H. MOULTON, *Grammar*, III, 158-159; M. ZERWICK, *Biblical Greek* (Gregorian and Biblical Press, Rome ²1985) 129.

46   J. DE LA VILLA, "Aspectos del Aspecto", en: B. USOBIEGA-P. J. QUETGLAS, *(eds.) Ciència, didàctica i funció social dels estudis clàssics* (EUB, Actes del XIV Simposi de la Secció catalana de la S.E.E.C., Vic, 26-28 de setembre del 2002; Barcelona 2004) 97-124; E. VAN EMDE BOAS-A. RIJKSBARON-L. HUITINK-M. DE BAKKER, *Cambridge Grammar of Classical Greek* (Cambridge University Press, Cambridge 2019) 655, explica que el aoristo inceptivo implica que no se prevé un fin cuando se trata de un verbo no télico.

encontrado al que esperaban y se adhieren a Él[47]. Esto significa algo
más que el mero caminar en la misma dirección, se trata del término
por el que se designa la entrega personal en la condición de discípulo[48].
Pasamos ahora a exponer las veces en las que *akoluzêo* aparece
en labios del Maestro. La primera vez es el versículo conclusivo de la
narración de las llamadas a los primeros discípulos: «(Jesús) se encuentra
con Felipe y le dice: "Sígueme *(akoluzêi moi)*"» (Jn 1,43), recibiendo la
invitación directamente del Maestro[49]. Por otra parte, el empleo del imperativo parece indicar que Felipe ya ha tenido un encuentro precedente
con Jesús, el cual ahora le invita a poner en acto lo que pudiera ser un
planteamiento inicial de seguimiento. En otras palabras, el imperativo
akoluzêi puede traducirse como "continúa con tu deseo y ven", en el
sentido de entrar en el discipulado[50]. Esta llamada hace de Felipe un
discípulo sin necesidad de que se nos narre su reacción a la invitación
del Maestro[51].

47 J. Mateos-J. Barreto, *El Evangelio de Juan*, 121.
48 R. E. Brown, *Juan*, I, 293. J. Beutler, *Comentario al Evangelio de Juan* (Verbo Divino,
    Estella 2016) 73, en cambio, opina que aquí el verbo ἀκολουθέω todavía se entiende
    en su sentido literal, es decir, "ir detrás de alguien", en este caso seguramente para
    conocerlo.
49 El acento recae en la autoridad de Jesús: Él encuentra *(eurískei)* a Felipe y lo invita a
    seguirlo, ver: J. Zumstein, *Juan*, I, 109.
50 G. Nolli, *Evangelio secondo Giovanni. Testo greco, Neovolgata Latina. Analisi Filologica.
    Traduzione italiana* (Ed. Vaticana, Città del Vaticano ²2011) 41. Los que consideran
    que Felipe era uno de los dos discípulos mencionados en Jn 1,35ss., lo interpretan en
    el sentido de que «lo encontró de nuevo». R. B. Edwards, *Discovering John: Content,
    Intrepretation, Reception* (Eerdmans, DisBT; Grand Rapids 2015) 74, explica que una
    característica de la cristología joánica es la enorme proporción de Evangelio que está
    dedicada al Maestro que enseña a sus discípulos.
51 Su reacción se deduce de su comportamiento: le anuncia a Natanael que ha encontrado
    a aquel de quien habían escrito Moisés y los profetas (v. 45). Acerca de las dificultades
    que ofrece el relato de vocación de Felipe y las posibles tradiciones preevangélicas,
    ver: J. L. Martyn, *The Gospel of John in Christian History. Essays for Interpreters* (Wipf
    and Stock Publishers, New York 1978) 29-54. Ver también: J. Painter, "Quest and
    Rejection Stories in John", *JSNT* 36 (1989) 17-23.

Por otra parte, el imperativo *akoluzêi moi* (Jn 1,43) es el equivalente joánico de las llamadas de los discípulos en los sinópticos, donde Jesús elige a sus discípulos (cf. Mc 1,16-20; Mt 4,18-22; Lc 5,11), donde la iniciativa parte directamente de Jesús y los discípulos responden. El Cuarto Evangelio, aunque carece de estos relatos, no se separa de la tradición sinóptica, ya que señala con mayor énfasis que los demás evangelios este procedimiento del Maestro, como queda reflejado en Jn 15,16: «No me habéis elegido vosotros a mí, sino que yo os he elegido a vosotros». Estas palabras están dirigidas a los Doce, aunque los relatos del primer capítulo del evangelio no narran nada de esto. Sólo uno de ellos, Felipe, es llamado directamente por Jesús[52]. El «seguir» de los primeros discípulos es el primer paso para la fe en Jesús; este paso conduce a «permanecer» no sólo el día que han sido llamados (v.39), sino en una constante comunión con Él[53].

En el relato de la mujer sorprendida en adulterio (cf. Jn 8,2-11), Jesús se dirige a los escribas y fariseos, diciendo: «Yo soy la luz de mundo; el que me sigue (*ho akolûzon emoí*) no caminará en la oscuridad, sino que tendrá la luz de la vida» (Jn 8,12). Si en otras ocasiones Jesús invita a los hombres a ir a Él y creer en Él (Jn 6,35; 7,37), la expresión «el que me sigue» de Jn 8,12 conecta con la tradición sinóptica. Unido originariamente a la llamada de los discípulos, el verbo *akoluzêo* en este caso sufre una cierta transformación: si en la tradición sinóptica la llamada de Jesús iba dirigida a personas singulares para que se unieran más estrechamente a Él, Juan equipara la *sequela* del Maestro a la unión

---

52 Los otros discípulos buscan a Jesús en virtud del testimonio de Juan y otros dos son presentados al Maestro por amigos. Si en Jn 1,43 los verbos *ezelêsen* y *euriskei* tienen como sujeto a Andrés, también Felipe es presentado la primera vez por un amigo antes de ser «llamado» por Jesús, ver: C. H. Dodd, *La Tradición Histórica en el Cuarto Evangelio* (Cristiandad, Madrid 1978) 305. Añadamos que el cuarto evangelio, al igual que los otros, sabe que Jesús tenía un cuerpo de discípulos, entre los cuales había doce que formaban un grupo más íntimo.

53 R. Schnackenburg, *San Juan*, I, 427.

con Él en la fe[54]. En este seguimiento en la fe está incluida la voluntad de seguir a Jesús por su camino hacia la gloria a través de la muerte. Si bien la invitación va dirigida a todo hombre, la fórmula en singular («El que me siga») presupone una decisión personal[55]. Seguir, pues, significa escuchar en la fe y en la obediencia a Jesús, demostrando así una pertenencia a Él. Aunque no se refiera directamente al discipulado de los Doce, enriquece la concepción que Jesús tiene de lo que es ser discípulo.

En el discurso del Buen Pastor (Jn 10,1-21) encontramos el verbo *seguir* por tres veces. Si en Jn 10,3 Jesús dice que «las ovejas escuchan su voz; y a sus ovejas (*ta hídia*) las llama una por una», en Jn 10,4, leemos: «Cuando ha sacado todas las suyas (*ta hídia*), va delante de ellas, y las ovejas le siguen (*auto akoluzêi*)». El adjetivo sustantivado *hídia* que encontramos en Jn 10,3.4 para referirse a las ovejas, significa literalmente «las propias, las que pertenecen a un individuo»[56] indicando una relación estrecha con el sujeto[57]. De esta manera, en sus palabras el

---

54 R. Schnackenburg, *El Evangelio según San Juan, II. Versión y comentario* (Herder, Barcelona 1980) 241, acentúa la diferencia en la comprensión del discipulado en Juan con respecto a los sinópticos. En el caso de Juan, la invitación de Jesús a seguirle va dirigida a los evangelistas y a los oyentes de todo tiempo posterior para su salvación. Ver también: H. Zimmermann, "Christus Nachfolgen", *ThGl* 53 (1963) 241-255; A. Schulz, *Nachfolgen*, 172-176. C. H. Dodd, *La Tradición Histórica*, 374, añade que en la segunda parte de la sentencia: *u mé peripatêse en te skotía*, el verbo *peripatêin* tiene el sentido secundario de "comportarse", representado por el verbo hebreo *halah*, cuyo significado es *caminar* o *trasladarse*, pero que en sentido figurado hace referencia al comportamiento.

55 J. Mateos–J. Barreto, *Juan*, 399.

56 H. -W. Bartsch, ἴδιος, *DENT*, I, 1944. R. Schnackenburg, *El Evangelio según San Juan, III. Versión, comentario e índices. Capítulos 13–21* (Herder, Barcelona 1980) 40. En Jn 13,1 se está refiriendo a los hombres que le pertenecen, los que escuchan su voz y de los que Él cuida. R. A. Culpepper, *John. The Son of Zebedee, the Life of a Legend* (University of South Carolina Press, Edinburgh 2000) 74, considera directamente que la expresión *tus hídius* es una referencia a los Doce, a los que no se les menciona como grupo, pero que más adelante aparecen en la narración. Ver: R. A. Culpepper, "The Johannine *Hypodeigma*: A Reading of John 13", *Semeia* 1 (1991) 136.

57 R. Bultmann, *Das Evangelium des Johannes* (Vandenhoeck & Ruprecht, KKNT, 18; Göttingen 1964) 272, interpreta *ta hídia* a la luz de Jn 1,11 como una referencia

Maestro distingue a estas de las que no le pertenecen, ya que *las suyas* escuchan su voz (cf. Jn 10,3) y las llama «una por una» (Jn 10,3). La expresión tiene que significar que cada oveja tiene un nombre propio y que el pastor las llama por su nombre[58]. Si bien, en el contexto parabólico del discurso del Buen Pastor, *ta hídia* puede ser interpretado como un simple pronombre posesivo[59], lo que también pretende es poner en evidencia que las ovejas llamadas por el pastor le pertenecen en cuanto que él es el propietario. De esta manera lo que se expresa es la cualidad de la estrecha relación entre el pastor y su rebaño.

La aparición del verbo *akoluzêo* en este contexto unida a la descripción del pastor que «va delante de ellas» (Jn 10,4), y la indicación de que sus ovejas «no seguirán a un extraño» (Jn 10,5) parece describir a aquellos que han sido llamados por Jesús al seguimiento, a aquellos que el Padre le ha dado a Jesús (Jn 6,39ss.; 17,6ss.)[60]. Precisamente, en Jn 13,1 *tus hídius* son el círculo más reducido de los discípulos que se reúnen en torno a Jesús. Estos discípulos se identifican con los *ta emá* de Jn 10,14[61]. Durante su ministerio el Maestro ha reunido a unos discípulos a los que llama «los suyos»[62].

La siguiente vez que encontramos *akoluzêo* en el cuarto evangelio es después de la entrada mesiánica de Jesús en Jerusalén (Jn 12,12-19), cuando Él mismo anuncia su glorificación por la muerte (Jn 12,20-36).

---

a todos los hombres. Para ello se asienta en el hecho de que los LXX traducen la expresión equivalente hebrea *'am s^egullâ* (Ex 19,5; Dt 7,6) por *laos periúsios*.

58   C. K. BARRET, *El Evangelio según San Juan* (Cristiandad, Madrid 2003) 558, expone que el hecho de que el pastor llame a *sus propias* ovejas implica que en el aprisco también había otras que no eran suyas. Para este estudioso no cabe duda de que se hace referencia al redil del judaísmo, al que pertenecían, por un lado, los judíos incrédulos y, por otro, los primeros discípulos, a los que posteriormente se añadirían los paganos que abrazaran la fe cristiana.

59   F. BLASS–A. DEBRUNNER, *A Greek Grammar of the New Testament and Other Early Christian Literature* (University of Chicago Press, Chicago 1961) 268.

60   R. SCHNACKENBURG, *San Juan*, II, 353.

61   H. -W. BARTSCH, ἴδιος, *DENT*, I, 1947.

62   F. J. MOLONEY, *El Evangelio de Juan* (Verbo Divino, Estella 2005) 386.

En esta ocasión, teniendo como oyentes a un grupo de griegos (cf. Jn 12,20) y a los Apóstoles Felipe y Andrés (cf. Jn 20,21.22), el Maestro dice: «Si alguno me sirve, que me siga (*emoi akoluzêito*)» (Jn 12,26). El motivo que estaba expresado en el *logion* anterior: «El que ama su vida, la pierde; y el que odia su vida en este mundo, la guardará para una vida eterna» (Jn 12,25)[63] se expresa en la concepción del discipulado que se lee en Jn 12,26. Se trata de dar la vida a imitación de Jesús[64]. La invitación «que me siga (*emoi akoluzêito*)» (Mt 12,26) constituye el centro de este segundo *logion*, pero a diferencia de Mc 8,34, que parece ser su paralelo, en este caso Jesús lo acompaña de una doble promesa: la vida del discípulo le lleva allí donde Jesús está y, por otra parte, aquel que le sirva será honrado por el Padre (cf. Jn 12,26). Así como en Jn 8,12, *seguir* quiere decir unirse al Maestro por la fe, en Jn 12,26, el verbo *akoluzêo* conlleva el especial seguimiento de Jesús hasta la muerte.

En el Cuarto Evangelio caminar detrás de Jesús se ha convertido en *servir* al Maestro[65]. Tal servicio ha de entenderse en relación con el servicio decisivo que el Maestro rinde a los suyos con su muerte. La escena del lavatorio de los pies (Jn 13,1-20) es su ilustración. En dicha

---

63 Sobre la adaptación joánica de este *logion* en relación con la tradición sinóptica, ver: C. H. Dodd, *La Tradición Histórica*, 338-343, quien piensa que el verbo joánico *diakonêin* sería una adaptación posterior de la sentencia primitiva a la situación de la Iglesia. Tanto en la tradición sinóptica como en la joánica ambas sentencias (Jn 12,25 y 26) están unidas, aunque en orden inverso. En ambas tradiciones la sentencia sobre el seguimiento de Jesús es una invitación a imitarle en el dolor y la muerte, ver: R. E. Brown, *El Evangelio según San Juan, II* (Cristiandad, Madrid ²2002) 811.

64 R. Schnackenburg, *San Juan*, II, 476, considera que las palabras sobre amar y odiar la vida están estrechamente unidas a la autoinmolación de Jesús mostrando de esa manera al discípulo que tampoco para él la muerte es el fin, sino el cumplimiento de la vida verdadera.

65 R. Schnackenburg, *San Juan*, II, 476, explica que la primera parte de la sentencia de Jesús se distingue de la que encontramos en los sinópticos por la expresión *diakoné*. Es difícil ver una influencia de Mc 9,35; 10,43 par. donde se habla del servicio *recíproco* de los discípulos.

escena se muestra cómo se conjugan amor a los suyos, servicio y marcha hacia la cruz[66]. Así pues, la invitación al seguimiento (*emoi akoluzêito*) indica que emprendiendo este mismo camino es como el discípulo servirá a su Maestro. Se está presentando el seguimiento como un principio de imitación y una identidad de destino entre Jesús y el discípulo.

Después del lavatorio de los pies (Jn 13,1-20) y del anuncio de la traición de Judas (Jn 13,21-30), tienen lugar los largos discursos de despedida de Jesús que llegan hasta el final del capítulo 17. En los primeros compases de estos discursos el Maestro anuncia que le queda poco de estar con los Apóstoles (cf. Jn 13,33). Esto provoca la pregunta de Pedro: «Señor, ¿a dónde vas?» (Jn 13,36). La respuesta a esta demanda son las palabras de Jesús: «Adonde yo voy no puedes seguirme ahora (*moi nun akoluzêsai*); me seguirás (*akoluzêseis de hysteron*) más tarde» (Jn 13,36).

Si bien Pedro manifiesta no entender, también deja ver su devota fidelidad a su Señor. Por una parte, Jesús predice las negaciones, y, por otra, adelanta en profecía el martirio del primero de los Apóstoles[67]. El juego de adverbios en el texto apunta en esta dirección: la oposición entre *nun* (ahora) y *hysteron* (más tarde). Esta oposición puede ser leída de dos maneras. Si se interpreta Jn 13,36 a la luz de Jn 21, aquí se está anunciando de forma velada el martirio de Pedro. Es decir, al discípulo que pregunta por el lugar al que se marcha el Maestro, Éste responde que el mismo destino de muerte violenta les espera a los dos. En cambio, si se interpreta la oposición *nun-hysteron* como una evocación de la oposición análoga formulada en el lavatorio de los pies, «lo que yo

---

66   J. Zumstein, *El Evangelio según Juan, Vol. II. 1–12* (Sígueme, BEB 152; Salamanca 2016) 523.

67   R. Schnackenburg, *San Juan*, III, 85-86, explica que la incomprensión que se repite en Tomás (14,5), Felipe (14,8) y el otro Judas (14,22), no expresa una equivocación, sino que caracteriza la situación de los discípulos antes de la Pasión, y pretende también dar a comprender a los lectores la meta del camino recorrido por Jesús. G. Nolli, *Giovanni*, 530, dice que el infinitivo aoristo *akoluzêsai* indica que Pedro dejará escapar todas las ocasiones y no podrá aprovechar ni una sola para acompañar a su Maestro, y el futuro *akoluzêseis* expresa la seguridad que hace presentir un cambio en Pedro, precisamente debido a las ocasiones que ha dejado escapar.

hago, tú no lo entiendes *ahora*; lo comprenderás *más tarde*» (Jn 13,7), el sentido es el mismo en ambos textos y connota la oposición entre tiempo prepascual y pospascual, en otras palabras, el seguimiento del discípulo no es principalmente un fenómeno propio del tiempo prepascual, sino del tiempo pospascual[68].

Sin embargo, existe una tercera hipótesis que es interpretar Jn 13,36 a la luz de Jn 12,26: «Si alguno me sirve, que me siga, y donde yo esté (*hopû eimí egô*) allí estará también mi servidor» y de Jn 14,3: «Para que donde esté yo (*hopû eimí egô*) estéis también vosotros». En Jn 13,36, por la aparición del verbo *akoluzêo* se retoma Jn 12,26, donde también lo encontramos, de modo que la seguridad de Jn 13,36 se manifiesta como una predicción velada del martirio en Jn 12,26. Se describe una línea que une 12,26 a 13,36 y a 14,3 que se percibe en la locución *hopû eimí egô* y, respectivamente, *hopû hypago* (Jn 13,36)[69]. Quien quiere servir al Maestro (12,26) debe renunciar a la propia voluntad, escuchar la palabra de Jesús (13,36ss.) y dejarse llevar incluso donde no se quiere (21,18). Seguir a Jesús quiere decir, en definitiva, seguirlo hasta en la muerte y en la gloria[70].

---

68 J. Zumstein, *El Evangelio según San Juan, II* (Sígueme, BEB 153; Salamanca 2016) 69. R. Bultmann, *Johannes*, 369, explica que en este doble sentido es como llega a ser posible el seguimiento, sobre la base de la victoria de Jesús sobre el mundo.

69 R. Schnackenburg, *San Juan*, III, 81.

70 C. K. Barret, *San Juan*, 689. C. H. Dodd, *La Tradición Histórica*, 351, considera Jn 12,26 como un paralelo de Mt 16,24; Mc 8,34 y Lc 9,23. Tanto en Jn como en los sinópticos el *logion* es un elemento de un conjunto más amplio. El sentido es que todo discipulado que merezca ese nombre debe entrañar el «seguimiento» de Jesús de modo eminente. Los sinópticos definen este sentido por medio del contexto en que el dicho aparece. Juan lo define también con ayuda del contexto, que habla primero de «glorificación» de Jesús (su muerte en la cruz), luego de la muerte del grano sembrado y termina con el equivalente de la oración de Jesús en Getsemaní. De modo parecido, considera este estudioso, en Jn 13,36-37 el «seguimiento» de Jesús está relacionado con su muerte. El sentido, por tanto, es el mismo en los dos: *akoluzêito moi (emoi akoluzêito)* significa: «haced lo que yo hago y corred los riesgos que yo corro». En ambas versiones difieren en la prótasis. En este caso, en los sinópticos el sentido parece ser: «Si alguien desea acompañarme en mis viajes, debe seguirme».

En el último capítulo del Cuarto Evangelio se encuentra *akoluzêo* por tres veces. La primera tiene lugar después de que el Resucitado indique a Pedro «la clase de muerte con que iba a glorificar a Dios. Dicho esto, añadió: "¡Sígueme!" (*akoluzêi moi*)» (Jn 21,19). A continuación, Pedro «ve siguiéndoles (*akoluzûnta*) detrás, al discípulo a quien Jesús amaba» (Jn 21,20). Una vez que el primero de los Apóstoles pregunta por este discípulo, Jesús le responde: «Si quiero que se quede hasta que yo venga, ¿qué te importa? Tú, sígueme (*si moi akoluzêi*)» (Jn 21,22).

De estas tres veces que leemos *akoluzêo* centramos la atención en las veces que el verbo está referido a Pedro, es decir, Jn 21,19 y 21,22.

En cuanto a Jn 21,19, hay que señalar la predicción del versículo anterior en la que Pedro sería conducido a donde no quería, hablando prolépticamente del martirio del Apóstol. Así se introduce la expresión: «Con esto indicaba la clase de muerte con la que iba a glorificar (δοξάσει) a Dios» (Jn 21,19). En el Cuarto Evangelio la expresión «glorificar a Dios mediante la muerte (violenta)» se ha empleado en Jn 12,32 (cf. Jn 18,32)[71] en relación con la muerte de Jesús en la cruz[72]. Hay que subrayar el paralelo que se establece entre la muerte de Jesús, que glorifica a Dios (7,39; 12,16; 13,31-32; 14,13; 17,1-5), y la de Pedro. En este sentido es muy significativo que la expresión de Jesús «¡Sígue-

En Juan es: «Si alguien desea servirme el único modo de hacerlo es seguirme». Ambas formas se remontan al ministerio del Jesús histórico.

71   J. ZUMSTEIN, *Juan*, II, 398, nota 56, indica que la expresión «glorificar a Dios», afirmada de los discípulos, no tiene paralelo en el evangelio. No obstante, se puede relacionar con Jn 15,8. El discípulo glorifica a Dios en la medida en que da mucho fruto y manifiesta así que es discípulo.

72   J. BEUTLER, *Juan*, 501. T. WIARDA, "John 21.1-23: Narrative Unity and Its Implications", *JSNT* 46 (1992) 65, considera que los vv. 18-19 siguen al diálogo de los vv. 15-17 de un modo muy natural. La predicción del martirio por parte de Jesús a Pedro y la invitación a aceptarlo descansa sobre la afirmación de amor que Pedro acaba de hacer. Así como el amor es el motivo para servir como pastor, ahora es el motivo para querer entregar la vida. Un esquema muy similar encontramos en Jn 12,14-26: el que quiera servir a Jesús debe seguirle; este seguir conlleva una disposición a la muerte. Todo esto se presenta como opuesto al amor a la propia vida.

me! (*akoluzêi moi*)» (Jn 21,19) esté en imperativo de presente, una forma verbal que ordinariamente da la orden de continuar una acción ya iniciada. Esta acción, como el verbo indica, es el seguimiento, que tendrá su culminación en la entrega de la vida. Todo esto señala que el discipulado implica una comunidad de destino entre Maestro y discípulo.

Por último, en Jn 21,22, Jesús repite a Pedro: «Tú, sígueme (*si moi akoluzêi*)». Lingüísticamente en este versículo se establece un fuerte contraste entre el discípulo a quien Jesús amaba y Pedro, entre *autón* y *si*, así como entre *mênein* y *akoluzêo*. En el contexto narrativo se le dice a Pedro que debe aceptar aquello que el Señor quiere para él, y seguirle por su camino hasta la muerte[73]. La idea sugiere que el seguimiento que se describe con el verbo *akoluzêo* conlleva, de nuevo, una comunión de vida y destino con el Maestro. Añadamos que las primeras palabras de Jesús en el Cuarto Evangelio fueron: «¿Qué buscáis?» (Jn 1,38) dirigidas a quienes serán sus primeros discípulos, y la última palabra será: «Sígueme» (Jn 21,22) dicha a Pedro.

2.2. Terminología próxima al verbo *akoluzêo*

Después de la presentación del verbo *akoluzêo*, nos referimos a la terminología que emplea el Cuarto Evangelio vinculada al discipulado. En este sentido nos encontramos con dos términos fundamentales: el verbo *mênein*, cuyo significado como verbo intransitivo es *quedar(se)*, *permanecer* e incluso *mantenerse firme*. Como verbo transitivo se tra-

---

73   R. Schnackenburg, *San Juan*, III, 457, añade que en un tiempo en el que Pedro ya había dejado esta vida, estas palabras contienen también una exhortación a todas aquellas búsquedas en la Iglesia primitiva que se orientan hacia Pedro. Para una opinión semejante, ver: F. Neyrinck, "John 21", 333; G. R. Beasley-Murray, *John*, 410-411; L. Morris, *The Gospel according to John* (Eerdmans, NICNT; Grand Rapids 1995, revised edition) 774, nota 59; P. S. Minear, "The Original Functions of John 21", *JBL* 102 (1983) 85-98; R. A. Culpepper, *Anatomy of the Fourth Gospel: A Study in Literary Design* (Fortress Press, Philadelphia 1983) 47ss; Id, *John. The Son of Zebedee*, 69-70; W. S. Voster, "The Growth and Making of John 21", en: F. Van Segbroeck *et al* (eds.), *The Four Gospels 1992* (Leuven University Press, Leuven 1992) 2207-2221.

duce por *aguardar* o *esperar*[74]. La otra palabra que está relacionada con los discípulos es *hypodeigma*, que se traduce por *ejemplo* o *modelo*. En el Evangelio de Juan se refiere no sólo a un ejemplo, sino a un *prototipo definitivo*[75]. Pasemos a ver cada una de estas palabras en los contextos en los que aparecen en el Cuarto Evangelio siempre referido a los Apóstoles[76].

a. El verbo *mênein*

En el cuarto evangelio *permanecer* se encuentra hasta cuarenta veces. Se trata de un verbo eminentemente joánico[77]. El evangelista lo emplea fundamentalmente para referirse a la permanencia de las relaciones entre el Padre y el Hijo y entre el Hijo y el cristiano[78]. Por otra parte, la fórmula *mênein en* nos introduce de lleno en la teología joánica de la inmanencia, es decir, en una manera de permanecer uno en otro. En Juan se dice que, de la misma manera que el Hijo está en el Padre, y el Padre en el Hijo (cf. Jn 14,10-11), también el Hijo estará en los hombres, y éstos estarán en el Padre y en el Hijo (cf. Jn 17,21.23)[79].

---

74   H. G. Hübner, μένω, *DENT*, II, 222.

75   H. Schlier, δείκνυμι, κτλ., *ThDNT*, II, 33.

76   El verbo μένειν unido al discipulado lo encontramos también en Jn 8,31: «Si os mantenéis en mi palabra (*meînete en*), seréis verdaderamente mis discípulos». Jesús se dirige a «los judíos que habían creído en él» (Jn 8,31), es decir, no está referido a los Doce Apóstoles, por lo que obviaremos su estudio.

77   De las 118 veces que aparece en el NT, 12 veces lo encontramos en los sinópticos, 40 en el evangelio de Juan, 27 en las tres cartas joánicas y una vez en el Apocalipsis.

78   En el Antiguo Testamento la permanencia aparece como una característica de Dios y de cuanto a Él pertenece, en contraste con la temporalidad y la caducidad del hombre. Como se lee en Dn 6,26, Sb 7,27, etc.

79   En estos casos, *mênein en* es sinónimo de *eînai en* con la salvedad de que *mênein* añade la nota de la permanencia, ver: R. Schnackenburg, *Cartas de San Juan. Versión, introducción y comentario* (Herder, Barcelona 1980) 144ss. Ver también: R. E. Brown, *Juan*, II, 1620-1624, ofrece una exposición de la teología joánica de la inmanencia. M. L. Coloe, *John 1–10* (Liturgical Press, Wisdom Commentary, Vol. 44A; Minnesota 2021) 42, nota, 25, explica que el verbo *méno* tiene un importante papel en la segunda

En estas páginas nos interesa resaltar las veces en las que en el Evangelio de Juan el verbo *permanecer* está vinculado al discipulado[80], lo cual sucede en tres contextos: en el capítulo primero del Evangelio, donde se narran la vocación de los primeros discípulos (Jn 1,38.39); en Jn 14,25, durante el discurso de despedida de Jesús y, en esos mismos discursos, en la alegoría de la vid y los sarmientos (Jn 15,1-17), donde el verbo aparece hasta once veces.

En el primer capítulo del Evangelio de Juan se narran las llamadas de los primeros discípulos (Jn 1,35-51). En el primer relato el verbo *mênein* aparece tres veces. En efecto, los dos primeros en seguir a Jesús son los que, oyendo hablar a Juan Bautista, marchan detrás del Maestro (cf. Jn 1,37). Éste, al ver que le siguen, pregunta: «¿Qué buscáis?» (Jn 1,38). La respuesta de aquellos dos es por el lugar donde vive: «Maestro, ¿dónde vives (*pu mêneis*)?» (Jn 1,38). Cuando acompañan a Jesús vieron «dónde vivía (*pu mênei*)» (Jn 1,39). En este nivel, el sentido de *mênein* es simplemente "alojarse"[81]. La forma presente de ambos

parte del Evangelio, donde expresa la íntima y mutua relación entre Jesús, el Padre y los creyentes.

80   El verbo *mênein* tiene un sentido espacial en Jn 2,12; 4,40; 7,9; 10,40; 11,6.54; 21,22-23. En Jn 5,38 y 8,31 se emplea para decir *permanecer* en la palabra; o en el pecado como en Jn 9,41; en el pan de vida en Jn 6,27 o en Jesús comiendo su carne (Jn 6,56). En Jn 14,10 se emplea para decir que el Padre permanece en Jesús y en Jn 1,32.33 indicando que el Espíritu Santo permanece en Jesús, y en Jn 14,17 expone que el Espíritu Santo *permanece* en los discípulos.

81   R. E. Brown, *Juan*, I, 288, no duda en considerar que nos encontramos ante un paralelo de Mt 8,18-22 (Lc 9,57-60), ya que en este texto sale el tema de dónde vive Jesús. Un escriba dice: «Maestro, *te seguiré* vayas donde vayas», pero Jesús contesta que no tiene dónde reclinar la cabeza. Sigue luego otro episodio en que Jesús le dice a un discípulo: «Sígueme». R. Bultmann, *Die drei Johannesbriefe* (Vandenhoek & Ruprecht, KEK; Göttingen 1967) 32, nota 3, explica que según el uso griego más antiguo el verbo significa continuar en un lugar fijado objetivamente durante un tiempo determinado, y más tarde implicó el hecho de permanecer en una vinculación personal.

verbos indica aquello que sucede ordinariamente, en el desenvolverse común y normal de la vida[82].

Un caso distinto es la tercera vez que encontramos el verbo en este relato, donde se nos dice que una vez que los discípulos vieron dónde vivía «se quedaron con él (*par'autó emêinan*) aquel día» (Jn 1,39). En este caso el evangelista quiere hacernos ver un significado más profundo del verbo. Como se ha indicado más arriba, el verbo *mênein* es una noción clave en el Evangelio de Juan[83] y describe la relación adecuada entre Jesús y los suyos. La salvación consiste en estar allí donde está Jesús (Jn 14,2) y permanecer en Él (Jn 15,4-7)[84].

El relato de esta vocación comenzaba con el verbo *akoluzêo* en Jn 1,37, el cual deviene en un triple *mênein* (Jn 1,38.39). El movimiento

---

82 G. Nolli, *Giovanni*, 36, explica que el sentido del verbo es *permanecer*, si bien el sentido de *habitar* parece un semitismo. Lo mismo sucede con la segunda vez que aparece el verbo en Jn 1,39, ya que está en un presente histórico propio del lenguaje popular, cuya frecuencia en el NT, especialmente en Mc (x151) y en Jn (x162), quizá se deba al influjo arameo. E. Haenchen, *John 1. A Commentary on the Gospel of John, Chapters 1–6* (Fortress Press, Hermeneia. A Critical and Historical Commentary on the Bible; Philadelphia 1980) 159, comentando Jn 1,39 expone que ante el verbo *mênein* se abren varios caminos para los exegetas. Uno de ellos es el expuesto por Th. Zahn, *Das Evangelium des Johannes* (Brockhaus Verlag, KNT, IV; Leipzig 1912) 130, nota 35, quien considera que, dado que los discípulos han ido a ver a Jesús al caer del día, hay que suponer que el significado de *mênein* indica la necesidad de buscar refugio para esa noche. Dado que no tenemos indicaciones de que tuvieran la intención de marcharse, la pregunta de Jn 1,38: «Maestro, ¿dónde vives?», es sobre el lugar donde Él pernocta. Este autor, incluso ofrece la hipótesis del perímetro sureste del Oasis de Fasail, en el Wadi Mellaha. El mismo E. Haenchen, recoge la queja de E. Schwartz, *Aporien im vierten Evangelium*, Vol. 4 (Köklig. Gess. Der. Wiss., NGWG.PH; Berlin 1907) 527, en la que se pregunta si es que se habían levantado hoteles donde poder acomodar a la multitud.

83 K. Scholtissek, *In Ihm Sein und Bleiben. Die Sprache der Immanenz in den johanneischen Schriften* (Herder, Freiburg-Basel-Wien 2000) 161-162.301, ofrece un estudio del campo semántico del verbo *permanecer*. Concluye que se trata de un lenguaje teológico que propone una inmanencia de tipo recíproco: la de Jesús-Dios en los discípulos y la de los discípulos en Jesús. Ver también: R. E. Brown, *Juan*, II, 1620ss.

84 J. Zumstein, *Juan*, I, 107.

físico para descubrir dónde mora Jesús alude también al dinamismo necesario para reconocer su propia identidad[85]. Aquellos dos que eran discípulos de Juan Bautista responden a la propuesta del Maestro, pudiendo así constatar donde (*pu*) está (*mêno*) Jesús para permanecer con Él aquel día. La finalidad de la adhesión a la invitación es precisamente quedarse con Él. El verbo *mênein*, pues, lleva a establecer no sólo el origen de Jesús, sino también el ámbito en el que el discípulo adquiere su propia identidad, lo cual sólo es posible en relación con Él[86]. En otras palabras, *mênein* es una reminiscencia de la genuina llamada de los discípulos al seguimiento, quienes se instalan de modo permanente con Jesús[87].

En Jn 14,25 leemos: «Os he dicho (*lelalêka*) estas cosas estando entre vosotros (*hymin par'hymin mênon*)»[88]. La expresión «os he dicho estas cosas» marca la conclusión del discurso, al menos su temática específica, y esto tiene importancia teológica ya que anuncia el final de la enseñanza de Jesús reservada a los discípulos[89]. De hecho, el perfecto *lelalêka* abraza todo el pasado, que está en perfecta coherencia con el presente, uniéndose ambos en una única realidad caracterizada por la

---

85 El adverbio *pu* en Juan puede tener una función interrogativa, como en este caso, pero forma parte del vocabulario cristológico del Cuarto Evangelio, ya que puede ser una referencia al origen de Jesús, por tanto, sirve para la elaboración cristológica, ver: R. Kieffer, "L'espace et le temps dans l'Évangile de Jean", *NTS* 31 (1985) 402-403.

86 La interpretación joánica del seguimiento no se articula tanto con el verbo *akoluzêo*, que indica el dinamismo de la fe del discípulo, sino mediante el verbo *mênein*, que expresa el anclaje y el radicarse en Jesús, ver: S. Grasso, "Il rapporto tra il verbo ἀκολουθέω e il verbo μένω dal discepolato sinottico a quello giovanneo", *Lateranum* LXXXIV (2018) 369.

87 E. Haenchen, *John 1*, 159.

88 Estas mismas palabras aparecen hasta seis veces en la segunda sección del último discurso: Jn 15,11; 16,1.4.6.25.33.

89 R. Schnackenburg, *San Juan*, III, 138, explica que *mêno* unido a *lelalêka* hace referencia al tiempo de la revelación terrena de Jesús, que es insustituible e insuperable. Más adelante, los discípulos tendrán que testimoniar la palabra del Maestro que el Espíritu Santo conservará en ellos, cf. Jn 15,27.

presencia de Jesús. La expresión enfatiza que los Doce son los depositarios de la enseñanza de Jesús, que se ha dado permaneciendo con ellos.

En el capítulo 15, donde se encuentra la alegoría de la vid y los sarmientos, encontramos el verbo *permanecer* hasta 11 veces: Jn 15,4 (x3); 5.6.7 (x2); 9.10 (x2); 16. En una mirada de conjunto al texto, podemos resaltar tres características del uso del verbo en Jn 15,1-17[90]. Por una parte, lo que encontramos en el discurso de Jesús es el compuesto *mênein en* (Jn 15,4.5.6.7.9.10)[91]. Como ya se ha indicado más arriba, esta expresión conlleva la idea de permanecer uno en el otro, es decir, la inmanencia[92]. La preposición *en* apunta a una relación recíproca caracterizada por la comunión[93] y hace tomar conciencia de la singular vinculación de los discípulos con Jesús, es decir, se trata de un *estar en*[94]. Dicha partícula, además, acompaña hasta en cinco veces al dativo *emoi* (Jn 15,4 [x2].5.6.7). La conjunción de ἐν con un dativo tiene un sentido local metafórico[95] adquiriendo el profundo significado de permanecer

---

90   Sobre la estructura del texto, ver: F. J. Moloney, "The Structure and Message of John 15,1–16,3", *ABR* 35 (1987) 35-49. Para otras hipótesis de estructuración, ver: R. E. Brown, *Juan*, II, 1000-1005. En cualquier caso, es comúnmente aceptado que Jn 15,1-17 forma una unidad, ya que la imagen de la vid tiene un último eco en el v.16 («deis fruto»), y a la vez parece haber un cambio de tema entre el v.17 y el 18.

91   La fórmula *mênein en* aparece alterada en tres versículos, sin que por ello cambie su valor: *en emoi menête* (v.4); *en hymin mêine* (v.7); *mêno auto en* (v.10). Por otra parte, la única vez en la que no aparece la fórmula completa es en el v.16, donde se habla de la permanencia del fruto, no de una relación.

92   R. E. Brown, *Juan*, II, 1621. F. Hauck, μένω, κτλ., *ThDNT*, IV, 576, expone que San Juan este verbo expresa la vinculación de la vida divina en los creyentes.

93   W. Elliger, ἐν, *DENT*, I, 1371; J. H. Moulton, *A Grammar*, III, 254-256.

94   R. Schnackenburg, *San Juan*, III, 133. R. E. Brown, *Juan*, II, 1621, considera que *einâi en* es sinónimo de *mênein en*. H. Ritt, "Der Christologische Imperativ. Zur Weinstock-Metapher in der testamentarischen Mahnrede (Joh 15,1-17)", en: J. Merklein (ed.), *Neues Testament und Ethik. Für Rudolf Schnackenburg* (Herder, Freiburg 1989) 136-150, expone que el verbo *mêno* estructura el texto con el uso de la partícula *en* referida primero a Jesús y después al amor.

95   J. H. Moulton, *A Grammar*, III, 261-262, expone los distintos sentidos que adquiere *en* acompañado de dativo: local, temporal, etc.

en Jesús, algo que trasciende el plano visible[96]. Esta fórmula se emplea sobre todo para describir la relación de Jesús con su Padre (Jn 14,10s.; cfr. Jn 17,21) y en dicha relación el Maestro ha introducido a los suyos (Jn 14,20; 17,21.23.26).

Por otra parte, el signo del discípulo, tal y como se relata en Jn 15,8 es que «deis mucho fruto», y dicho fruto depende de permanecer en Jesús (cf. Jn 15,5). Entre Jesús y los discípulos debe darse una reciprocidad persistente que tiene su origen en la unión de los discípulos con Él y viceversa[97], en un sentido de *pertenencia*.

Añadamos otro aspecto muy unido al discipulado: si los discípulos deben permanecer en Jesús para poder dar fruto, tal como lo ha señalado Jesús en Jn 15,5, Él mismo se presenta como el modelo, como el arquetipo del permanecer. Si en Jn 15,9 pide a los suyos «permaneced en mi amor», Él mismo expone que permanece en el amor del Padre (cf. Jn 15,10); de la misma manera, pide que se guarden sus mandamientos (cf. Jn 15,10), «como (*kazós*) yo he guardado los mandamientos de mi Padre» (Jn 15,10). La sentencia comparativa, construida con la conjunción *kazós*, sirve para unir la observancia de los mandamientos por parte de los discípulos, condición para permanecer en el amor de Jesús, con la obediencia del Maestro, que es la causa de su permanecer en el amor del Padre. El significado de *kazós* es *como, así como* y tiene una función comparativa[98] que denota una estrecha conformidad, una exacta correspondencia[99], mostrando que los discípulos tienen en la

---

96 K. Scholtissek, *In Ihm Sein*, 143-159, explica que el verbo permanecer describe la fidelidad en el orden de la fe. En este sentido, R. Bultmann, *Johannes*, 411, dice que el verbo *mênein* significa mantener con lealtad una decisión que se ha tomado y que sólo se puede mantener a través de una continua renovación de la actitud inicial.

97 F. J. Moloney, *Juan*, 431.

98 W. Radl, καθώς, *DENT*, I, 2121-2122, explica que el empleo de esta partícula en el NT es doble: por una parte, se usa cuando se habla de una promesa hecha en el AT y de su cumplimiento en el NT; por otra parte, en las comparaciones entre Dios, Jesús y los discípulos.

99 G. Nolli, *Giovanni*, 569, expone que, así como la partícula comparativa *hos* indica una simple semejanza a menudo sólo percibida por un juicio subjetivo, *kazós* conlleva

persona de Jesús el modelo y fundamento de cómo han de vivir[100]. El carácter paradigmático de la persona del Maestro ya quedó ilustrado en el episodio de lavatorio de los pies (Jn 13,12-17) y se repetirá de nuevo en Jn 15,12: «Este es el mandamiento mío: que os améis los unos a los otros como (*kazós*) yo os he amado». Es decir, el amor de Jesús por los suyos es, no sólo el fundamento de su existencia, sino también un ejemplo a seguir, ya que los discípulos son llamados a amarse mutuamente con un amor de la misma intensidad que el que el Maestro ha dedicado a los suyos[101].

En Jn 15,10, por tanto, se nos presenta que la permanencia en el amor se manifiesta en un modo de vida determinado por la vida de aquel a quien se imita[102].

b. *hypodeigma*

Este sustantivo, que significa "ejemplo" o "modelo"[103] deriva del verbo *deîknemi* cuyo significado es *mostrar* en el sentido de "señalar algo" llamando la atención sobre ello[104]. En el Cuarto Evangelio adquiere el sentido de *revelar* o *desvelar*[105] y lo encontramos en Jn 13,15. Una vez

---

una objetividad imparcial en la percepción de la correspondencia que se da entre los dos elementos en comparación.

100 J. Zumstein, *Juan*, II, 132.

101 R. E. Brown, *Juan*, II, 1022, explica que el amor de los discípulos tiene por modelo el acto supremo de amor de Jesús, su entrega de la propia vida. En Jn 10,18 y 14,31 se dijo que esta entrega de la vida correspondía a un mandato del Padre, es decir, varias veces se combina en Juan el amor con la obediencia al cumplimiento de los mandatos. Ver: S. Grasso, "Il rapporto tra il verbo ἀκολουθέω", 381-382, donde expone ampliamente esta relación. Ver también: F. J. Moloney, "The Love Theme in the Gospel of John", en: L. D. Chrupcala (ed.), *Rediscovering John. Essays on the Fourth Gospel in Honour of Frédéric Manns* (TS Edizioni, Analecta 80; Milano 2013) 125-140.

102 F. J. Moloney, *Juan*, 433; L. Morris, *John*, 597, habla de una llamada a tener a Jesús como ejemplo.

103 H. Schlier, δείκνεμι, κτλ., *ThDNT*, II, 33. G. Nolli, *Giovanni*, 512.

104 G. Schneider, δείκνεμι, κτλ., *DENT*, I, 844-845; H. Schlier, δείκνεμι, κτλ., *ThDNT*, II, 25.

105 H. Schlier, δείκνεμι, κτλ., *ThDNT*, II, 28, tiene este sentido en muchos pasos joánicos: 2,14-16; 5,20; 10,32; etc. El mismo sentido encontramos en el libro del Apocalipsis.

que Jesús ha lavado los pies a los discípulos (cf. Jn 13,1-11), dice: «Os he dado ejemplo (*hypodeigma*) para que también vosotros hagáis (*epoísa*) como yo he hecho (*poíete*) con vosotros». El hecho de que aparezca sin artículo resalta la naturaleza y la calidad de aquello que se muestra como ejemplo, es decir, el sustantivo se toma en sentido cualitativo, no tanto en un sentido puramente individual. Con esto se subraya un matiz especial de la frase: la ejemplaridad del acto del Maestro debe permanecer siempre ante los ojos de los discípulos[106], en otras palabras, tiene que dar forma a toda la vida del Apóstol[107]. Lavar los pies es la expresión simbólica de un hacer más fundamental (*poiêin*) que debe concretarse en todas las ocasiones[108].

Además, en Jn 13,15 encontramos la composición *kazós egô... kai hymêis*, con la que el discípulo es invitado a reproducir esa acción del Maestro[109]; un gesto que se propone como ejemplo que conviene imitar. Si bien la acción de Jesús de lavar los pies a los suyos es parte importante del mensaje en el relato, debe ser visto como lo que es: un

---

106 G. Nolli, *Giovanni*, 512.

107 El término *hypodeigma* lo encontramos también en Sant 5,10, donde se propone a los profetas como *modelos* de «sufrimiento y de paciencia», en sentido negativo en 2P 2,6, hablando de Sodoma y Gomorra como *ejemplo* para los que viven impíamente y en Hb 4,11, donde se avisa de no *imitar* la desobediencia. También en Hb 8,5 encontramos la palabra con el sentido de *modelo* al que hay que ajustarse en una construcción y en 9,25, donde se habla de ofrecerse *del mismo modo* que lo hace el Sumo Sacerdote. Por su parte, R. A. Culpepper, "The Johaninne *Hypodeigma*: A Reading of John 13", *Semeia* 53 (1991) 142-143, invoca varios textos del Antiguo Testamento (2M 6,28.31; 17,22-23; Si 44,16) en los que se habla de la muerte ejemplar. Estos textos, según este autor, ilumina que el término *hypodeigma* une el lavatorio de los pies con la muerte de Jesús. En esa misma línea, ver: J. D. G. Dunn, "The Washing of the Disciples' Feet in John 13,1-20", *ZNW* 61 (1970) 247-252.

108 Para una exposición de la interpretación moralista del lavatorio de los pies, ver: M. –É. Boismard, "Le Lavement des Pieds", *RB* 71 (1964) 5-24.

109 J. Zumstein, *Juan*, II, 38, añade que el triple *hymêis* subraya que Jesús se está dirigiendo al círculo de los Doce.

ejemplo que sirve para ilustrar el modo en que los discípulos deben amarse, tal y como lo hace Jesús[110].

2.3. Seguimiento en San Juan: conclusiones

Tras haber expuesto el contenido del verbo *akoluzêo* y la terminología propia del discipulado en el Cuarto Evangelio, destacamos tres notas:

a. Con *akoluzêo* se describe la respuesta del seguidor del Maestro, que asume las condiciones de vida de Jesús, es decir, para el discipulado propiamente dicho.
b. El seguimiento tiene en Juan unas notas características: la *escucha*, que orienta hacia el Maestro, la *pertenencia* a Jesús y el *servicio* expresado en la entrega de la vida.
c. Es propio del Cuarto Evangelio el empleo del verbo *mênein* con el que se habla de la mutua pertenencia, además de que apunta a la idea de imitación, como hace abiertamente el término *hypodeigma*.

3. Conclusiones finales

Después del estudio presentado en estas páginas, podemos extraer a modo de sumario las siguientes conclusiones:

a. En los evangelios sinópticos el verbo *akoluzêo* tiene un sentido físico, es decir, describe un movimiento espacial, y un sentido figurado vinculado al seguimiento del Maestro. El primer sentido ayuda también a caracterizar el discipulado de

---

110 J. van der Watt, "The Meaning of Jesus Washing the Feet of His Disciples (John 13)", *Neotestamentica* 51.1 (2017) 34-35.

los Doce ya que diferencia a las multitudes de los discípulos que han sido llamados personalmente. Además, existe una terminología propia que caracteriza la vida del discípulo, sobre todo el verbo *erjêszai* y la preposición *opíso*, con los que se expresa el caminar detrás de Jesús y el estar con Él.

b. En el Cuarto Evangelio también encontramos *akoluzêo* empleado para el seguimiento mismo. Al igual que en los sinópticos tiene el valor de un verbo técnico. Por otra parte, en Juan tiene gran importancia el verbo *mênein*, con el que se indica la permanencia del pupilo en la persona del Maestro. Encontramos también un término que acompaña a estos verbos, como es *hypodeigma*, con el que se presenta a Jesús como el ejemplo a seguir por parte de los suyos.

c. Por último, conviene señalar que tanto el discipulado que se presenta en los sinópticos como en Juan deviene en una llamada a la *imitación* de Jesús. Los verbos propios del seguimiento (*akoluzêo* y *mênein*) no indican un mero caminar detrás, sino un ir asimilando la vida del Maestro. De la misma manera, *opíso* en el caso de los sinópticos, como *hypodeigma* apuntan a la imitación de Jesús, como parte esencial del discipulado.

4. BIBLIOGRAFÍA

Aerts, Th., *À la suite de Jésus. Le verbe ἀκολουθεῖν dans la tradition synoptique* (Ed. J. Duculot, Gembloux-Paris 1967).

Aerts, Th., "Suivre Jésus. Évolution d'un thème biblique dans les Évangiles Synoptiques", *Ephem. TheolLovan* 42 (1966) 476-512.

Arens, E., *The HΛΘΟΝ-sayings in the Synoptic Tradition. A Historico-critical Investigation* (Vandenhoeck & Ruprecht, OBO 10; Göttingen 1976).

Barret, C. K., *El Evangelio según San Juan* (Cristiandad, Madrid 2003).

126

Bartsch, H. -W., ἴδιος, *DENT*, I (Sígueme, BEB 90; Salamanca ³2005) 1944-1947.

Bauer, W.–Arndt, W. F.–Gingrich, F. W. *A Greek-English Lexicon of the New Testament and Other Early Christian Literature* (University of Chicago Press, London 1957).

Bauder, W., "Seguimiento (ὀπίσω)", *DTNT*, II (Sígueme, BEB 28-29; Salamanca ⁵2004) 626-627.

Beasley-Murray, G. R., *John* (Zondervan, WBC 36; Waco 1987).

Beutler, J., *Comentario al Evangelio de Juan* (Verbo Divino, Estella 2016).

Benoit, P., *L'Evangile selon Saint Matthieu* (Éditions du Cerf, SBJ; Paris ³1961).

Benoit, P.–Boismard, M -E.–Malillos, J. L., *Sinopsis de los cuatro evangelios*, II (Declée de Brouwer, Bilbao 1977).

Best, E., *Following Jesus. Discipleship in the Gospel of Mark* (Bloomsbury Publishing, JSNT.SS 4; Sheffield 1981).

Blass, F.–Debrunner, A., *A Greek Grammar of the New Testament and Other Early Christian Literature* (University of Chicago Press, Chicago 1961).

Boismard, M. -E., "Le Lavement des Pieds", *RB* 71 (1964) 5-24.

Boismard, M. -E., "Le disciple que Jèsus amait d'après Jn 21,1ss et 1,35ss", *RB* 105/1 (1998) 76-80.

Bonnard, P., *Evangelio según San Mateo* (Cristiandad, Madrid 1975).

Bovon, F., *El Evangelio según San Lucas. Luc 1–9, Vol. I* (Sígueme, BEB 85; Salamanca ²2005).

Brown, R. E., *El Evangelio según San Juan I-II* (Cristiandad, Madrid ²1999-²2000).

Bultmann, R., *Das Evangelium des Johannes* (Vandenhoeck & Ruprecht, KKNT, 18; Göttingen 1964).

Bultmann, R., *Die drei Johannesbriefe* (Vandenhoeck & Ruprecht, KEK; Göttingen 1967).

Bultmann, R., ἀφίημι, κτλ., *ThDNT*, I (Eerdmans, Grand Rapids 1995) 509-512.

Coloe, M. L., *John 1–10* (Liturgical Press, Wisdom Commentary, Vol. 44A; Minnesota 2021).

Cothenet, É., "Le quatrième évangile", en: M. -E. Boismard–É. Cothenet, *La tradition johannique* (Desclée de Brouwer, Introduction à la Bible III; Le Nouveau Testament, 4; Paris 1977).

Crouzel, H., "L'imitation et la 'suite' de Dieu et du Christ dans les premiers siècles chrétiens, ainsi que leurs sources gréco-romaines et hebraïques", *Jahrbuch für Antique und Christentum (JAC)* 21 (1978) 7-41.

Cullmann, O., "Ὁ ὀπίσω μου ἐρχόμενος", *Coniectanea Neotestamentica* 9 (1947) 26-32.

Culpepper, R. A., *Anatomy of the Fourth Gospel: A Study in Literary Design* (Fortress Press, Philadelphia 1983).

Culpepper, R. A., "The Johannine *Hypodeigma*: A Reading of John 13", *Semeia* 1 (1991) 133-152.

Culpepper, R. A., *John. The Son of Zebedee, the Life of a Legend* (University of South Carolina Press, Edinburgh 2000).

Davies, W. D.–Allison, D. C., *The Gospel according to Saint Matthew. Vol. II* (Bloomsbury Academic, ICC; Edinburgh 2010).

de la Villa, J., "Aspectos del Aspecto", en: B. Usobiega-P. J. Quetglas, *(eds.) Ciència, didàctica i funció social dels estudis clàssics* (EUB, Actes del XIV Simposi de la Secció catalana de la S.E.E.C., Vic, 26-28 de setembre del 2002; Barcelona 2004) 97-124.

Dodd, C. H., *La Tradición Histórica en el Cuarto Evangelio* (Cristiandad, Madrid 1978).

Dunn, J. D. G., "The Washing of the Disciples' Feet in John 13,1-20", *ZNW* 61 (1970) 247-252.

Edwards, R. B., *Discovering John: Content, Intrepretation, Reception* (Eerdmans, DisBT; Grand Rapids 2015).

Elliger, W., ἐν, *DENT*, I, (Sígueme, BEB 90; Salamanca ³2005) 1369-1373.

Ferrández Zaragoza, N., "Los Doce y las gentes en Mateo, una relación establecida por Jesús", *EstB* 81/2 (2023) 211-227.

Fitzmyer, J. A., *El Evangelio según Lucas II-III-IV* (Cristiandad, Madrid 1987-1987-²2006).

France, R. T., *Matthew. Evangelist and Teacher* (Academie Books, Grand Rapids 1989).

Gardner, R. B., *Matthew* (Mennomedia, Believers Church Bible Commentary; Ontario 1991).

Girón Izquierdo, J., «*Maestro, ¿dónde vives? (Jn 1,38). Esrudio exegético-teológico sobre la función del adverbio «dónde» (ποῦ) en el evangelio de Juan* (Verbo Divino, Estella 2019).

Gnilka, J., *El Evangelio según San Marcos I* (Sígueme, BEB 55; Salamanca ⁵2005).

Grasso, S., "Il rapporto tra il verbo ἀκολουθέω e il verbo μένω dal discepolato sinottico a quello giovanneo", *Lateranum* LXXXIV (2018) 365-393.

Guijarro Oporto, S., *Fidelidades en conflicto. Ruptura con la familia por causa del discipulado y de la misión en la tradición sinóptica* (Universidad Pontificia de Salamanca, PlenTemp 4; Salamanca 1998).

Haenchen, E., *John 1. A Commentary on the Gospel of John, Chapters 1–6* (Fortress Press, Hermeneia. A Critical and Historical Commentary on the Bible; Philadelphia 1980).

Hauck, F., μένω, κτλ., *ThDNT*, IV (Eerdmans, Grand Rapids 1995) 574-588.

Helfmeyer, F. J., אחרי, *ThDOT*, I (Eerdmans, Grand Rapids 1983) 204-207.

Helfmeyer, F. J., הלך, *ThDOT*, III (Eerdmans, Grand Rapids 1978) 388-403.

Hengel, M., *The Charismatic Leader and His Followers* (T&T Clark, Eugene 1968).

Hübner, H., G., μένω, *DENT*, II (Sígueme, BEB 90; Salamanca ²2002) 222-224.

Jenni, E., אחר, *DTMAT*, I (Cristiandad, Madrid 1978) 183-194.

Kingsbury, J. D., "The Verb *AKOLOUTHEIN* ("to follow") as an Index of Matthew's View of His Community", *JBL* 97/1 (1978) 56-73.

Kieffer, R., "L'espace et le temps dans l'Évangile de Jean", *NTS* 31 (1985) 393-409.

Kittel, G., "ἀκολουθέω, ἐξ-, κτλ", *ThDNT*, I (Eerdmans, Grand Rapids 1995) 210-216.

Lagrange, M. -J., *L'Évangile selon saint Jean* (Éditions du Cerf, EtB; Paris 1927).

Leroy, H., ἀφίημι, *DENT*, I (Sígueme, BEB 90; Salamanca ³2005) 544-549.

Luz, U., *El Evangelio según San Mateo I* (Sígueme, BEB 74; Salamanca ²2001).

Luz, U., "Los discípulos en el Evangelio de Mateo", en: R. Aguirre Monasterio–A. Rodríguez Carmona (eds.), *La investigación de los evangelios sinópticos y Hechos de los Apóstoles en el siglo XX* (Verbo Divino, Introducción al estudio de la Biblia. Instrumentos de trabajo, I; Estella ³2008) 241-276.

Marcus, J., *El Evangelio según Marcos I-II* (Sígueme, BEB 130-131; Salamanca 2010-2011).

Martyn, J. L., *The Gospel of John in Christian History. Essays for Interpreters* (Wipf and Stock Publishers, New York 1978).

Mateos, J., *Los "Doce" y otros seguidores de Jesús en el evangelio de Marcos* (Cristiandad, Lectura del Nuevo Testamento, estudios críticos y exegéticos 1; Madrid 1982).

Mateos, J.–Camacho, F., *El Evangelio de Marcos. Análisis lingüístico y comentario exegético. Vol. I* (Cristiandad, Córdoba 1993).

Mateos, J.–Barreto, J., *El Evangelio de Juan. Análisis lingüístico y comentario exegético* (Cristiandad, Madrid 1992).

Meyer, J. P., *Un judío marginal. Nueva visión del Jesús histórico, Tomo III. Compañeros y competidores* (Verbo Divino, Estella 2003).

Minear, P. S., "The Original Functions of John 21", *JBL* 102 (1983) 85-98.

Moloney, F. J., "The Structure and Message of John 15,1–16,3", *ABR* 35 (1987) 35-49.

Moloney, F. J., *El Evangelio de Juan* (Verbo Divino, Estella 2005).

Moloney, F. J., "The Love Theme in the Gospel of John", en: L. D. Chrupcala (ed.), *Rediscovering John. Essays on the Fourth Gospel in Honour of Frédéric Manns* (TS Edizioni, Analecta 80; Milano 2013) 125-140.

Morris, L., *The Gospel according to John* (Eerdmans, NICNT; Grand Rapids 1995, revised edition).

Moulton, J. H., *A Grammar of the New Testament Greek, Vol. III. Syntax* (T&T Clark, Edinburgh 1963).

Neyrinck, F., "John 21", *NTS* 36 (1990) 321-336.

Nöchster, F., "Gotteswege und Menschenwege in der Bibel und in Qumran", *BBB* 15 (1958) 43-44.

Nolli, G., *Evangelo secondo Luca. Testo greco, Neovolgata Latina. Analisi filologica, traduzione italiana* (Ed. Vaticana, Città del Vaticano ²1983).

Nolli, G., *Evangelo secondo Giovanni. Testo greco, Neovulgata Latina. Analisi filologica. Traduzione italiana* (Ed. Vaticana, Città del Vaticano ²1986) 192.

Nolli, G., *Vangelo secondo Matteo. Testo greco, Nevolgata latina, analisi filologica, traduzione italiana* (Ed. Vaticana, Città del Vaticano ²2011).

Oberlinner, L., "δεῦτε", *DENT*, I (Sígueme, BEB 90; Salamanca ³2005) 877-878.

Painter, J., "Quest and Rejection Stories in John", *JSNT* 36 (1989) 17-23.

Pesch, R., *Il Vangelo di Marco. Parte prima. Testo greco e traduzione. Introduzione e commento ai capp. 1,1–8,26* (Paideia, Commentario Teologico del Nuovo Testamento II/I; Brescia 1980).

Radl, W., καθώς, *DENT*, I (Sígueme, BEB 90; Salamanca ³2005) 2120-2122.

Radl, W., "πορεύομαι", *DENT*, II (BEB 91; Salamanca ²2002) 1081-1084.

Riesner, R., "John 1:14 and the Disciple whom Jesus Loved", en: D. Chrupcala (ed.), *Rediscovering John. Essays on the Fourth Gospel in Honour of Frédéric Manns* (TS Edizioni, Anaclecta 80; Milano 2013) 303-336.

Ritt, H., "Der Christologische Imperativ. Zur Weinstock-Metapher in der testamentarischen Mahnrede (Joh 15,1-17)", en: J. Merklein (ed.), *Neues Testament und Ethik. Für Rudolf Schnackenburg* (Herder, Freiburg 1989) 136-150.

Schlier, H., δείκνεμι, κτλ., *ThDNT*, II (Eerdmans, Grand Rapids 1995) 25-33.

Schnackenburg, R., *El Evangelio según San Juan, I-III* (Herder, Barcelona 1980).

Schnackenburg, R., *Cartas de San Juan. Versión, introducción y comentario* (Herder, Barcelona 1980) 144ss.

Schneider, J., "ἔρχομαι, κτλ.", *ThDNT*, II (Eerdmans, Grand Rapids 1995) 666-684.

Schneider, G., δείκνεμι, κτλ., *DENT*, I (Sígueme, BEB 90; Salamanca ³2005) 843-845.

Schneider, G., "ἀκολουθέω", *DENT*, I (Sígueme, BEB 90; Salamanca ³2005) 145-155.

Schökel, L. A., הלך, *Diccionario Bíblico Hebreo-Español* (Verbo Divino, Madrid ²1999) 201-203.

Scholtissek, K., *In Ihm Sein und Bleiben. Die Sprache der Immanenz in den johanneischen Schriften* (Freiburg-Basel-Wien 2000).

Schramm, T., "ἔρχομαι", *DENT*, I (Sígueme, BEB 90; Salamanca ³2005) 1589-1595.

Schwartz, E., *Aporien im vierten Evangelium*, Vol. 4 (Kökigl. Gess. der Wiss., NGWG.PH; Berlin 1907).

Schulz, A., *Nachfolgen und Nachahmen. Studien über das Verhältnis der neutestamentlichen Jüngerschaft zur urchrislichen Vorbildethick* (Kösel-Verlag, StANT 6; München 1962).

Schürmann, H., *Il Vangelo di Luca. Parte prima. Testo greco e traduzione. Commento ai capp. 1,1–9,50* (Paideia, Commentario Teologico del Nuovo Testamento, III/I; Brescia 1983).

Seesemann, H., "ὀπίσω, ὄπισθεν", *ThDNT*, V (Eerdmans, Grand Rapids 1981) 289-292.

Swanson, R. J., *New Testament Greek Manuscripts. Variant Readings Arranged in Horizontal Lines against Codex Vaticanus. Mark* (Sheffield Academic Press, Sheffield 1995).

Taylor, V., *Evangelio según San Marcos* (Cristiandad, Madrid 1980).

Theobald, M., *Die Fleischwerdung des Logos. Studien zum Verhältnis des Johannesprologs zum Corpus des Evangeliums und zu 1 Joh* (Aschendorff, NTAbh.NF 20; Aschendorff 1988).

van der Watt, J., "The Meaning of Jesus Washing the Feet of His Disciples (John 13)", *Neotestamentica* 51.1 (2017) 34-35.

van Emde Boas, E.–Rijksbaron, A.–Huitink, L.–de Bakker, M., *Cambridge Grammar of Classical Greek* (Cambridge 2019).

Voster, W. S., "The Growth and Making of John 21", en: F. Van Segbroeck *et al* (eds.), *The Four Gospels 1992* (Leuven 1992) 2207-2221.

Wiarda, T., "John 21.1-23: Narrative Unity and Its Implications", *JSNT* 46 (1992) 53-71.

Wilkins, M. J., *Following the Master. A Biblical Theology of Discipleship* (Zondervan, Grand Rapids 1992).

Zahn, Th., *Das Evangelium des Johannes* (Brockhaus Verlag, KNT, IV; Leipzig 1912).

Zerwick, M., *Biblical Greek* (Gregorian and Biblical Press, Rome [2]1985) 129.

Zimmermann, H., "Christus nachfolgen. Eine Studie zu den nachfolgen-Worten der synoptischen Evangelien", *ThGl* 53 (1963) 241-255.

Zumstein, J., *El Evangelio según San Juan I-II* (Sígueme, BEB 152-153; Salamanca 2016).

¿IMITAR A CRISTO?

LA PROPUESTA DE MATEO

Luis Sánchez Navarro

UESD

San Mateo no habla –como sí hace Pablo– de "imitación de Cristo" (cf. 1 Cor 11,1); pero la idea aparece con fuerza en un pasaje representativo del primer evangelio, la "gran invitación" (Mt 11,28-30). Cierta exégesis de corte protestante ha visto en estas palabras de Jesús un indicio de la "eticización" del evangelio que, ya operante en la fuente Q, Mateo habría incorporado: frente a la gracia proclamada en los versículos precedentes (11,25-27), la insistencia en la praxis humana daría una nueva forma a ese evangelio primordial[1]. En esta línea, sería obra del primer evangelio el presentar a Jesús como un ejemplo a seguir[2]. Este cuestionamiento del empuje moral del evangelio (presentado como un acento posterior) en favor de la *sola gratia* originaria no es nuevo; según Pierre Bonnard, la exhortación de Jesús en 11,29 no contiene en realidad una invitación a imitarlo, sino sólo a recibir su enseñanza[3]; y

---

1   Cf. Ulrich Luz, *El evangelio según San Mateo. Mt 8-17 (Vol. II)* (BEB 103; Salamanca: Sígueme, 2001) 292.

2   Cf. Luz, *San Mateo II*, 298.

3   Pierre Bonnard, *Evangelio según San Mateo* (BBC; Madrid: Cristiandad, ²1983) 262.

cita a Josef Schmid, según el cual "con las palabras «yo soy bondadoso y humilde de corazón» no pretende Jesús presentarse como un ejemplo ante los hombres, para que aprendan y lo imiten, sino que da el motivo por el que deben y pueden seguirlo"[4].

Estas visiones del pasaje en cuestión coinciden en rebajar su fuerza para la vida moral: la imitación de Cristo, o no estaría implicada en estas palabras, o sería cosa del evangelista, pero no del mismo Jesús. El dilema tiene una vertiente actual, pues no es infrecuente presentar el comportamiento de Jesús en los evangelios como un ideal inalcanzable para el cristiano común, llegando a proponer como cristianamente aceptable una existencia que omita exigencias evangélicas fundamentales, y descalificando a priori como inmisericordes o rígidos a quienes ponen en valor la pretensión evangélica para todo bautizado, y proponen el evangelio como camino de verdadera humanidad para todo hombre.

Las cuestiones que se plantean tocan directamente al discipulado: el seguimiento de Jesús ¿implica la conformación con él? ¿Es Cristo un verdadero modelo de vida? ¿O es solamente una realización –la más excelsa, por supuesto– de las posibilidades del evangelio, que simplemente nos anima a seguirlo según nuestras posibilidades? ¿Es posible seguirle sin imitarle? Y ¿en qué consiste esta imitación?

Nuestra exposición procederá en cinco pasos. El primer punto consiste en la lectura atenta de la gran invitación, para precisar su alcance. En segundo lugar, un recorrido por algunos pasajes principales sobre el discipulado, desde la óptica de la imitación del Maestro. Como tercer momento, la enseñanza de Jesús sobre las exigencias del discipulado como camino de conformación con Cristo. El cuarto paso, una mirada a la conclusión del evangelio, que amplía la perspectiva del discipulado en el tiempo y el espacio. Y, por último, una consideración sobre la naturaleza de la imitatio Christi según el primer evangelio.

---

4   Josef Schmid, El evangelio según San Mateo (Barcelona: Herder, 1967) 297.

"Aprended de mí, porque soy manso y humilde de corazón": entre todos los evangelios, sólo aquí escuchamos a Jesús exhortando a aprender de sí. Se trata de uno de los principales pasajes sobre el discipulado en Mateo: el verbo μανθάνω "aprender", que tiene un sentido eminentemente práctico (aprendizaje de una conducta), deriva de la raíz de μαθητής "discípulo" y, como complementario de διδάσκω "enseñar" es *terminus technicus* del campo semántico; de modo que el tema es explícito[5]. La forma μάθετε (imperativo de aoristo) sugiere una acción incoativa: Jesús invita a comenzar un proceso.

Sin embargo, la interpretación de esta generalmente conocida como "gran invitación" no es unívoca desde el punto de vista gramatical, pues la conjunción subordinante ὅτι puede ser interpretada de dos modos: como completiva ("aprended de mí *que*": objeto del aprendizaje) o como causal ("aprended de mí *porque*": motivo del aprendizaje)[6]. La traducción castellana con un simple "que" permite obviar la cuestión, pues admite ambas interpretaciones; pero su importancia requiere dilucidar el sentido preciso del texto. Algunos exegetas recientes se inclinan por la primera posibilidad: "aprended... *que* soy manso"[7]; el códice Sinaítico, con su omisión de ἀπ᾽ ἐμοῦ "de mí" (posteriormente corregida), la haría obligada. Sin embargo, el tenor del texto preferido por la edición crítica aconseja interpretar el ὅτι como causal ("*porque* soy manso"): "aprended de mí" es ya un sintagma completo, cuyo sentido no necesita ser completado (función de la conjunción *completiva*); si añadimos otro

---

5   Para la exégesis del pasaje, ver Luis Sánchez Navarro, *Evangelio según san Mateo* (CP 26; Madrid: BAC, 2023) *ad locum*.

6   William David Davies – Dale C. Allison, *The Gospel according to Saint Matthew II* (ICC; Edinburgh: T&T Clark, 1991) 290.

7   Cf. Luz, *San Mateo II*, 268 nota 3.

objeto resultaría redundante. De modo que el contenido del aprendizaje es Jesús mismo; así lo entienden en su mayoría los autores recientes[8].

Es cierto que, como señala Richard France, en uno u otro caso "el sentido global no queda seriamente afectado"[9]: ambas interpretaciones presentan a Jesús como referencia del aprendizaje del discípulo, en ambas quedan resaltadas su mansedumbre y humildad de corazón. Pero la segunda de ellas ("aprended de mí *porque*"), sin ignorar la relevancia de las virtudes de Cristo (¡son la causa del aprendizaje!), pone el foco de su atención en la persona misma de Jesús; como dirá Pablo más tarde, se trata de "aprender a Cristo" (Ef 4,20)[10]. Las virtudes mencionadas, con su referencia a las Bienaventuranzas y por extensión a la entera Enseñanza de la Montaña[11], motivan ese aprendizaje, por lo que indirectamente resultan un objetivo imprescindible. Pero no se pueden "aprender" sino ligadas a la persona misma de Jesús.

Nos lo confirma el entero pasaje de Mateo:

Mt 11,28-30: [28] Venid a mí todos los que os fatigáis y estáis sobrecargados, y yo os haré descansar. [29] Tomad mi yugo sobre vosotros y aprended de mí, porque soy manso y humilde de corazón, y encontraréis descanso para vuestras almas. [30] Porque mi yugo es benigno y mi carga ligera».

"Tomad mi yugo y aprended de mí" (v. 29) explicita el "venid a mí" (v. 28), tal como revela el paralelismo de la doble exhortación, que

---

8   Isidro Gomá Civit, *El evangelio según San Mateo I* (Madrid: Marova, 1966) 601; William Foxwell Albright - Christopher S. Mann, *Matthew* (AB 26; Garden City, NY: Doubleday, 1971) 144; Donald A. Hagner, *Matthew 1-13* (WBC 33a; Dallas, TX: Word Books, 1993) 324; Richard T. France, *The Gospel of Matthew* (NICNT; Grand Rapids, MI: Eerdmans, 2007) 440.

9   France, *Matthew*, 440, nota 7.

10   "Pero vosotros no aprendisteis así a Cristo" (Ef 4,20); al comienzo del capítulo, Pablo ha exhortado a los efesios a caminar "con toda mansedumbre y humildad" (4,2).

11   Cf. Luis Sánchez Navarro, *"Venid a mí" (Mt 11,28-30). El discipulado, fundamento de la ética en Mateo* (SThM 4; Madrid: Ediciones San Dámaso, 2004) 117; 218-220.

se evidencia en la común promesa de descanso. El "Yo" de Jesús caracteriza el pasaje; la exhortación a "aprender" ocupa su mismo centro[12]. La mansedumbre y humildad de corazón, que lo cualifican como el mejor maestro, son pues la motivación aducida por Jesús para ponerse a su escuela. Una escuela cuyo objetivo es "aprender de él".

Volvamos brevemente sobre el "yo" de Jesús. En este breve pasaje, tres versículos, el pronombre singular de primera persona aparece seis veces, dos en cada versículo; en el resto del capítulo 11, sólo aparece otras tres veces (y dos de ellas en 11,27, estrechamente ligado a la "gran invitación"). Este dato es indicio de un fenómeno más amplio: la preponderancia del "yo" de Jesús (o del pronombre "él" cuando habla el narrador: "lo siguieron") en los pasajes referidos al discipulado. Anticipado en la llamada a los discípulos ("venid en pos de mí": 4,19) y en las Bienaventuranzas ("Bienaventurados sois cuando os injurien... a causa de mí": 5,11), este hecho se verifica en otros relevantes pasajes de Mateo:

> 10,32-33: A quien se declare por mí ante los hombres, yo también me declararé por él ante mi Padre que está en los cielos. [33] Y si uno me niega ante los hombres, yo también lo negaré ante mi Padre que está en los cielos. [6 veces]
>
> 10,37-39: El que quiere a su padre o a su madre más que a mí, no es digno de mí; el que quiere a su hijo o a su hija más que a mí, no es digno de mí; [38] y el que no carga con su cruz y me sigue, no es digno de mí. [39] El que encuentre su vida la perderá, y el que pierda su vida a causa de mí, la encontrará. [7 veces]
>
> 10,40: El que os recibe a vosotros, me recibe a mí, y el que me recibe, recibe al que me ha enviado. [3 veces]
>
> 12,48-50: Pero él contestó al que le avisaba: "¿Quién es mi madre y quiénes son mis hermanos?". [49] Y, extendiendo su mano hacia sus discípulos, dijo: "Estos son mi madre y mis

---

12   Así lo han mostrado Davies – Allison, *Saint Matthew II*, 290.

hermanos. [50] El que haga la voluntad de *mi* Padre que está en los cielos, ese es *mi* hermano y hermana y madre". [6 veces][13]

Esto guarda profunda relación con la comprensión cristiana del seguimiento de Cristo: no se trata de introducir en la Torá, sino de introducir en Jesús, plenitud de "la Ley y los profetas" (5,17); la conclusión del evangelio presenta el acceso de las naciones al discipulado como un "ser sumergido" en "el Padre, el Hijo y el Espíritu Santo" (28,19).

Si el referente del discípulo es la persona misma de Jesús, entonces el discipulado no se limita a la adquisición de unos conocimientos o la ejecución de unas prácticas, sino a "apropiarse" el modo de ser, de hablar, de actuar, de orar, de Jesús. A aprender de él, para ser como él.

2. El discípulo, como el Maestro

La "gran invitación" contiene, a modo de síntesis, la comprensión del discipulado que despliega el relato evangélico; a continuación, desgranamos algunos pasajes significativos. En un primer momento sintetizamos los episodios de vocación para después centramos en dos discursos de Jesús (Enseñanza de la Montaña y Discurso misional); pretendemos cosechar lo que de estos pasajes se desprende acerca del seguimiento concreto de Jesús como imitación.

2.1. Vocación al discipulado (Mt 4,18-22): para seguir a Jesús, ser como Jesús

El primer evangelio, en cumplimiento de la profecía, presenta a Jesús como Enmanuel, Dios con nosotros (1,22-23). Es difícil imaginar un nombre mejor: Jesús es aquel para quien el "estar-con" configura

---

13   Ver también Mt 16,13-20 (4 veces); 16,24-28 (3 veces); 20,20-23 (4 veces); 26,10-13 (4 veces).

su identidad más honda. Está con el Padre (¡es el Hijo!: 11,27); está
con Israel, el pueblo elegido (cf. 15,24), de quien es hijo (cf. 1,16); y
está con su Iglesia y, en ella, con todos los hombres (cf. 28,20). Pero ese
"estar-con" de Jesús se concreta singularmente en el discipulado, donde
la comunión con él goza de la doble dimensión personal y corporativa.
Jesús no conoce el discipulado a distancia, para esta instrucción tampoco
sirve el "on line": se trata de estar con él, de "uncirse bajo su yugo",
para poder aprender (11,29).

Los relatos de vocación nos revelan esta dimensión constitutiva
del seguimiento. El primero de ellos, que, sobrio y hierático al modo
del icono, aparece como paradigma de toda llamada al seguimiento,
es elocuente. Se trata de la llamada, junto al mar de Galilea, a dos
parejas de hermanos: primero, Simón y Andrés; luego, Santiago y Juan
(Mt 4,18-22). Como ya hemos indicado, en estos contextos el "yo" de
Jesús resulta nuclear: "venid en pos de mí"; la doble llamada culmina
en idéntica expresión: "lo siguieron". Pero a la llamada acompaña una
promesa: "os haré pescadores de hombres"; la expresión, plenamente
adecuada al contexto de este episodio (invitación a unos pescadores
junto al mar de Galilea), es singular: de hecho, sólo aparece en este
episodio y sus paralelos evangélicos. Mas se entiende sin dificultad: los
invita a una misión más alta (hombres, no ya peces) para la que sin embargo se requerirán las cualidades y destreza del pescador. Pero habrán
de hacerlo al modo de Jesús ("os haré"). Como verdadero maestro, les
pone ante los ojos el telos al que apunta la llamada: desde el primer
momento, los discípulos son conscientes del fin al que el maestro les
ha de conducir. Jesús, el carpintero de tierra adentro, es sin embargo
pescador de hombres: ha comenzado a hacerlo en esta ribera del lago,
y proseguirá a lo largo del evangelio rescatando a tantos de la enfermedad, el dominio de Satanás, el pecado y la muerte; de modo semejante,
sus discípulos también alcanzarán ese objetivo, conforme a la promesa
inicial del Maestro. La llamada de Cristo a imitarlo en este primer encuentro es auténticamente nuclear: no se explicita, pero pertenece a
su mismo centro.

El verbo "seguir" (ἀκολουθέω) es en el judaísmo bíblico y rabínico un término técnico para el discipulado que traduce habitualmente el hebr. "ir detrás de" (hālak 'aḥărê); conlleva, entre sus notas básicas, la imitación del maestro. No es un simple "acompañar", tal como podría sugerir la etimología del término griego ("compartir el camino": *sm "uno" [gr. ἀ-] y κέλευθος "camino, sendero")[14]; según la valencia moral del "caminar" en la sagrada Escritura, "caminar detrás" equivale a "vivir conforme a". Este seguimiento, lejos de constituir un mero movimiento físico, configura pues la existencia del seguidor: "seguir a Jesús es calcar la propia conducta en la suya, escuchar sus lecciones y conformar la propia vida con la del Salvador"[15].

Las otras dos escenas de vocación que recoge el evangelio siguen el mismo patrón. La llamada de Mateo el publicano se limita a lo esencial ("sígueme", "y lo siguió", 9,9): la acción gira en tono a Jesús, que es su origen y su telos. El episodio del joven rico es más amplio, pero culmina en la misma invitación: "sígueme" (19,21). Con la peculiaridad de que el seguimiento aparece como camino para "ser perfecto [τέλειος]", es decir, para alcanzar su telos existencial. Esta perfección presupone los mandamientos del Decálogo (cf. vv. 18-19 y Mt 5,21-48), pero apunta a una plenitud mayor. Pues requiere una transformación radical y concreta, renunciando incluso a las posesiones, para apoyar la vida entera en Jesús: el dato apunta pues a la semejanza de vida con él, que "no tiene dónde reclinar la cabeza" (8,20).

Este "ser perfecto" nos remite a la Enseñanza de la Montaña (Mt 5,48 "sed perfectos [τέλειοι] como el Padre celestial es perfecto"); a ella nos dirigimos ahora.

---

14 H. G. Liddell - R. Scott, A Greek-English Lexicon (Oxford: Oxford University Press, [9]1985) s.v.

15 Albert Feuillet, "Discípulo", en: Xavier Léon-Dufour (ed.), Vocabulario de Teología Bíblica (Barcelona: Herder, 1972) 250-252, aquí 251.

La Enseñanza de la Montaña, síntesis por excelencia de la moral cristiana, contiene una amplia enseñanza destinada a los discípulos y a la multitud, pero a la vez se refiere esencialmente a Jesús. No sólo, como es evidente, por su autoría; sino, sobre todo, porque en ella el Señor expresa su modo de vida. Jesús, al proponer el camino del evangelio a sus discípulos, expone lo que él vive. Imposible entrar en todos los detalles; pero sí podemos esbozar los aspectos que con mayor evidencia expresan esta relación:

a. Las Bienaventuranzas (5,3-12): lo que la tercera de ellas evidencia ("manso" πραΰς es un término netamente cristológico en Mateo)[16], lo confirman las demás. Jesús es por antonomasia el pobre de espíritu, compasivo y misericordioso, hambriento de justicia, limpio de corazón, constructor de paz, perseguido por causa de la justicia… Afirma uno de los más significativos comentarios al primer evangelio:

> Jesús fue, él mismo, manso (11,29; 21,5). Jesús lloró (26,36-46). Jesús fue justo y 'llevó a plenitud toda justicia' (3,15; 27,4.19). Jesús fue misericordioso (9,27; 15,22; 17,15; 20,30-31). Y Jesús fue perseguido e insultado (26-7). Las Bienaventuranzas, por tanto, quedan ilustradas y hechas vida mediante las acciones de Jesús. Él encarna sus propias palabras y así se convierte en la norma o modelo que hay que imitar[17].

---

16 Solo vuelve a aparecer en Mt 11,29 y 21,5, referido a Jesús.

17 William David Davies – Dale C. Allison, *The Gospel according to Saint Matthew I* (ICC; Edinburgh: T&T Clark, 1988) 467.

142

Esto tiene una consecuencia práctica muy concreta: sólo se descubre el significado concreto de las bienaventuranzas a partir del comportamiento de Jesús[18]. Sin la vida, muerte y resurrección de Jesús, resultarían incomprensibles; como dijera un reputado exegeta de Mateo en moderno macarismo, "dichosos aquellos que por el camino descubren, como un tesoro escondido en un campo, la cristología escondida en las Bienaventuranzas"[19].

b. Visión renovadora de la Torá: la explicación de algunos mandamientos (del Decálogo y de otros lugares del Pentateuco), que ocupa la mayor parte del capítulo 5, está precedida por una declaración programática, en la que Jesús describe su misión como "dar cumplimiento a la ley y los profetas" (5,17). Pero ese "dar cumplimiento" ($\pi\lambda\eta\varrho\tilde{\omega}\sigma\alpha\iota$) no afecta sólo a su instrucción: no quiere decir, simplemente, que su doctrina perfeccione, eleve o complete la enseñanza veterotestamentaria. Como revela el resto del evangelio, y se condensa en Mt 26,56, el cumplimiento de "las Escrituras de los profetas" es un acontecimiento que Jesús realiza mediante la entrega de su vida; le resulta pues muy caro... De modo que las diversas instrucciones concretas (sobre el no matar y no adulterar, sobre el juramento, el talión y el amor al prójimo: 5,21-48) tienen como principal ilustración la vida de Jesús. El cierre de la sexta antítesis (5,48), conclusión y síntesis de la sección dedicada a la Ley, lo hace patente: al exhortar a una perfección en el amor como la del Padre,

---

18 Klemens Stock, *Las bienaventuranzas de Mateo 5,3-10 a la luz del comportamiento de Jesús* (Ediciones San Dámaso, Madrid 2004) 23.

19 John Paul Meier, "Matthew 5: 3-12": *Int* 44 (1990) 281-285, aquí 285. El *Catecismo* recoge esta doctrina: "Las bienaventuranzas dibujan el rostro de Jesucristo y describen su caridad" (*CEC* 1717); "Él es, en efecto, el modelo de las bienaventuranzas y la norma de la ley nueva: «Amaos los unos a los otros como yo os he amado» (Jn 15,12)" (*CEC* 459).

Jesús, que como Hijo es el único que lo conoce (cf. 11,27), anticipa su enseñanza sobre la primacía del amor a Dios y al prójimo (22,34-40), que sólo su muerte en cruz mostrará en toda su grandeza. La *imitatio Christi* se reconduce, pues, a la *imitatio Patris*, la imitación del amor ilimitado del Padre[20].

c. La parte central del discurso (6,1-18) tiene como tema las obras de piedad (limosna, oración y ayuno) y como eje la relación con el Padre del cielo "que ve en lo escondido"; y alberga en su núcleo el Padre Nuestro, *oratio Dominicalis* por excelencia. Pues bien, también esta sección se ilumina mediante la relación de Jesús con el Padre, que lo llama "mi Hijo amado" y en él se complace (3,17; 17,5); esta relación no es pues estática, dada de una vez para siempre, sino dinámica, con la dinámica del amor; y constantemente crece y se enriquece en la carne mortal de Jesús. La tercera petición del Padre Nuestro, "hágase tu voluntad", se repetirá –con asombrosa literalidad– en la oración de Getsemaní, momento culminante de la relación de Jesús con su Padre (26,42). Jesús invita a orar como lo hará él.

d. La exhortación a confiar en el Padre (6,25-34 "no os agobiéis"; y 7,7-11 "pedid y se os dará") encuentra su máxima ilustración en el proceder de Jesús, que basado en esa confianza se entrega a su misión y enseña así a buscar ante todo el Reino y la justicia de Dios (cf. 6,33).

Todo esto nos invita a considerar esta gran instrucción inicial de Jesús como el relato anticipado de su proceder en el evangelio: un auténtico "retrato interior". Sin su concreción en Jesús, el Sermón de la Montaña aparecería como un ideal inalcanzable; gracias al evangelio, se revela como una posibilidad gozosa. Jesús ofrece, como reto de vida nueva para sus discípulos, aquello que lo caracteriza como Hijo.

---

20 Cf. Ef 5,1: "Sed pues imitadores de Dios, como hijos amados".

Cuanto hemos visto se confirma en la segunda gran instrucción de Jesús, que con razón es conocida como "discurso misional" (Mt 10). La introducción narrativa resulta programática, pues la misión que Jesús confía a los Doce (10,1) evoca la suya propia, expresada también por el narrador pocos versículos antes (en cursiva los términos idénticos):

> Mt 9,35: Y recorría Jesús todas las ciudades y las aldeas enseñando en sus sinagogas y proclamando el evangelio del reino y *curando toda enfermedad y toda dolencia*[21].
> Mt 10,1: Les dio autoridad de espíritus impuros hasta expulsarlos, y *curar toda enfermedad y toda dolencia*.

Pero otros elementos confirman la semejanza y continuidad entre ambas misiones. La primera instrucción que Jesús les imparte (deben dirigirse, no a paganos o samaritanos, sino a "las ovejas perdidas de la casa de Israel": 10,5-6) anticipa la limitación que hará de su propia misión ante la mujer cananea ("no he sido enviado sino a *las ovejas perdidas de la casa de Israel*": 15,24); el mensaje que han de proclamar los Doce, "se ha acercado el reino de los cielos" (10,7), es un calco de su predicación inicial (4,17); y el mandato detallado de su misión ("curad enfermos, resucitad muertos, limpiad leprosos, arrojad demonios": 10,8) constituye en sus cuatro elementos un verdadero sumario de los milagros previamente realizados por Jesús en los capítulos 8 y 9[22]. En este contexto, pues, no está fuera de lugar entender los vv. 9-15 como una descripción-tipo del proceder de Jesús al llegar a cada lugar durante su peregrinar por Galilea. Llegamos así al centro de este discurso, donde

---

21   Cf. también Mt 4,23
22   Mt 8,17 (curar enfermos); 9,18-26 (resucitar muertos); 8,1-4 (limpiar leprosos); 8,28-34 y 9,32-34 (echar demonios).

se enuncia el principio de semejanza entre el destino de Jesús y el de
sus discípulos:

> Mt 10,24-25: [24] Un discípulo no esté por encima de su maestro,
> ni un esclavo por encima de su señor; [25] ya le basta al discípulo
> con llegar a ser como su maestro y al esclavo como su señor.
> Si al dueño de casa lo han llamado Belzebú, ¡cuánto más a
> los criados!

Estas palabras, criterio de interpretación del discurso[23], resultan
también la clave de toda su enseñanza. Como afirman Davies y Allison,
"la *imitatio Christi* recorre como un hilo brillante Mt 10,5-25"[24]. En particular, los sufrimientos anunciados transparentan el relato de la pasión:
entregar (vv. 17.19.21: quince veces en Mt 26–27), flagelar (v. 17, cf.
27,26), ser conducido ante gobernadores (v. 18: "gobernador", siete
veces en Mt 27 [Pilato]) y ser asesinado (v. 21, cf. 26,59 y 27,1)[25]. El
resto del discurso confirma esta perspectiva; en particular, la insistente
referencia a la persecución y las dificultades sufridas por el nombre
de Jesús (cf. 10,22.32-33.39) manifiestan esa íntima conexión entre la
misión de los discípulos y la de su Maestro. En lograda síntesis:

> Que Mateo era consciente de estos paralelos es claro a partir
> de dos hechos. El primero es 10,25 [...] Esto hace explícita la
> imitación de Cristo. Igual de elocuente es la disposición de los
> capítulos 5–10. Antes de instruir a los apóstoles sobre lo que
> han de decir y hacer (10), la narración relata lo que Jesús dijo
> (5–7) e hizo (8–9). Así, 5–9 es la clave hermenéutica de 10. Los

---

23 Napoleón Ferrández Zaragoza, *Destino de Jesús, destino de los Doce. El ministerio
   apostólico a la luz del ministerio de Jesús en el segundo discurso de Mateo (Mt 9,35-
   11,1)* (DissB 1; Madrid: Universidad San Dámaso, 2015) 269.

24 Davies – Allison, *Saint Matthew II*, 197.

25 Luz, *San Mateo II*, 168. "El sufrimiento de Jesús es el modelo básico para el destino
   de sus discípulos": 170.

actos de los apóstoles reciben su significado de los actos de Jesús. En él, las palabras del SM se han hecho carne [...] Sus palabras y acciones ofrecen un ejemplo que exige y fortalece al mismo tiempo[26].

La enseñanza de Jesús, pues, radica en él mismo: propone lo que él vive. No extraña, pues, que las exigencias del discipulado expresen su modo de relacionarse con el Padre. Lo vemos a continuación.

3. Exigencias del discipulado y conformación con Cristo

Hay tres pasajes evangélicos que giran en torno a las exigencias del seguimiento; éstas se fundamentan en el proceder del Maestro, son por tanto implícitas llamadas a su imitación.

3.1. Negarse para seguirlo (16,24)

Tras la confesión de Pedro en Cesarea de Filipo y su posterior enfrentamiento con Jesús, el Señor imparte una de sus enseñanzas fundamentales sobre el discipulado (Mt 16,24-25). Es de notar, en primer lugar, su contexto: la represión a Pedro obedece a su reacción escandalizada al primer anuncio de la pasión; la enseñanza, pues, guarda relación con ese anuncio. Jesús presenta la radical abnegación como condición indispensable para seguirlo: "si alguien desea venir en pos de mí..." (16,24). Con anterioridad, el evangelio nos ha presentado a dos hombres que querían seguir a Jesús, pero han encontrado dificultad frente a algunas condiciones básicas (8,19-22): el primero, un escriba deseoso de seguir a Jesús, escuchaba su exigencia de pobreza radical, mientras que el segundo aducía como motivo para diferir el seguimiento el "enterrar" a su padre; en ambos casos el evangelista dejaba abierto el desenlace

---

26   Davies – Allison, *Saint Matthew II*, 197.

de los diálogos (pese a la llamada explícita al segundo: "tú sígueme"), sugiriendo la posibilidad de que los dos hombres hayan desistido. Esas condiciones impuestas por el maestro de Nazaret obedecen al "modo de vivir" de Jesús, radicalmente abnegado: algo evidente en el primer caso ("el Hijo del Hombre no tiene dónde reclinar la cabeza"), e implícito en el segundo, pues Jesús ha comenzado su vida pública "abandonando Nazaret" (4,13), es decir, su casa y su familia.

Como entonces, también los dos requisitos enunciados en 16,24 son eminentemente cristológicos: que el discípulo "se niegue a sí mismo" y "cargue su cruz". El "negarse a sí mismo" es el reverso de la obediencia de Jesús, que busca obsequioso hacer la voluntad del Padre y para ello niega la suya propia (cf. 26,39.42); y el "cargar la cruz" (cf. 10,38) anticipa el doloroso *via crucis* que lo aguarda. Sólo quien comulga con sus disposiciones interiores más hondas puede aspirar a seguirlo de cerca. En cuanto al v. 25, la paradoja de "perder la vida" para "salvarla" y "hallarla" no sólo describe la misión terrena de Jesús, quien ha renunciado a "su vida" (sus bienes, su trabajo, su tranquilidad, su familia) para inaugurar un modo de vida más alto; sino que representa también una síntesis anticipada del misterio pascual (anunciado por vez primera en 16,21), cuando Jesús "echará a perder su vida" para "salvarla" mediante la resurrección. El "por mi causa" (ἕνεκεν ἐμοῦ) condensa esta implicación cristológica: pues se trata de perder la vida "por Jesús". Es decir: por fidelidad a él, por mantener viva la comunión; lo cual requiere vivir como Jesús: su ejemplo vivo genera el deseo de imitarlo.

3.2. BEBER EL CÁLIZ DE JESÚS (20,22)

El final del camino a Jerusalén nos presenta un segundo pasaje de notable densidad. Ante la petición de la madre de los hijos de Zebedeo, de sentar a sus hijos junto a él en su reino, Jesús responde con una pregunta: "¿Podéis beber el cáliz que yo voy a beber?". El cáliz evoca en la Escritura un deber arduo y costoso; con frecuencia se asocia a la cólera de YHWH[27]. Pero eso no arredra a Santiago y Juan, que responden con decisión: "podemos". Han captado que, para compartir el reinado de Jesús, han de asumir también como propio su camino, esa pasión que ya intuyen. A la declaración de los dos hermanos, acto de confianza y no de presunción, Jesús responde con una promesa, que renueva y concreta aquella primera de hacerlos pescadores de hombres: "Mi cáliz lo beberéis" (20,23); participarán de la pasión de su Maestro. Los Hechos de los Apóstoles atestiguan cómo estos dos hermanos bebieron del cáliz de Jesús: Juan, sometido a la cárcel y dando valiente testimonio de Jesús junto a Pedro (He 4,3.19-20); Santiago, sufriendo el martirio de sangre por mano de Herodes Antipas – el primero entre los Doce (12,2). Beber el cáliz de Jesús es pues seguirlo imitándolo en el testimonio intrépido de la verdad, hasta la entrega generosa de la vida: "igual que el Hijo del Hombre no ha venido a ser servido sino a servir y dar su vida en rescate por muchos" (Mt 20,28).

3.3. "VELAD Y ORAD..." (26,41)

El tercer pasaje que nos interesa reseñar nos sitúa ya en la pasión, a la que apuntaban los dos anteriores. Jesús se retira a orar en el huerto de Getsemaní; allí abre el corazón a su Padre, en una oración de lucha, verdadera "agonía". Pero su intensidad contrasta con la dejación de sus discípulos, que, alejados de él, se dejan invadir por el sueño. Es entonces cuando Jesús les dirige esta poderosa exhortación: "velad y orad, para que no entréis en tentación" (Mt 26,41). El Jesús en vela orante los exhorta a velar y orar; retoma, por última vez, su enseñanza sobre la oración, que ocupaba la parte central de la Enseñanza de la Montaña (6,5-14); hemos recordado más arriba la estrecha vinculación del Padre Nuestro con la oración en Getsemaní ("hágase tu voluntad"). El umbral de la pasión, pues, evidencia cómo ha de ser el modo de orar de los discípulos. Quien los ha instruido con su palabra y sus actos, busca

---

27   Sal 11,9; 75,9; Is 51,17.22; Ez 23,32-33; Hab 2,16; Ap 14,10; 16,19; 18,6.

instruirlos también con su oración: han de orar como Jesús, con sus mismas palabras, con su mismo corazón, con su misma disponibilidad al proyecto del Padre. El evangelio según Lucas lo expresa cuando sitúa el Padre Nuestro como respuesta de Jesús a la petición de sus discípulos, que a la vista de su oración suplican: "enséñanos a orar" (Lc 11,1-4).

Estos tres momentos, fuertemente significativos, de la relación de Jesús con sus discípulos muestran cómo el vivir "al modo de Cristo" es un requisito fundamental del discipulado, que el Señor expresa no sólo en su enseñanza, sino también en su trato con ellos. Como había dicho en su discurso misional, "quien no toma su cruz y me sigue, no es digno de mí" (Mt 10,38).

4. El envío final a "todas las naciones" (Mt 28,16-20)

Es lugar común entre los estudiosos del primer evangelio señalar cómo sus últimos versículos, además de cerrar la narración, constituyen una insuperable "suma"; "el gran desenlace, tan consonante con el espíritu del entero evangelio por estar tan lleno de resonancias de pasajes anteriores, es, pese a su brevedad, casi un compendio de la teología de Mateo"[28]. Consecuentemente, en las palabras finales, pronunciadas por el mismo Jesús, confluye también el tema del discipulado, abriéndose al tiempo de la Iglesia. Pues la misión de los Once consistirá en "hacer discípulos a todas las naciones", es decir, a todos los hombres (28,19b-20a)[29]. Como sucediera en la "gran invitación", la condición de discípulo aparece desglosada en sus dos dimensiones constitutivas,

---

28   William David Davies – Dale C. Allison, *The Gospel according to Saint Matthew III* (ICC; Edinburgh: T&T Clark, 1997) 687. Autores destacados han hablado de este pasaje final como la clave de Mateo (así O. Michel, 1950) e, incluso, como un "índice de materias" del entero evangelio (P. F. Ellis, 1974: Davies – Allison, *Saint Matthew III*, 679).

29   Ver Sánchez Navarro, *San Mateo*, 788-789. El libro de los Hechos, que –con el mismo verbo μαθητεύω– presenta a Pablo y Bernabé "haciendo discípulos" a muchos en Derbe (He 14,21), ilustra esta misión universal.

comunión ("bautizar") y *aprendizaje* ("enseñar"). Se deviene discípulo al ser sumergido en el Nombre, en el ser mismo de Dios que es Padre, Hijo y Espíritu; este "nuevo nacimiento" capacita para una vida nueva, pues "todo lo nacido de Dios vence al mundo" (1 Jn 5,4).

Por ello, también misión de los Once tiene exigencia de totalidad, en un triple sentido: por sus destinatarios, "*todas* las naciones"; por su contenido, "*todo* lo que os mandé"; y por su temporalidad: "*todos* los días hasta la consumación del tiempo". El Resucitado desea que todo hombre de toda época acoja todo el evangelio y, recibiendo el Bautismo, llegue a ser discípulo. Y para ello remite, a modo de compendio, al *corpus* de enseñanzas contenido en Mateo, el evangelio didáctico por excelencia: los discursos (en particular la Enseñanza de la Montaña), pero también los episodios narrativos. El discípulo es ahora constituido maestro: ha de enseñar (διδάσκω). Jesús indica, además, que estas enseñanzas no son potestativas, sino obligadas: "os mandé" (verbo ἐντέλλομαι, de donde ἐντολή "mandato"); en consecuencia, los Once no tienen derecho a omitir *ninguna* enseñanza de Jesús. Pero no las han de enseñar como algo abstracto, sino –según enseña Pedro en su primera carta– "convirtiéndoos en modelos del rebaño" (1 Pe 5,3); pues están llamados a enseñar a todos los hombres "a guardar" esas enseñanzas, siendo ellos el espejo en el que se puedan mirar para aprenderlas. Los Once sólo pueden ser maestros si permanecen discípulos. Sólo así pueden decir, como Jesús, "aprended de mí" (cf. Mt 11,29). Se trata pues de imitar a Cristo inspirándose en sus mejores seguidores. Un verdadero anticipo de la historia de la transmisión de la santidad en la Iglesia. Pablo lo expresa, como siempre, con audacia y acierto: "haceos imitadores míos, como también yo lo soy de Cristo" (1 Cor 11,1).

5. A MODO DE CONCLUSIÓN: ¿CÓMO ENTIENDE MATEO
LA *IMITATIO CHRISTI*?

151

Hay una preocupación de fondo que, sin manifestarse abiertamente, ha acompañado nuestra exposición al modo del "elefante en
la cocina". La doctrina evangélica sobre el discipulado como un seguimiento de Cristo que busca imitar su modo de vida es clara y diáfana.
Pero ¿no resulta un poco incómoda, incluso desagradable? Porque imitar
a otro ¿no es reductivo y empequeñecedor? Sobre todo, si "ese otro"
vivió a dos mil años y tres mil seiscientos kilómetros de distancia. Con
una lengua, cultura, posibilidades técnicas... sin parangón posible con
las actuales.

El mismo Jesús según Mateo nos ofrece la clave, en el pasaje
que abría nuestra reflexión (Mt 11,29). Porque el foco se sitúa en sus
disposiciones cordiales, es decir, sus virtudes: desde la mansedumbre y
la humildad de corazón, a todas las demás, que las Bienaventuranzas
enumeran, no en modo exhaustivo, sino –podemos decir– "germinal".
No se trata de una imitación mecánica, romántica o infantil: empobrece-
dora, en fin. Se trata de aprender de su corazón, lugar de su insuperable
amor a Dios y al prójimo, admirable síntesis de obediencia y libertad, de
paciencia y dinamismo. Se trata, por lo tanto, de asumir como propio el
modo de hablar y actuar de Jesús, pero sobre todo de recibir el Espíritu
Santo que lo configuró como Mesías en quien el Padre se complace
(3,16-17). La imitación de Cristo resulta así de inagotable fecundidad,
tanto más original cuanto más de cerca busca imitar al Maestro. El cuarto
evangelio, que frecuentemente acude en nuestra ayuda para explicitar
lo implícito en los tres primeros, formula este misterio con claridad,
cuando tras el lavatorio de pies Jesús afirma:

> Vosotros me llamáis "el Maestro", y "el Señor", y decís bien,
> pues lo soy. Pues si yo, el Señor y el Maestro, os he lavado los
> pies, también vosotros debéis lavaros los pies unos a otros. [15]

Pues os he dado ejemplo [ὑπόδειγμα], para que como yo os he hecho, también vosotros hagáis (Jn 13,13-15).

Pero la respuesta a ese ejemplo es también, como el ejemplo mismo, un don. Porque "no es mediante nuestras solas fuerzas, sino mediante la potencia en nosotros del Señor Resucitado, que somos invitados hoy a comprometer nuestra existencia en el sentido del Sermón de la Montaña"[30]. Esa potencia se realiza mediante el Espíritu Santo, tal como nos sugiere el Jesús de Mateo en dos momentos. Primero, vinculando su obrar mesiánico con el Espíritu de Dios (Mt 12,28); y, también, señalando a ese mismo Espíritu del Padre como fuente de inspiración para el discípulo (10,20).

Mateo es el más explícito entre los sinópticos en subrayar la comunión trinitaria: el discipulado está unido al Padre en 10,32-33.40 y 11,25-27 […], mientras que el Espíritu Santo está *en los discípulos* en 10,20; aunque quizá es en la invitación con la que concluye el Evangelio donde se encuentra la vinculación más explícita entre le la misión del discípulo y la comunión trinitaria: «Id y haced discípulos a todos los pueblos, bautizándolos en el nombre del Padre, del Hijo y del Espíritu Santo» (28,19)[31].

Según Mateo, pues, imitación de Cristo es conformación, interior y cordial, pero también exterior y concreta, con el Enmanuel vivo y operante entre los hombres mediante su Iglesia. Esta conformación es posible porque él está con nosotros hasta la consumación del mundo; y la realiza mediante su Espíritu (28,19-20).

---

30   Marcel Dumais, *Il Discorso della Montagna. Storia della ricerca, Interpretazione, Bibliografia* (PTB 9; Torino: Elledici, 1999) 398.

31   Paolo Mascilongo, *El discipulado en el Nuevo Testamento. Reflexiones bíblicas y espirituales* (Didaskalos 76; Madrid: Didaskalos, 2022) 73.

Albright, William F. - Christopher S. Mann, *Matthew* (AB 26; Doubleday, Garden City, NY 1971).

Bonnard, Pierre *Evangelio según San Mateo* (BBC; Cristiandad, Madrid ²1983).

Davies, William D. – Dale C. Allison, *The Gospel according to Saint Matthew I-II* (ICC; T&T Clark, Edinburgh 1988-1991-1997).

Dumais, Marcel, *Il Discorso della Montagna. Storia della ricerca, Interpretazione, Bibliografia* (PTB 9; Elledici, Torino 1999).

Ferrández Zaragoza, Napoleón, *Destino de Jesús, destino de los Doce. El ministerio apostólico a la luz del ministerio de Jesús en el segundo discurso de Mateo (Mt 9,35-11,1)* (DissB 1; Universidad San Dámaso, Madrid 2015).

Feuillet, Albert, "Discípulo", en: Xavier Léon-Dufour (ed.), *Vocabulario de Teología Bíblica* (Herder, Barcelona 1972) 250-252.

France, Richard T., *The Gospel of Matthew* (NICNT; Eerdmans, Grand Rapids, MI 2007).

Gomá Civit, Isidro, *El evangelio según San Mateo I* (Marova, Madrid 1966).

Hagner, Donald A., *Matthew 1-13* (WBC 33a; Word Books, Dallas, TX 1993).

Luz, Ulrich, *El evangelio según San Mateo. Mt 8-17 (Vol. II)* (BEB 103; Sígueme, Salamanca 2001).

Mascilongo, Paolo, *El discipulado en el Nuevo Testamento. Reflexiones bíblicas y espirituales* (Didaskalos, Madrid 2022).

Meier, John Paul, "Matthew 5: 3-12": *Interpretation* 44 (1990) 281-285.

Sánchez Navarro, Luis, *Evangelio según san Mateo* (CP 26; Madrid: BAC, 2023).

_____, *"Venid a mí" (Mt 11,28-30). El discipulado, fundamento de la ética en Mateo* (SThM 4; Ediciones San Dámaso, Madrid 2004).

Schmid, Josef, *El evangelio según San Mateo* (Herder, Barcelona 1967).

Stock, Klemens, *Las bienaventuranzas de Mateo 5,3-10 a la luz del comportamiento de Jesús* (Ediciones San Dámaso, Madrid 2004).

SEGUIMIENTO E IMITACIÓN EN LA ESPIRITUALIDAD MONÁSTICA PRIMITIVA

Jaime López Peñalba
UESD

Como se describe abundantemente en los estudios que componen este volumen, el seguimiento y la imitación forman parte del núcleo constitutivo del Nuevo Testamento y del testimonio de la experiencia apostólica, que forma parte del misterio de Cristo. Por ello, se puede afirmar que el discipulado ha sido querido, provocado y sostenido por la llamada del Señor y la gracia del Espíritu Santo, y es una vivencia fundante de la fe cristiana.

Por eso, a pesar del debate teológico presente en la historia de la espiritualidad sobre alguna de estas categorías, el seguimiento y la imitación alimentan la doctrina de los santos y de los maestros espirituales de todos los tiempos. Resulta muy interesante verificar los matices y los acentos con los cuales se presenta el discipulado en cada época de la Iglesia, una auténtica *Wirkungsgeschichte* que permite volver a la experiencia bíblica fontal de la *sequela Christi* y profundizar en ella a través de su impacto en las vidas de los creyentes concretos, en sus caminos efectivos de santidad, en sus relaciones particulares con Dios en Jesucristo.

La comunidad primitiva es la primera receptora e intérprete de las experiencias normativas del Nuevo Testamento, elaborando a partir de ellas sus propias formas de vida en el Espíritu, en fidelidad al testimonio apostólico y contando con la asistencia del mismo Espíritu en el desarrollo de una multiforme tradición. Este dinamismo de continuidad y renovación se cumple también para la realidad del discipulado, que no ha dejado de asumir diversos rostros según las diversas espiritualidades.

La experiencia espiritual del martirio fue el primer paso, decisivo. En efecto, tras los autores sagrados y bebiendo de sus enseñanzas, los mismos mártires son los primeros pensadores eclesiásticos que elaboran una teología del discipulado a partir de sus propias tragedias, privilegiando las categorías neotestamentarias de la *sequela* y de la *imitatio*. Esta riquísima veta ha sido estudiada y expuesta suficientemente en otros lugares[1], y supone una lección de teología viva de primer orden: la santidad se convierte en una fuente de reflexión y de magisterio para la vida y para la misión de la Iglesia.

Junto con los mártires, la otra gran vivencia espiritual de la Iglesia de los primeros siglos es el monacato. Esta investigación precisamente aborda los elementos definitorios de la espiritualidad monástica primitiva desde la perspectiva del seguimiento e imitación, buscando verificar tanto su vínculo con el origen bíblico de los temas, como sus posibles evoluciones posteriores.

1. SEGUIR E IMITAR A JESUCRISTO, IDEAL MONÁSTICO

Cada vez que un nuevo carisma irrumpe en la vida de la Iglesia, lo hace según la ley fundamental del diálogo salvífico entre gracia divina

---

1   Cf. TH. PREISS, "La mystique de l'imitation du Christ et de l'unité chez Ignace d'Antioche": *Revue d'Histoire et de Philosophie Religieuses* 17 (1938) 197-241; C. R. MOSS, *The other Christs: imitating Jesus in ancient Christian ideologies of martyrdom* (Oxford University Press, Oxford 2010).

las circunstancias históricas de cada época y de los factores personales
y comunitarios de los espirituales, dando lugar a experiencias, instituciones y corrientes muy diversas. Permanece, sin embargo, la dinámica
llamada de Dios-respuesta del hombre. Unos serán citados por Dios
ante la presencia de un pobre, otros escucharán el sonoro silencio de
su interioridad, algunos impactados por la falta de fe de los hombres
nunca evangelizados.

Según la tradición, el monacato cristiano nace de la experiencia
espiritual de san Antonio, Padre de los monjes, que recibió este carisma
con una llamada evangélica literal:

> Entró en la iglesia, en ese momento se leía el Evangelio, y oyó
> que el Señor decía al rico: *si quieres ser perfecto, ve, vende*
> *todas tus posesiones, y dáselas a los pobres, y ven y sígueme...*
> [...] Pensado que esta lectura había sido leída para él, al mo-
> mento salió de la casa del Señor, y entregó los bienes que había
> heredado [...], y se entregó a la vida ascética[2].

Fue la propia Palabra divina (Mt 19,21) la que hizo posible y
desencadenó su seguimiento, si bien aquella encontró un alma bien
dispuesta por la coyuntura histórica de su familia. El origen de la vida
monástica de Antonio Abad está en la invitación de Jesucristo, que le
interpeló directa y personalmente, como dice bien el texto biográfico.
Reaparece con toda su fuerza la escena evangélica de la vocación de
los discípulos, desplazada en el tiempo y en el espacio respecto a la
Palestina del siglo I, pero grabada a fuego en la memoria de la Iglesia,
animando su vida.

Con la invitación de Jesús, como les ocurrió a los personajes de
la historia evangélica, nace un discipulado. Para el monje, la Escritura
es la voz primera y principal de la relación con el Maestro, sigue siendo

---

2   ATANASIO, *Vida de Antonio*, 2,3-3,1 (ed. P. Rupérez, Ciudad Nueva, Madrid 1995).

convocatoria constante en su nuevo camino espiritual[3]. La *Vida* está sembrada de diálogos entre Antonio y la Escritura, que marca su lenguaje, sus opciones vitales, su mirada sobre el mundo[4].

Además, y quizás se trate de una referencia más decisiva, la Escritura se convierte en la referencia modélica para la imitación. Es decir, la vida terrenal de Jesucristo se convierte en un icono concreto para la vida espiritual y moral del monje, que se construye según la estructura biográfica del Evangelio, casi escena por escena. La *Vida de Antonio* es un ejemplo claro de esta propuesta. Al escribirla, san Atanasio ha querido recoger y presentar a san Antonio como el imitador verdadero de Cristo, y así su narración sigue la secuencia evangélica: se sucede una infancia, una teofanía inaugural –eco del bautismo en el Jordán–, tentaciones en el desierto, inicio de la predicación y de la enseñanza, elección de discípulos, más magisterio, milagros y exorcismos, un final vital y una cuasi ascensión[5].

Hay otros modelos bíblicos: el Adán prelapsario, Abrahán y su obediencia, Elías como paradigma de eremitismo, Pablo como el gran heredero de la imitación cristológica, pero ninguno tiene la centralidad del Jesucristo evangélico, ni se aprovecha la narratividad de las demás figuras, que ofrecen más bien referencias puntuales, y no una historia total a la cual mirar y con la que compararse[6].

Destacamos un par de gestos del ministerio público de Jesucristo, muy interdependientes entre sí, que aparecen replicados en la vida de Antonio buscando subrayar su fidelidad al ejemplar cristológico, significativamente. El primero es la marcha al desierto, que intenta seguir con la máxima fidelidad las tentaciones diabólicas de Jesús al comienzo de su misión tras el bautismo de Juan (cf. Mt 4,1-11, Lc 4,1-13). El monje

---

3   Cf. M. G. Mara, "Bibbia e storia nel fenomeno monastico: la Vita Antonii", en E. Romero Pose (ed.), *Pleroma, salus carni: homenaje a Antonio Orbe* (Aldecoa, Santiago de Compostela 1990) 561-573, aquí 570-571.

4   Cf. Atanasio, *Vida de Antonio*, 7,11, 17,1, 21,1, etc.

5   Cf. Mara, "Bibbia e storia", 566-568.

6   Cf. Mara, "Bibbia e storia", 569-570.

alejandrino comienza su vida ascética de disciplina y vela dejando atrás la ciudad, habitando primero en sus afueras, según la costumbre que recibe, y después aislándose más entre los cementerios y las montañas cada vez más lejanas y remotas[7].

Así, la *fuga mundi* aparece en el carisma monástico como una de sus claves nativas, aunque luego se irá modulando con distintos tonos a lo largo de los siglos, en reformas y fundaciones. Es decisivo, sin embargo, comprender este desierto como una categoría teológica, especificada por el misterio de Cristo, fundamentada en la *imitatio Christi* como forma de unión con Dios. En efecto, la vida monástica debe ser entendida como ascesis y camino de conversión, compuesto por el esfuerzo purificativo del espiritual para adquirir la perfección anhelada, que abre a la contemplación divina. Pero la Iglesia ha conocido reducciones moralistas y voluntaristas de esta vía ascética, que han interpretado la espiritualidad monástica con un punto de vista unilateral de sacrificios, renuncias y negaciones.

La *fuga mundi* de los monjes y su opción por el desierto sufre a menudo estas distorsiones. De hecho, es frecuente que el desierto sea comprendido, en el marco de la espiritualidad contemporánea desencarnada, como un mero lugar de silencio y retiro, más o menos vacío de mundo y sus distracciones, por supuesto, pero también de cualquier presencia y alteridad. El desierto se transforma en una ocasión de encuentro con uno mismo e introspección.

La experiencia originaria de Antonio no es esta, exclusivamente moral y subjetiva, y es necesario volver a su icono evangélico: en la sencilla escena de las tentaciones de Jesús, el desierto no es, ante todo, un espacio de soledad y oración, ganado con la prueba del hambre y la separación del mundo. Al contrario, es un campo de batalla, a la cual conduce el Espíritu tras la unción del Jordán y su renovada presencia en el Hijo encarnado. Allí, Jesucristo, según el designio de Dios, enfrenta al demonio y al mal.

---

7   Cf. ATANASIO, *Vida de Antonio* 3,1, 8,1, 11,1-2, 50,1, *et al.*

Desde entonces, el desierto es una categoría importante en la espiritualidad cristiana, alimentada por la vivencia de los Padres del monacato. Allí se combate en tres frentes de lucha espiritual: contra el pecado, sumergiéndose en un serio proceso de purificación; contra la mundanidad, que son los criterios no evangélicos que habitan en nuestro corazón, de los cuales es necesario separarse, geográfica, psicológica y espiritualmente; y contra uno mismo, con el que se debe enfrentar cada uno, para que salga a la luz en toda su verdad, a la luz de Dios y de su encuentro[8].

El segundo gesto cristológico que debemos recordar son los milagros y los exorcismos, elementos irrenunciables de la misión de Jesús, que hacen presente el Reino (cf. Mt 11,20-24, Mc 1,21-28, Lc 4,40-41, etc.)[9].

La relación de los discípulos con Jesús, descrita cuidadosamente por el Nuevo Testamento como un seguimiento, incluye también, especialmente para los apóstoles, la posibilidad de hacer milagros y expulsar demonios, participando de alguna manera de la fuerza divina que habita en Cristo, siempre en el horizonte del anuncio evangélico (cf. Mc 16,17-18, Hch 3,6-9, Hch 16,16-18, etc.). Se está afirmando así que los seguidores fieles del Maestro hacen lo que Él hace, comparten su misión, y hacen presente de algún modo la presencia salvífica de Dios incluso después de la Pascua. En cierto modo, los apóstoles imitan al Cristo sanador y liberador, en todo su poder[10].

Las investigaciones sobre la figura tradicional de san Antonio Abad coinciden en esta misma perspectiva. En efecto, muchas biografías y relatos más o menos legendarios presentan a Antonio como un gran taumaturgo, con extraordinarios milagros en su haber: el santo monje descubre a los demonios, lucha con ellos, los vence, los expulsa[11], y cura

---

8   Cf. S. ARZUBIALDE, *Justificación y santificación: la primera etapa de la vida espiritual* (Sal Terrae, Santander 2016) 96-99.

9   Cf. J. RATZINGER/BENEDICTO XVI, *Jesús de Nazaret*, vol. I, *Desde el bautismo a la transfiguración* (La Esfera de los libros, Madrid 2007) 82-83.

10   Cf. RATZINGER/BENEDICTO XVI, *Jesús de Nazaret* I, 211-212.

11   Cf. ATANASIO, *Vida de Antonio*, 40,1.

a niños enfermos, a ciegos, a sordos[12], entre otros muchos portentos de todo género.

Entre líneas, se puede detectar el recurso hagiográfico de este esfuerzo. Pero también existe aquí una tesis teológica más profunda y relevante en esta cualificación taumatúrgica de san Antonio, y que tiene que ver, de nuevo, con la categoría de imitación: Antonio se identifica radicalmente con Cristo, adquiere la forma del Cristo, y es para sus contemporáneos la presencia del mismo Cristo.

Comparece así una cuestión interesante en el debate de la *imitatio Christi*. ¿Se puede pretender una imitación 'carismática' de Jesucristo, si se puede decir así? ¿Es posible imitar sus acciones sobrenaturales, propias de su naturaleza divina? El interrogante es muy pertinente, porque eleva los temas del seguimiento y del discipulado más allá del nivel meramente ético y moral. No es complicado entender la imitación como la admiración y la asunción personal de valores excelentes encarnados históricamente en un genio, en un héroe, en un santo. En el caso cristiano, es fácil proponer a Jesús de Nazaret como un modelo de bondad, de generosidad, de compasión, también para hombres no religiosos. Pero, ¿se puede ofrecer a Jesucristo como modelo a seguir, también en sus curaciones milagrosas y en sus exorcismos liberadores?

Entre los Padres, la opinión no fue unánime. Para defender la divinidad de Jesucristo en un contexto de herejías subordinacionistas, se interpretaban los milagros como pruebas de su filiación divina, y se reducía la imitación a sus dimensiones éticas y religiosas. Fue la línea elegida por Lutero y por su teología del seguimiento: de Jesús, se puede tomar como ejemplo sus obrar virtuoso, como su piedad, su sabiduría, su paciencia en el sufrimiento, etc., pero es necesario establecer ciertos límites. Los milagros, y, sobre todo, la redención, forman parte de su obrar divino, y pretender imitar estos gestos es un gesto irreverente

---

12   Cf. Atanasio, *Vida de Antonio*, 48,1, 58,1, et al.

y blasfemo, propio de la vanidad humana[13]. Esta reducción moral de Lutero, que permea la espiritualidad protestante, pesará mucho en la tradición a la hora de entender el seguimiento desde una perspectiva prevalentemente voluntarista y naturalista.

La teología del discipulado del Nuevo Testamento, sin embargo, parecía posicionarse en otro sentido, y afirmar una cierta imitación carismática de los discípulos de Jesús. Algunos Padres –Cirilo, Ambrosio, etc.– intentaron pensar bien esta experiencia, afirmando una cierta irradiación del Espíritu, que parte de Jesús e 'impregna' a sus seguidores, más penetrados de esta fuerza sobrenatural cuanto más dentro del círculo íntimo del Maestro[14]. La espiritualidad martirial, por ejemplo, conoce esta efusión espiritual extraordinaria, que asemeja definitivamente al mártir con el Crucificado en la hora culminante de su pasión.

Y la espiritualidad monástica quiso hacer explícita esta tesis, también con el propósito de rechazar una lectura docetista de la cristología, que subyace en esta espiritualidad recortada del seguimiento y alimenta, consciente o inconscientemente, la sospecha ante una imitación hasta el extremo[15]. Antonio es un imitador integral de Cristo, en su itinerario biográfico, en la moralidad ejemplar de su vida ascética, pero también en su vida sobrenatural. Se podría decir que la vida espiritual del Padre de los monjes es el eco de la divinidad del Hijo, que obviamente no pueden identificarse sin más, pero pueden vincularse en términos de imitación y participación.

Ciertamente, es necesaria también la cautela, para que el hombre creyente no persiga los fenómenos extraordinarios de la vida espiritual, tentación siempre presente en las experiencias religiosas de todos los siglos, conocida y advertida también por los maestros espirituales del monacato cristiano. El mismo Antonio aconseja:

13   Cf. J. Ruthven, "The imitation of Christ in Christian tradition: its missing charismatic emphasis", *Journal of Pentecostal Theology* 16 (2000) 60-77, aquí 60-63 y 63-65.

14   Cf. Ruthven, "The imitation of Christ", 63.

15   Cf. Ruthven, "The imitation of Christ", 77-78.

No conviene, sin embargo, gloriarse de expulsar demonios ni enorgullecerse de hacer curaciones; ni conviene admirar al que arroja demonios ni despreciar al que no lo hace. Se ha de observar atentamente la ascesis de cada uno e imitar y emular o corregir. Pues hacer milagros no es obra nuestra, sino del Salvador[16].

En cualquier caso, esta es la radicalidad del seguimiento monástico, coherente con el testimonio de las Escrituras. Este es el modo en el que la espiritualidad monástica es cristocéntrica[17]: afirmando la forma de Cristo como el núcleo de toda santidad. Para ser perfecto, el monje debe ser como Cristo, no como una copia externa y mecánica, una réplica sin alma, sino mediante un proceso de conformación, en la unión íntima y en la convivencia habitual con Él[18].

2. UNA CASCADA DE SEGUIMIENTOS: MAESTROS Y DISCÍPULOS

Imitándole, Antonio actualiza la presencia de Cristo en la vida de la comunidad cristiana con tanta potencia y verdad que inaugura una cadena de seguidores de Jesús, cumpliendo las palabras de san Pablo en sus cartas: *sed imitadores míos, como yo lo soy de Cristo* (1Co 11,1). Imitación y discipulado aparecen como hilos conductores de toda la espiritualidad monástica primitiva.

---

16 ATANASIO, *Vida de Antonio* 38, 1-2.

17 Cf. C. MARMION, *Jesucristo, vida del alma* (Gratis Date, Pamplona 1993).

18 Cf. L. BOUYER, *Le sens de la vie monastique* (Brepols-Turnhout, Paris-Bruxelles 1962) 141-145. Por lo tanto, no es adecuado entender la imitación como una réplica pasiva de un molde, autorreferencial, como afirma injustamente J. M. CASTILLO, *El seguimiento de Cristo* (Sígueme, Salamanca 1986) 49-52, asumiendo sin más la crítica que tiene como fuentes implícitas a Lutero y a Freud, cf. S. PINCKAERS, *La vita spirituale del cristiano secondo san Paolo e san Tommaso d'Aquino* (Jaca Book, Milano 1995) 55-59.

Como ya hemos visto, el tema espiritual de la imitación pertenecía a la Iglesia primitiva, de manera clara en la experiencia martirial, como quedó recogido en las fuentes documentales que dan testimonio del fenómeno de los primeros siglos: cartas, actas, leyendas, etc. Es indudable que los mártires marcaron la reflexión teológica de esa generación. Ireneo se acerca a la cuestión desde esta clave martirial y pascual, pero el primer autor que entra más decididamente en el tema es Clemente de Alejandría († 215-216), en el mismo entorno espiritual y eclesial de san Antonio Abad, pero unos años antes. El teólogo alejandrino ensaya una síntesis de la filosofía platónica idealista y la doctrina cristiana de la imagen y la semejanza. En resumen, Clemente afirma que la imitación es posible únicamente en virtud de la encarnación del Verbo, que se ha hecho pedagogo para el hombre, ofreciendo su palabra, su ejemplo virtuoso, y, sobre todo, su destino de pobreza, obediencia y cruz. Seguir a Cristo es imitar a Dios, que no es una obra humana solamente, sino la impresión progresiva de la imagen divina en el hombre por la gracia[19].

Después, Orígenes (ca. 185-250) profundizará mucho más que su maestro Clemente. Lo específico de su propuesta es que la imitación tiene como objeto los atributos divinos del Hijo, paradigmas y fuentes modélicas, que por la encarnación son participables por el hombre a través del alma de Cristo: la misericordia, la pureza, la justicia, etc. El seguidor de Jesús recibe el Espíritu Santo, y recorre un camino de imitación desde la imagen inicial a la semejanza final, tomando la vida de Cristo como ejemplo, especialmente su pasión[20]. Metodio, Gregorio de Nisa, Juan Crisóstomo y otros grandes Padres griegos, muchos de ellos monjes, seguirán cultivando esta veta a lo largo de los siguientes siglos.

Por lo tanto, la reflexión sobre el seguimiento y la imitación alimentaban el clima teológico alejandrino, una de las cunas principales

---

19 Cf. H. Crouzel, "L'imitation et la suite de Dieu et du Christ dans les premiers siècles chrétiens ainsi que leur sources gréco-romains et hébraïques", *Jahrbuch für Antike und Christentum* 21 (1978) 7-41, aquí 29-32.

20 Cf. Crouzel, "L'imitation et la suite », 33-36.

del monacato, y *humus* donde germinará su espiritualidad. Martirio y teología griega de la imagen serán dos influencias mayores en los principales referentes del nuevo carisma.

Además, el carisma monástico se desarrolla como una espiritualidad profundamente relacional. Aunque naciera como un fenómeno aparentemente individual bajo la forma del anacoreta, que hace menos visible la dimensión eclesial, la vocación comunitaria estuvo siempre presente *in nuce,* y pronto floreció con fuerza en la primera reforma cenobítica de Pacomio, apenas una generación después de los primeros ermitaños, para asentarse definitivamente en el monacato culto de Basilio y Agustín, y en los grandes monasterios benedictinos[21].

El carácter relacional se manifiesta de muchos modos en la vida del monje: fraternidad, hospitalidad, actividad caritativa… Pero uno de sus rostros más significativos es el educativo, entendido en un sentido no exclusivamente cultural, sino con toda la hondura espiritual posible. La *Regla* de san Benito, que es una de las fórmulas más difundidas de la tradición monástica, quizás la más paradigmática, lo expresa con claridad en su mismo *incipit:* «Escucha, hijo, los preceptos del Maestro, e inclina el oído de tu corazón; recibe con gusto el consejo de un padre piadoso, y cúmplelo verdaderamente»[22]. Y toda la sección del prólogo termina confesando: «vamos, pues, a instituir una escuela de servicio divino»[23].

El monasterio cristiano se edifica como una escuela, es decir, como una trama de relaciones discipulares y magisteriales. El monje es un discípulo siempre, y potencialmente un maestro cuando acumule la experiencia suficiente, perennizando la relación educativa.

El discipulado es una relación constitutiva del monacato egipcio primitivo. El mismo Antonio, el Padre de los monjes, confiesa que sus

21   Cf. L. Bouyer, *Storia della spiritualità,* vol. III, *I Padri* (EDB, Bologna 2013) 264-272.

22   *Regla de San Benito,* Prólogo, 1.

23   *Regla de San Benito,* Prólogo, 45.

primeros pasos en el desierto consistieron en buscar el consejo de los anacoretas anteriores[24].

A su vez, tal y como queda en la memoria eclesial, Antonio se convierte en el Padre de los monjes, es decir, en la referencia ejemplar y magisterial de una corriente espiritual plurisecular. Monjes de generaciones y generaciones y de diversos orígenes y sensibilidades le buscan y miran a través de los siglos como modelo y fuente de enseñanzas ascéticas y místicas. Al describir su estilo espiritual, san Atanasio lo ofrece explícitamente para la imitación:

> Grande es el beneficio que obtengo tan sólo con recordar a Antonio. Sé bien que también vosotros, al oírme, no sólo sentiréis admiración por este hombre, sino que también deseareis imitar su propósito, pues para los monjes, la vida de Antonio es modelo suficiente de ascesis[25].

El movimiento monástico se remitirá siempre a su modelo, pero además se conserva el testimonio de los discípulos directos de Antonio como maestro en su misma generación, con un elenco de nombres amplio, lo que habla de la fecundidad de su paternidad: Sarmata, Pitirión, Elías, Juan, Sisoes, Colobos, Arsenio, Poemen, etc. Algunos son solo recordados por el nombre aludido y el vínculo con Antonio, otros se convirtieron en referencias importantes de la espiritualidad monástica primitiva, tal y como demuestran las distintas fuentes ascéticas y hagiográficas de la época, y en algunos casos incluso conservamos material suficiente como para intuir las principales claves de su doctrina.

---

24   Cf. ATANASIO, *Vida de Antonio*, 3,3-3,4.

25   ATANASIO, *Vida de Antonio*, prólogo, 3. Cf. A. CAMPLANI, "La direzione spirituale nel monachesimo egiziano", en G. Filoramo (ed.), *Storia della direzione spirituale,* vol. I, *L'etá antica* (Morcelliana, Brescia 2006) 223-264, aquí 241-250.

Podemos detenernos en algunos de ellos, los más relevantes, para sacar a la luz los rasgos más fundamentales de esta relación maestro/discípulos[26].

3. La cruz del seguimiento: obediencia y renuncia

Comenzamos por san Pablo el Simple († ca. 340), coetáneo de Antonio Abad, considerado uno de los Padres del desierto más grandes. Es el único de todos los que veremos nombrado explícitamente como «discípulo» *(mathetés)* del santo alejandrino. Para alcanzar dicho título, antes fue rechazado inicialmente por el Padre de los monjes, que lo consideraba demasiado viejo para el desierto, y probado constantemente en ejercicios y disciplinas aparentemente absurdas –por ejemplo, Antonio le pedía hacer y deshacer cuerdas indefinidamente–. Esta obediencia absoluta es ensalzada por la tradición monástica, como condición de la auténtica vida en el Espíritu. Por ella, se abre para el monje la abundancia de carismas extraordinarios; en el caso de Pablo, es una de las cualidades que más se subrayan de su estilo espiritual, abundante en sanaciones, exorcismos y discernimiento[27]. Ya hemos aludido anterior-

---

26 Privilegiamos en este estudio las fuentes más importantes de este periodo de la espiritualidad cristiana, junto a la *Vida de Antonio* escrita por san Atanasio, ya referida en páginas previas: los *Apotegmas de los Padres del desierto*, el género literario que recopila dichos, enseñanzas breves y escenas costumbristas de los principales maestros espirituales del monacato primitivo, compilados en una edición alfabética en el siglo V y en una edición sistemática en el siglo VI. Esta obra existe con el propósito declarado de hacer brotar y sostener el seguimiento: «se encuentran transcritas en este libro la ascesis virtuosa y la vida admirable, así como las palabras de los santos y de los bienaventurados padres, para la emulación, la formación y la imitación de aquellos que desean llevar una vida celestial y marchar por el camino que conduce al Reino», Prólogo, 1.

27 Cf. M. C. Giorda, "Aspetti del discepolato nell'anacoretismo sucessivo ad Antonio: i Padri del deserto di IV e V secolo", *Annali di Studi Religiosi* 5 (2004) 489-525, aquí 429-493.

mente a la importancia de esta vida carismática, que confirma la realidad del seguimiento cristológico y la autenticidad de la vida en el Espíritu.

Es interesante explorar esta relación entre obediencia y carismas, porque al discípulo se le pide una obediencia absoluta al padre espiritual. Esto no implica que la autoridad del *abba* sea despótica o tiránica; al contrario, los Padres recomiendan un uso más bien discreto de dicha potestad, más bien ocasional, en una atmósfera general de docilidad continua y total. Aun así, al hijo se le exige una actitud de obediencia incondicional, totalizante, sin críticas, dudas, ni negociaciones, aunque tampoco ciega o muda: se debe obedecer siempre y cada mandamiento del padre espiritual, como testimonian los textos clásicos, relatando algunos casos curiosísimos de órdenes muy extravagantes[28].

Esta sumisión es comprendida en la espiritualidad monástica cristiana como una ascesis benéfica, que combinada con la abnegación constante del monje, busca desarraigar el amor propio *(philautia)*, el nido venenoso dejado en el alma por el pecado original, la raíz de toda la pecaminosidad humana, la punta de lanza de la influencia demoníaca en el espiritual. «De todos los pensamientos, el peor es seguir su propio corazón, es decir, su propio pensamiento en lugar de la ley de Dios. Por ello se llega al dolor, porque no se conoce el misterio, ni se encuentra el camino de los santos»[29]. El fruto granado de esta lucha ascética es la libertad interior del discípulo[30].

Que esta libertad interior no es una mera fortaleza natural del hombre maduro, ni una mera ausencia de condicionantes psicológicos internos, sino una auténtica libertad espiritual, la libertad filial cristiana, se verifica precisamente en esta referencia a la irrupción de carismas y dones del Espíritu. Se puede ver cómo la experiencia purificativa que

---

28 Cf. I. HAUSHERR, *La direction spirituelle en Orient autrefois* (PIO Studiorum, Roma 1955) 186-201.

29 ISIDORO, 9 (ed. D. J. Chitty, *Apotegmas de los Padres y de las Madres del desierto: colección alfabética griega,* Surco, Buenos Aires 2021). Para todos los dichos de los Padres, se ha seguido esta edición, cuyo original fue publicado en el año 1991.

30 Cf. HAUSHERR, *La direction spirituelle,* 238-241.

es la renuncia constante a uno mismo retira poco a poco del corazón del monje los obstáculos que puedan entorpecer de alguna manera la magnanimidad divina, y la obediencia radical le expropia radicalmente, contradice cualquier movimiento de clausura sobre sí mismo, y le abre de par en par, primero al padre espiritual, y a través de esta alteridad, al prójimo y a Dios mismo, y a su don.

"¡Dona tu sangre, y recibe el Espíritu!", se repite como un estribillo en la espiritualidad monástica primitiva, buscando darle un aliento espiritual a la ascesis. El significado místico profundo del axioma, sin embargo, apuntaba a esta apertura y a esta receptividad al don divino, el verdadero horizonte de la abnegación del monje. En esta perspectiva, la obediencia se comprende como una experiencia eficaz de comunión: con el prójimo, con el padre espiritual, con la Iglesia, con Dios vivo[31].

4. SER DISCÍPULO ES SER HIJO: LA PATERNIDAD ESPIRITUAL DE LOS MONJES

Otro nombre que es necesario presentar es Amón (295-357), uno de los monjes egipcios más citados del siglo IV, amigo admirado de Antonio a la vez que su aprendiz, uno de los impulsores de la evolución cenobítica del monacato. Varios documentos –reglas, cartas, fragmentos, etc.– reclaman su autoría, y permiten reconstruir un cierto perfil espiritual. Ante todo, se manifiesta como un padre consciente de su misión entre los monjes, con una lucidez que muchas veces supera la del propio san Antonio Abad. Quiere ser un padre «según Dios», es decir, espiritual, y quiere educar por encima de todo, y es así como se presenta a sus hermanos del yermo. Sustenta esta convicción en la experiencia, en su propio camino de perfección avanzada, que le permite conocer la voluntad de Dios para los monjes más jóvenes, y en virtud

---

31 Cf. J. LÓPEZ PEÑALBA, *El arte del Espíritu: la experiencia espiritual en la teología de Marie-Joseph Le Guillou* (San Dámaso, Madrid 2017) 688-689.

de este conocimiento místico superior pide –incluso exige, aunque sin despreciar nunca la mansedumbre como recurso pedagógico– escucha atenta, obediencia, e imitación de su ejemplo[32].

Esta conciencia de paternidad es una de las claves espirituales del Oriente cristiano. En la pedagogía teológica oriental, aludirá a un engendrar realmente, nuevo y superior al natural, participando de la paternidad divina (cf. Mt 23,9, Ef 3,15). Junto a la maternidad eclesial, aparece esta figura paterna, asociadas ambas en el acontecimiento salvífico del nuevo nacimiento a la vida de Dios por el sacramento del bautismo. La especificidad del padre espiritual estaría en la prolongación de esta generación espiritual en la biografía de cada renacido, a través de toda la economía sacramental y de la educación mística del cristiano hasta su madurez, que en Oriente se relaciona estrechamente con el ingreso en el monasterio, considerado por los Padres casi como un segundo bautismo. Si en aquella primera inmersión había una madre, la Iglesia, y un padre, el ministro del sacramento, el monje nace de nuevo acompañado por la maternidad de la fraternidad monástica, y por la paternidad eficaz del *abba*[33].

Esta paternidad espiritual, al no formar parte de la estructura sacramental de la Iglesia, debe ser comprendida como un carisma de la comunidad creyente. Así lo entendió la primera tradición patrística, que desplegó un variado abanico de habilidades espirituales posibles en el seno de la comunidad a partir de una lectura peculiar del carisma de profecía, uno de los más estimados del testimonio neotestamentario (cf. 1Co 12,7-11, Rm 12,6-8). En la interpretación de algunos Padres,

---

32 Cf. Giorda, "Aspetti del discepolato" 496-498.

33 Cf. Hausherr, *La direction spirituelle*, 20-24, 33-39. Este realismo sacramental es la cualidad teológicamente más potente que hemos encontrado en estos autores del siglo IV para evitar la reducción moralista de la imitación, que ciertamente es uno de los riesgos más serios de la categoría: cf. E. Babini, "Sequela: dall'imitazione alla partecipazione", en L. Melina, O. Bonnewijn (eds.), *La sequela Christi: dimensione morale e spirituale dell'esperienza cristiana* (Lateran University Press, Rome 2003) 297-303, aquí 298-301.

la profecía era una capacidad espiritual amplísima, que incluía también el escrutinio de los corazones y el discernimiento, habilidades indispensables del padre espiritual[34].

¿En qué consiste concretamente esta paternidad *in actu*, cuando se ejercita, según el testimonio de estos Padres del desierto? Ante todo, se trata de una actitud sobrenatural de caridad, que dispone habitualmente al *abba* hacia sus hijos espirituales: la paternidad espiritual se convierte en el tipo y la fuente de todos sus demás afectos y gestos hacia sus discípulos, que servirán, de cierta manera, como medios y cauces de unión de cada monje directamente con Dios. En cierto sentido, esta paternidad es una atmósfera de bondad y benevolencia, que hace presente la caridad divina, el ambiente en el cual el monje puede nutrirse y crecer[35].

Los Padres buscan describir este amor paternal como un amor fuerte, que impulsa, y protector, defensa ante el mal[36]. Sin embargo, a medida que pasan los años de discipulado y vínculo, va mutando poco a poco hacia una cierta amistad, como pasa a menudo en el amor natural entre padres e hijos, tornándose un amor respetuoso, pero a la vez íntimo, de una pureza espiritual maravillosa[37].

En cualquier caso, sus tareas esenciales son pocas, sencillas, pero decisivas. En primer lugar, caminar en la virtud, alcanzando la talla natural y sobrenatural del hombre espiritual íntegro, regenerado. La perspectiva educativa también es válida aquí: maestro y discípulo conviven juntos, y la influencia del padre espiritual en la formación del joven monje ocurre

---

34 Cf. Hausherr, *La direction spirituelle*, 39-42.

35 Cf. Hausherr, *La direction spirituelle*, 147-149.

36 Qué interesante esta alusión a la fuerza de la paternidad espiritual, que permitiría un diálogo crítico y prometedor con algunos ensayos que intentan comprender y proponer de nuevo la figura del padre, ante la enorme crisis de familias, de afectos, de referencias… cf. Cf. P. J. Cordes, *El eclipse del padre* (Palabra, Madrid 2003), X. Lacroix, *Passeurs de vie: essais sur la paternité* (Bayard, Paris 2014).

37 Cf. Hausherr, *La direction spirituelle*, 149-151.

connaturalmente, por imitación[38]. La experiencia de vida, la que convierte al monje en un experto, es la clave de este vínculo: la imitación se apoya, y se alimenta, en esta cualidad adquirida por el anciano en sus años de oración, ascesis y monasterio.

Entonces, el seguimiento nace en la admiración. Es decisivo afirmar este punto de partida, que los monjes testimonian reiteradamente.

> Un hermano interrogó al abba Pastor diciendo: "unos hermanos viven conmigo, ¿deseas que los presida?". El anciano le dijo: "no, trabaja tú en primer lugar, y, si ellos desean vivir así, lo verán por sí mismos". El hermano le dijo: "pero si ellos mismos quieren que los presida". El anciano le dijo: "no, sé para ellos un modelo, no un legislador"[39].

Con sabor a disputa paulina sobre la ley y la gracia, Pastor pide al monje llamado a ser *abba* y responsable de sus hermanos ofrecerles un modelo, y no normas. En pocas palabras, se afirma que el ministerio más importante del padre espiritual no es jerárquico, sino icónico. De manera menos profunda, pero incisiva: «Sisoes preguntó al *abba* Or, diciendo: "dime una palabra". Y le respondió: "¿tienes confianza en mí?". Él respondió: "sí". Le dijo: "ve, y haz lo que me has visto hacer"»[40].

Puede sorprender esta relativización de la autoridad en un texto clásico de la espiritualidad monástica, dada la fama que esta tiene de reforzar hasta el extremo la obediencia que organiza el monasterio. Ciertamente, no estamos ante una minusvaloración de la jerarquía, propia de algunas tendencias pedagógicas contemporáneas. Los monjes son finos psicólogos, y saben mantener el equilibrio: «Es necesario que los discípulos amen a los maestros como a padres, y los teman como a jefes, y no pierdan el temor a causa del amor, ni oscurezcan el amor a

---

38 Cf. HAUSHERR, *La direction spirituelle*, 130-132.

39 PASTOR, 174 (ed. Chitty, *Apotegmas: colección alfabética*).

40 OR, 7 (ed. Chitty, *Apotegmas: colección alfabética*).

causa del temor»[41]. Es decir, descubrimos un horizonte más amplio en el cual entender tanto el ejercicio del poder como el movimiento de la libertad, un horizonte que corresponde bien con la auténtica fe cristiana filial y el misterio del Hijo.

Pero la relación entre discípulo y maestro, tal y como la entiende la espiritualidad monástica, no se queda en el nivel natural. Necesita ser sostenida por el auxilio divino: «Cuando [Isaac] estaba cercano a la muerte, [...] le dijeron: "¿qué haremos, abba, cuando te hayas marchado?". Respondió: "miren cómo he obrado cuando estaba con vosotros; si también queréis seguirme y guardar los mandamientos de Dios, enviará Él su gracia»[42].

¿Cómo aparece el modelo a imitar? En una primera aproximación, se diría que las obras manifiestan y comunican el ejemplo. Pero, yendo más allá, es necesario afirmar que es el perfil íntegro del padre espiritual, natural y sobrenatural, todo lo que él es, lo que hace presente el icono a seguir:

> Cuando oíamos las palabras de nuestro padre, el abba Pacomio, teníamos una gran ayuda [...]. Viendo que, aun cuando permanecía en silencio, hacía de sus actos un discurso, nos admirábamos y nos decíamos unos a otros: [...] "ahora hemos visto la bondad de Dios manifestada en nuestro padre, [...] revestido de todos los mandamientos de Dios. De este modo, nosotros todos podemos seguirlo, igual que los santos a los que él mismo siguió[43].

Los gestos, el silencio mismo, es decir, la presencia, de Pacomio en este caso, se vuelve lección. Y no mera transmisión de información, porque la confesión emocionada de los monjes habla de estupor y de

---

41   Isidoro el Presbítero, 5 (ed. Chitty, *Apotegmas: colección alfabética*).

42   Isaac, 11 (ed. Chitty, *Apotegmas: colección alfabética*).

43   Psentaisio, 1 (ed. Chitty, *Apotegmas: colección alfabética*).

JAIME LÓPEZ PEÑALBA

experiencia del misterio de Dios, cuya gloria se refleja en el maestro espiritual[44]. Esta expresividad, que es atractiva, permite el seguimiento: mirada, enseñanza, epifanía divina estructuran este vínculo entre maestro y discípulo. Aparece luminoso en el ejercicio de imitación del propio san Antonio, en sus primeros pasos en el camino monástico, aprendiendo de los santos monjes del desierto:

> De cada uno aprendía el celo y la ascesis en los que sobresalía. De uno contemplaba la amabilidad, de otro la perseverancia en la oración, de otro meditaba la paz, de otro el amor a los hombres. Observaba al que velaba y al que amaba el estudio, admiraba al austero, al que ayunaba y dormía sobre la tierra, percibía la dulzura de uno y la generosidad del otro. Pero de todos advirtió la piedad de Cristo y el amor de unos para con otros[45].

Todo el párrafo está compuesto a base de verbos relacionados con la visión: contemplar, observar, admirar, percibir, advertir, etc; porque la relación con el maestro es una relación con un icono, profundamente visual. Para que una teología de la imitación sea coherente con el testimonio de la experiencia paulina que encontramos en la revelación, tiene que incluir una teología de la imagen, necesariamente[46]. En algunos de sus dichos en los *Apotegmas*, encontramos esta tesis bien esclarecida:

> Tres padres tenían la costumbre de ir cada año a ver a *abba* Antonio, y mientras dos lo interrogaban acerca de los pensamientos y la salvación del alma, el tercero callaba absoluta-

---

44 «Tanto lo glorificó Dios [al *abba* Pambo], que nadie podía mirarlo cara a cara, a causa de la gloria que tenía su rostro», Pambo, 1 (ed. Chitty, *Apotegmas: colección alfabética*). La alusión a Ex 33-34 y a 2Co 3,7ss es evidente.

45 Atanasio, *Vida de Antonio*, 4,1.

46 Cf. J. Cockayne, "The imitation game: becoming imitators of Christ", *Religious Studies* 53 (2017) 3-24.

mente y nada preguntaba. Después de mucho tiempo, le dijo

abba Antonio: "vienes desde hace tiempo y no me preguntas nada". Le respondió diciendo: "*abba,* me basta con verte"[47].

"Volver los actos un discurso" dice el ideal de los padres espirituales, como hemos visto, que ofrecen a sus hijos una sabiduría vital, hecha de palabras, pero sobre todo de moralidad y experiencia. De muchas maneras aparece en la espiritualidad monástica: «vivir sin hablar es más útil que hablar sin vivir. El primero, aunque calle, trae provecho; el otro, hablando, turba. Pero si la palabra y la vida coinciden, entonces consuman el modelo de toda filosofía»[48].

Otra de las misiones peculiares del padre espiritual es una intercesión especial por sus hijos, con un doble propósito: suplicando fuerzas y acompañando en todo momento a sus discípulos en sus tentaciones y en el combate espiritual con los demonios, propio de la existencia monástica en el desierto; después, pidiendo carismas y dones espirituales para el joven monje, pues esta sobreabundancia del Espíritu es signo del avance y la madurez hacia la plenitud espiritual[49].

Desarrollando más esta perspectiva, aparece una última dimensión de esta paternidad, muy valorada por la espiritualidad oriental, que incluiría una forma de sustitución vicaria, análoga al significado que posee la categoría soteriológica *(Stellvertretung)*[50]. Se trata de una práctica frecuente entre los monjes, consistente en tomar sobre sí parte de las penitencias del joven monje a su cargo. De esta manera, el *abba* no es únicamente un médico que cura y distribuye sus remedios, sino también un enfermo con sus enfermos, asumiendo él mismo la dureza

---

47 Antonio, 27 (ed. Chitty, *Apotegmas: colección alfabética*).

48 Isidoro de Pelusio, 1 (ed. Chitty, *Apotegmas: colección alfabética*).

49 Cf. Hausherr, *La direction spirituelle*, 132-141.

50 Cf. K. H. Menke, *Stellvertretung: Schlüsselbegriff christlichen Lebens und theologische Grundkategorie* (Johannes, Freiburg 1991); E. J. Justo Domínguez, *Libertad liberadora: para una nueva formulación de la cristología y la soteriología* (Secretariado Trinitario, Salamanca 2013).

de la ascesis de sus discípulos[51]. Aquí se cumple una nueva imitación de Cristo, especialmente de su encarnación redentora: como el Señor ha asumido la naturaleza humana pecadora y menesterosa en su kénosis, el padre espiritual desciende a la altura de la debilidad moral y espiritual del discípulo, compartiendo con él la dureza de su camino.

Es necesario imitar. El joven monje que comienza su camino de perfección es, irremediablemente, inexperto e imperfecto, circunstancias que amenazan gravemente su vocación espiritual, independientemente de su buena voluntad y propósitos. Debe buscar la luz y la oración de un padre espiritual, con constancia y con esfuerzo, porque los santos monjes escasean sea cual sea la generación. Según esta perspectiva, el padre espiritual es una condición *sine qua non* de la santidad[52].

5. Abrirse para recibir: doctrina y aprendizaje en los monjes

San Macario el Grande (ca. 300-390) fue un discípulo más ocasional de Antonio. Nunca hubo un seguimiento estable, sino visitas en las que recibía palabras y ejemplos con los cuales alimentar el aprendizaje. Aun así, reconocemos los rasgos del discipulado antoniano en el testimonio de Macario: dureza del maestro, perseverancia del hijo, convivencia y trabajo en común, diálogo espiritual entre ambos, etc. Por eso se puede establecer un vínculo educativo, que la tradición no ha querido olvidar, hablando explícitamente de Macario como «discípulo» *(mathetés)* del santo alejandrino, y como «heredero» *(kleromonos)* de su espíritu, con una investidura carismática que toma como modelo el don de Elías a Eliseo (cf. 2R 2), paradigma clásico de la teología bíblica del discipulado. Así, los *Apotegmas* solo dan el título de «portador del espíritu *(pneumatóforo)*» a dos magnos monjes, entre todos los santos

---

51   Cf. Hausherr, *La direction spirituelle*, 141-147.
52   Cf. Hausherr, *La direction spirituelle*, 178-186.

varones que recorren al decantar la sabiduría del desierto: Antonio y Macario[53].

Macario es el gran maestro de la conversación espiritual en la tradición monástica. Si otros Padres del desierto ofrecían un modelo ascético radical para la imitación, el Egipcio, principalmente, enseña. Está adornado de virtudes naturales y sobrenaturales, pero, sobre todo, ejerce su paternidad educando con doctrina: sobre las pasiones, sobre las purificaciones, sobre la oración, sobre la pobreza, sobre el combate con los demonios, etc. Recibe por eso el sobrenombre de "el Viejo", no tanto por sus años –pues fue titulado así pronto, con una edad considerada juvenil en los monasterios–, sino por su sabiduría. Dice la tradición que sus palabras convertían a sus oyentes[54].

Aparece así subrayado otro nuevo rasgo de la paternidad, junto al modélico y al generativo, pero también muy importante y decisivo. El maestro, padre y modelo lo es también por su doctrina y su capacidad efectiva de transmitir conocimiento, y así formar espirituales. Aunque la pedagogía contemporánea haya relativizado el momento magisterial de la educación, valorando con ahínco el momento discipular del descubrimiento, del autoaprendizaje, de la maduración personal del alumno, en la escuela que era el monasterio cristiano primitivo el valor de la enseñanza ascética y mística que podía ofrecer el maestro espiritual era irrenunciable. Vinculando todas las dimensiones que han aparecido en nuestro itinerario, podemos decir que el padre es, efectivamente, el que ofrece su conocimiento adquirido con la experiencia, da buenos consejos, y enseña teoría y práctica.

Además, se celebra mucho la humildad de Macario, que le hacía cercano y accesible para las confidencias de sus hermanos. Aparece así una de las experiencias más decisivas de la espiritualidad monástica, y de la relación entre maestros y discípulos: la confesión *(homologeiszai)*, la apertura de corazón del monje a su padre espiritual en la cual declara

---

53   Cf. Giorda, "Aspetti del discepolato", 504-505.
54   Cf. Giorda, "Aspetti del discepolato", 509-510.

no sólo sus pecados, sino más radicalmente todos los pensamientos que habitan su interioridad[55]. Más allá de su carácter metódico, esta praxis enriquece teológica y espiritualmente la identidad discipular: seguir, imitar, implican una docilidad, que ahora toma la forma de una transparencia peculiar, de una confianza en la dirección carismática del superior[56].

Esta apertura del alma por parte del discípulo realiza una liberación de escrúpulos y una superación de dinamismos psicológicos culpabilizadores, lo que supone un apaciguamiento natural de la psique del monje: la paz del alma. Junto con la abnegación, esta era la otra gran herramienta de pedagogía espiritual empleada insistentemente por los Padres del desierto para hacer madurar al joven iniciado. Así, se convirtieron en verdaderos terapeutas ya en el siglo IV, precursores de la psicología moderna. Pero para ellos, la naturaleza de la paz anhelada y alcanzada es siempre sobrenatural, tiene que ver con el combate espiritual contra los demonios y sus tentaciones, y la adquisición progresiva de una cierta victoria moral y un dominio sobre los pecados más graves y sus dinamismos psicoespirituales[57].

6. CONCLUSIONES

El recorrido realizado por la espiritualidad monástica primitiva en Antonio y algunos de sus discípulos más importantes nos permite afirmar con claridad que tanto el seguimiento como la imitación son dos categorías muy presentes en la tradición espiritual de este periodo, importantes para comprender el ideal de santidad que se está perfilando

---

55 Cf. T. Spidlik, *El monacato en el Oriente cristiano* (Monte Carmelo, Burgos 2004) 101-106.

56 Sin embargo, es necesario pensar bien esta cuestión, dada la situación eclesial actual de abusos morales y espirituales que los últimos pontífices han afrontado. Cf. Francisco, carta apostólica en forma motu *proprio Vos estis lux mundi* (7 de mayo de 2019).

57 Cf. Hausherr, *La direction spirituelle,* 234-237.

entre los monjes en aquellas décadas, y muy interdependientes entre ellas, incluso equivalentes en muchos sentidos.

Llegados a este punto, incluso se puede afirmar una evolución del tema, dentro del mismo relevo generacional del siglo IV.

En Antonio, se presenta la *imitatio Christi* con convicción y muy definida: el monje es el configurado con Jesucristo, su presencia en la vida de la Iglesia para la nueva época en la que la comunidad cristiana se adentra con el cese de las persecuciones y de los mártires. El discípulo es el que realiza íntegramente la vida de Cristo, actualizándola en su tiempo.

Los monjes que han aprendido de Antonio a vivir radicalmente el seguimiento evangélico comparten esta pretensión, la llevan a la práctica y la enseñan a la siguiente hornada de jóvenes que se acercan al cenobio. Pero se constata un cierto proceso de concentración pascual de la *sequela*, que centra la identificación con Cristo especialmente en el acontecimiento de la Cruz. Imitar a Jesucristo consiste, sobre todo, en asemejarse al Crucificado. El horizonte es la gloria divina final y el don del Espíritu Santo, porque la ascesis se entiende siempre como la experiencia dispositiva de apertura y receptividad del alma a la gracia. Pero ciertamente hay una modulación nueva en la cuestión del seguimiento, en clave moral.

En mi opinión, el paso más decisivo de este desarrollo ocurre en los Padres del desierto que relean toda la experiencia de la imitación y del seguimiento de Cristo desde la perspectiva teológico y espiritual de la filiación y de la paternidad. El superior jerárquico, el *abba*, que es el modelo a imitar, porque porta a la vida de los monjes la presencia de Cristo, descubre su llamada a formar espiritualmente en los discípulos el icono de Jesucristo, y en virtud de esta vocación generativa, se convierte en padre. El joven monje, el aprendiz, el seguidor de Cristo, ante la potente referencia de la paternidad espiritual que tiene delante, se torna hijo, y cumple así también el ideal cristiano de asumir la identidad relacional –adoptiva– del Engendrado.

El seguimiento y la imitación desembocan así en la categoría de la filiación, y dialogan con ella, con muchas consecuencias para la teología espiritual, la pedagogía catequética, la eclesiología, etc. Quedan pendientes para futuras investigaciones.

JAIME LÓPEZ PEÑALBA

7. Bibliografía

Arzubialde, S., *Justificación y santificación: la primera etapa de la vida espiritual* (Sal Terrae, Santander 2016).

Atanasio, *Vida de Antonio*, 2,3-3,1 (ed. P. Rupérez, Ciudad Nueva, Madrid 1995).

Babini, E., "Sequela: dall'imitazione alla partecipazione", en L. Melina, O. Bonnewijn (eds.), *La sequela Christi: dimensione morale e spirituale dell'esperienza cristiana* (Lateran University Press, Rome 2003) 297-303

Bouyer, L., *Le sens de la vie monastique* (Brepols-Turnhout, Paris-Bruxelles 1962).

Bouyer, L., *Storia della spiritualitá*, vol. III, *I Padri* (EDB, Bologna 2013).

Camplani, A., "La direzione spirituale nel monachesimo egiziano", en G. Filoramo (ed.), *Storia della direzione spirituale*, vol. I, *L'etá antica* (Morcelliana, Brescia 2006) 223-264.

Castillo, J. M., *El seguimiento de Cristo* (Sígueme, Salamanca 1986).

Chitty, D. J. (ed.), *Apotegmas de los Padres y de las Madres del desierto: colección alfabética griega* (Surco, Buenos Aires 2021).

Cockayne, J., "The imitation game: becoming imitators of Christ": *Religious Studies* 53 (2017) 3-24.

Cordes, P. J., *El eclipse del padre* (Palabra, Madrid 2003).

Crouzel, H., "L'imitation et la suite de Dieu et du Christ dans les premiers siècles chrétiens ainsi que leur sources gréco-romains et hébraïques": *Jahrbuch für Antike und Christentum* 21 (1978) 7-41.

Giorda, M. C., "Aspetti del discepolato nell'anacoretismo sucessivo ad Antonio: i Padri del deserto di IV e V secolo": *Annali di Studi Religiosi* 5 (2004) 489-525

Hausherr, I., *La direction spirituelle en Orient autrefois* (PIO Studiorum, Roma 1955).

Justo Domínguez, E. J., *Libertad liberadora: para una nueva formulación de la cristología y la soteriología* (Secretariado Trinitario, Salamanca 2013).

Lacroix, X., *Passeurs de vie: essais sur la paternité* (Bayard, Paris 2014).

López Peñalba, J., *El arte del Espíritu: la experiencia espiritual en la teología de Marie-Joseph Le Guillou* (San Dámaso, Madrid 2017)

Mara, M. G., "Bibbia e storia nel fenomeno monastico: la Vita Antonii", en E. Romero Pose (ed.), *Pleroma, salus carni: homenaje a Antonio Orbe* (Aldecoa, Santiago de Compostela 1990) 561-573.

Marmion, C., *Jesucristo, vida del alma* (Gratis Date, Pamplona 1993).

Menke, K. H., *Stellvertretung: Schlüsselbegriff christlichen Lebens und theologische Grundkategorie* (Johannes, Freiburg 1991).

Moss, C. R., *The other Christs: imitating Jesus in ancient Christian ideologies of martyrdom* (Oxford University Press, Oxford 2010).

Pinckaers, S., *La vita spirituale del cristiano secondo san Paolo e san Tommaso d'Aquino* (Jaca Book, Milano 1995).

Preiss, Th., "La mystique de l'imitation du Christ et de l'unité chez Ignace d'Antioche": *Revue d'Histoire et de Philosophie Religieuses* 17 (1938) 197-241.

Ratzinger, J./Benedicto XVI, *Jesús de Nazaret,* vol. I, *Desde el bautismo a la transfiguración* (La Esfera de los libros, Madrid 2007) 82-83.

Ruthven, J., "The imitation of Christ in Christian tradition: its missing charismatic emphasis": *Journal of Pentecostal Theology* 16 (2000) 60-77.

Spidlik, T., *El monacato en el Oriente cristiano* (Monte Carmelo, Burgos 2004).

EL VÍNCULO AFECTIVO COMO CLAVE DEL DISCIPULADO

Raúl Sacristán

UESD

El propósito de la presente contribución es adentrarnos en los aspectos de la estructura psicológica y moral del discipulado. Partiremos de una breve selección de textos bíblicos tanto del Antiguo como del Nuevo Testamento para evocar la centralidad de esta institución. La relevancia del discipulado no es una cuestión del mundo antiguo, sino que, como intentamos explicar, es característica de la experiencia humana, por lo que sigue siendo clave hoy día. En un momento en el que "ser discípulos" parece haber sido sustituido por la autoformación, sobre todo por medios informáticos, el discipulado nos remite a la relacionalidad como dimensión constitutiva de la persona[1].

El discipulado como modelo educativo pone de relieve la importancia de la relación maestro-discípulo. Esta relación confiere un

---

[1] Cf. R. Sacristán, *Psicología, persona y familia* (Didaskalos, Madrid 2021), 113-116. En este estudio se analizan las propuestas antropológicas de varios autores actuales: R. Spaemann, J. J. Pérez-Soba, E. Ortiz, J. M. Domínguez Prieto. Sus propuestas nos permiten ajustar las notas fundamentales de la persona en dos parámetros: la individualidad-incomunicabilidad y la racionalidad-relacionalidad.

carácter social, interpersonal, al aprendizaje, que parece haber ido desapareciendo con el tiempo. Podemos decir que hace de la formación una acción comunional. La preponderancia del contenido aprendido o del alumno que aprende es dominante en el modelo educativo actual. Sin negar la importancia de los contenidos o del alumno, la pérdida de la interpersonalidad en el aprendizaje hace de este una actividad menos humana, es una consecuencia del desarrollo de la antropología en los últimos cuatro siglos[2]. El riesgo de que este problema pase también a la educación católica, e incluso a la formación teológica y religiosa supondría una pérdida para la experiencia humana del aprendizaje y para el crecimiento de quienes se estén formando con ese modelo. Retomar la relación discipular en el aprendizaje sería un modo de superar la tendencia individualista de nuestra cultura, que siempre es inhumana, pues el hombre ha sido creado para la comunión.

1. La relación como clave del discipulado en la Biblia

Ya desde el Génesis se nos dice que "no es bueno que el hombre esté solo" (*Gn* 2, 18). Existe por tanto una llamada a la comunión que es constitutiva del ser humano. La "soledad originaria", como la denominó S. Juan Pablo II, es un estado que no responde al plan que el Creador ha pensado para su criatura[3]. Dios crea "una ayuda adecuada" (*Gn* 2, 18) para Adán, Eva, de modo que ambos puedan iniciar una comunión de vida que les dirija hacia la plenitud a la que han sido llamados: "Por eso, dejará el hombre a su padre y a su madre, y se unirá a su mujer, y serán los dos una sola carne" (*Gn* 2, 24). A esta primera pareja le da Dios una instrucción, para que sigan sus palabras; en cambio, tras la

---

2   Cf. J. J. Pérez-Soba, *La pregunta por la persona, la respuesta de la interpersonalidad* (San Dámaso, Madrid 2005).

3   Cf. S. Juan Pablo II, *Hombre y mujer lo creó* (Cristiandad, Madrid 2000). Resulta muy interesante el "Índice de los conceptos principales", elaborado por J. M. Granados Temes, y que se halla al final del mismo volumen (pp. 699-744).

tentación, se desvían del plan divino. El pecado establece así una ruptura que dificulta al hombre alcanzar su fin de vivir en comunión. La ruptura de la comunión con Dios dificulta la comunión entre los hombres, como se ve de modo particular en el episodio del asesinato de Abel y en toda la historia humana posterior. El diluvio o la construcción de Babel son dos momentos paradigmáticos, pero estos se prolongan hasta el mismo final relatado en el Apocalipsis.

Esta es la razón por la cual Dios ha ido buscando al hombre para "enseñarle a vivir". Ante la dureza del corazón humano, Dios ha ido hablando progresivamente, de modo particular al pueblo de Israel. La imagen fundamental de esta enseñanza es la de la educación familiar, en concreto, la educación del hijo por el padre. Bajo esta imagen se narra no solo la experiencia del Éxodo, sino también la de los profetas, pero, de modo peculiar, encontramos numerosas expresiones en este sentido en los libros sapienciales. Por citar solo alguna nos centraremos en el Eclesiástico. Así encontramos: "Hijo, si te acercas a servir al Señor, prepárate para la prueba" (2, 1); "Hijos, escuchad a vuestro padre, hacedlo así y viviréis" (3, 1); "Hijo, cuida de tu padre en la vejez" (3, 12), "Hijo, actúa con humildad en tus quehaceres" (3, 17)[4].

No obstante, a pesar de la acción divina, el corazón del hombre seguía endurecido. De ahí que ya los mismos profetas anunciaran una nueva alianza, en la cual se garantizaría la capacidad de respuesta adecuada del hombre a Dios. Así lo dice Jeremías: "Esta será la alianza que haré con ellos después de aquellos días – oráculo del Señor – Pondré mi ley en su interior y la escribiré en sus corazones; yo seré su Dios y ellos serán mi pueblo" (Jr 31, 33). Se trata aquí de la creación de un corazón nuevo, un Espíritu nuevo (cf. Ez 36, 26), que será propiamente el Espíritu del Hijo (cf. Gal 4, 6).

Es importante reconocer que en estos textos se ve con claridad que la perfección del hombre radica en vivir la filiación divina. El contenido de la Alianza no son aspectos cognoscitivos principalmente, aunque

4   Las citas son numerosas: Eclo 4, 1; 6, 18; 10, 28; 11, 10; 14, 11; 16, 24.

EL VÍNCULO AFECTIVO COMO CLAVE DEL DISCIPULADO

sin duda los hay, sino que es la relación de paternidad que Dios establece con Israel. De aquí se colige que el hombre crece en la filiación. Esto choca con la concepción actual de educación. La expresión de Jesús en el evangelio de Mateo, "le basta al discípulo ser como su maestro" (Mt 10, 25), puede chocar a los maestros humanos, pues ellos mismos desearían que sus discípulos les aventajasen, puesto que en el conocimiento humano podemos ir avanzando sobre los que nos han precedido, e incluso hay discípulos más sabios que sus maestros, sin que esto sea merma de la dignidad del maestro. En cambio, en boca de Jesús esto adquiere un significado nuevo: los discípulos, llegando a ser como su Maestro, llegan a lo máximo que pueden llegar, pues llegan al mismo infinito, llegan a Dios. Es por esta razón que Jesús invita a los discípulos a que vayan con él: "Venid y lo veréis" (Jn 1, 39); "Los llamó para que estuvieran con él y para enviarlos a predicar" (Mc 3, 13); "Venid conmigo, y os haré pescadores de hombres" (Mt 4, 19). El núcleo de todas estas expresiones es la relación misma con Jesús. No se trata de unos contenidos nocionales, ni siquiera de Jesús mismo, sino de la relación entre Jesús y los discípulos, todos juntos y cada uno personalmente. Los discípulos son introducidos a una comunión de vida, que es la vida misma de la Trinidad: "donde estoy yo, estéis también vosotros" (Jn 14, 3). Esta centralidad de la relación con el Maestro no tiene parangón en ningún otro modelo educativo. Ni la *paideia* griega, ni los sucesivos modelos educativos hasta el presente han tenido la relación discipular como centro. Aunque en la educación humana, la relación maestro-discípulo sea de gran importancia, en el discipulado cristiano no es que sea de gran importancia, sino que es el fin propio del discipulado. De hecho, mientras que los maestros humanos han de dejar ir a sus pupilos, Jesús promete su compañía constante: "Mirad que yo estoy con vosotros todos los días" (Mt 28, 21), y así se les recomienda a los discípulos que permanezcan en él (cf. Jn 15, 9). Esta permanencia es el cumplimiento del plan originario significado por el nombre que Isaías da al Mesías: "Enmanuel, que significa Dios-con-nosotros" (Mt 1, 23; Is 7, 14).

La relación supone, al mismo tiempo, otros dos aspectos: una nueva configuración del discípulo como tal y una tarea consiguiente. Esto queda patente en el texto de la llamada de los discípulos, tanto en Mateo: "os haré pescadores de hombres" (Mt, 4, 19); como en Mc: "para enviarlos a predicar" (Mc 3, 15). La relación con Jesús configura a los discípulos con él y con su misión. La configuración en el amor y en la misión tienen como referencia última la filiación de Jesús, así lo vemos en el paralelismo de las expresiones del evangelio de san Juan durante la Última Cena, "como el Padre me ha amado, así os he amado yo" (Jn 15, 9); y después, en la aparición en el cenáculo, "como el Padre me ha enviado, así os envío yo" (Jn 20, 21). Que las dos afirmaciones aparezcan en el mismo lugar da una mayor unidad a las mismas. Además, hay una dimensión trinitaria en el envío, según Jn 20, 21, que remite a la teofanía del bautismo de Jesús, y pone en relación el inicio de la misión del Mesías con el inicio de la misión de la Iglesia. El discipulado ha llegado a su culmen: los discípulos son como el Maestro, porque participan de su filiación y su misión por medio del Espíritu Santo. Esto se manifiesta en que hacen lo mismo que el Maestro (cf. Mc 16, 17s.), e incluso son escuchados como hijos (cf. Jn 16, 26-27).

Junto a la llamada de los apóstoles, aparecen en los evangelios otras llamadas que se caracterizan por no ser secundadas (cf. Lc 9, 57-62). La austeridad de vida, el abandono de la vida anterior y la reorganización de la vida familiar aparecen como causa de la negación. Pero entre todas, destaca la del joven rico (cf. Mt 19, 16-21), por ser más detallada, y que expone varios puntos relevantes sobre el discipulado.

El pasaje ha sido especialmente tratado por san Juan Pablo II en el primer capítulo de la encíclica *Veritatis Splendor* (nn. 6-27). No podemos hablar del discipulado sin hacer una referencia a esta encíclica y al primer capítulo en particular. Al hilo del diálogo entre ellos, Jesús y el joven, el papa destaca elementos de gran importancia en el discipulado. El primero es la bondad divina, que es la causa por la que el joven se dirige a Jesús para buscar su perfección, es la base de la búsqueda de un maestro para vivir. Esta bondad divina es la verdadera vía de perfección

RAÚL SACRISTÁN

del hombre (nn. 8-11). De aquí se sigue la importancia de la ley mosaica, como inicio del camino, y de la caridad, especialmente con los pobres (nn. 12-18), y que pone en juego la libertad del hombre. Pero esta libertad se ve provocada por la presencia de Cristo de modo particular. Jesús le propone al joven lo mismo que a los discípulos: "Ven y sígueme" (Mt 19, 21). Aparece aquí la iniciativa divina con total claridad, aunque ya antes, mediante la referencia a Dios y a los mandamientos ya había aparecido. Es en el comentario a este versículo en el que el papa expone el discipulado, la *sequela Christi,* como "fundamento esencial y original de la moral cristiana" (n. 19). La parte final del comentario (nn. 20-27) refiere la configuración interior que supone este seguimiento, como ya hemos indicado anteriormente[5].

Una vez recogidas estas líneas fundamentales de los textos bíblicos, pasamos ahora a recoger otros datos que nos vienen ofrecidos por distintos autores desde el campo de la psicología moderna. Nuestro fin es poder contrastarlos con los datos de la experiencia bíblica del discipulado.

2. Una mirada desde la psicología moderna a diversos factores del discipulado cristiano

Vamos a iniciar nuestra reflexión con los estudios de tres grandes autores clásicos del s. XX. Primero nos referiremos a John Dewey (1859-1952), destacado por sus propuestas pedagógicas; posteriormente a John Bowlby (1907-1990), cuyos estudios sobre el apego en la infancia

---

5   Los temas que trata *Veritatis Splendor* en su desarrollo se han de entender desde esta relación discipular que el cristiano tiene con Cristo. Estos temas son la relación entre libertad y ley, entre conciencia y verdad, la cuestión de los actos intrínsecamente malos, la discusión sobre la autonomía moral y la opción fundamental. Toda la encíclica resulta un verdadero diálogo en el que el papa vuelve a proponer los principios del evangelio para responder a situaciones actuales, mostrando así la validez perenne de los mismos principios.

están vinculados a los estudios de Mary Ainsworth y Mary Main, como veremos. Posteriormente haremos referencia a Enrique Pichon-Rivière (1907-1977), autor de la teoría del vínculo, referida a adultos en general. Este autor nos abrirá la puerta a los estudios sobre liderazgo. Por último, atenderemos a tres experimentos clásicos de la psicología social sobre conformidad, autoridad y obediencia, los de Solomon Asch (1907-1996), Stanley Milgram (1933-1984) y Philip Zimbardo (1933-).

2.1. LA REFERENCIA FAMILIAR EN LA ESCUELA

El primero de los tres autores citados, John Dewey, no es propiamente psicólogo, sino filósofo, que tocó muchos campos, pero que de modo especial ha despuntado por su teoría educativa, basada en una concepción democrática de la sociedad. Su teoría quedó reflejada principalmente en la obra *Democracia y educación,* publicada en 1916[6]. En esta obra, Dewey presenta un modelo educativo basado en los principios democráticos, es decir, la participación activa de los individuos en la organización de la sociedad. Su propuesta supuso una gran revolución no solo en los Estados Unidos, sino en muchos otros países europeos e incluso asiáticos. La escuela democrática pretendía hacer tomar conciencia del potencial de los alumnos más allá de ser meros receptores de información. Buscaba fomentar la participación de los alumnos en su propio aprendizaje, afirmando que la escuela no era una preparación para vivir en sociedad en el futuro, sino que es ya una verdadera sociedad en la que los niños aprenden viviendo. Dewey da una importancia fundamental a la dimensión socializante de la escuela. Ahora bien, tal y como la propone, parece que la escuela, o la sociedad en la que los alumnos lleguen a vivir, sea el modelo de referencia básico. Sin embargo, no fue esta la idea que había defendido Dewey en sus escritos iniciales. Un pequeño escrito anterior, con bastante difusión,

---

6   J. DEWEY, *Democracia y educación* (Losada, Buenos Aires 1982).

pero de modo más anecdótico, es *Mi credo pedagógico*[7]. Se trata de una especie de decálogo que escribió en 1897, unos veinte años antes de *Democracia y educación*. En su segundo artículo, Dewey señala que la escuela en cuanto comunidad tiene su raíz en el hogar familiar, del que la escuela es subsidiaria. Es por la complejización social que la familia no puede atender a la formación del niño para su inserción social. A juicio de Dewey, la escuela fracasa cuando pierde esta dimensión de comunidad.

El problema con el que se encontró Dewey fue con la situación de numerosas familias disfuncionales por problemas de los padres, problemas culturales, problemas económicos, guerras, etc. En aquella situación, parecía conveniente que la escuela fuera la institución que supliera los problemas de la institución familiar. Y así, la escuela pasó de ser subsidiaria de la familia a ser organizadora de la familia. La escuela democrática debía ser entendida como una verdadera comunidad de vida y preparar a los alumnos para poder forjar la sociedad que aquellas familias no eran capaces de forjar.

El problema actual no es que la escuela haya perdido la referencia comunitaria, sino que esta referencia ha variado, y ya no es el hogar familiar el modelo social de referencia, sino la sociedad actual misma, que parece tratar de desvincularse e incluso deshacerse de la escuela. El cambio que se dio en Dewey es el que se ha producido en la sociedad: del mismo modo que él parte, en *Mi credo pedagógico,* de una referencia familiar como modelo de la sociedad y acaba, en *Democracia y sociedad,* en una sociedad democrática que decide no solo lo que es la escuela, sino hasta lo que es la familia; también nuestra cultura democrática ha evolucionado en el mismo sentido. En la actualidad, muchos alumnos son formados en la escuela de manera que, si proceden de una familia, es decir, de la unión estable de un hombre con una mujer y los hijos de ambos, acaban considerando la propia familia como un reducto extraño del pasado. Tal es lo que está ocurriendo con la aparición de

---

7   Este texto breve es fácilmente accesible en distintos sitios de internet: https://www. fceia.unr.edu.ar/geii/maestria/TEMPORETTI/Dewey_Mi_credo_Pedagogico.pdf

los supuestos "nuevos modelos familiares". Frente a estos modelos es necesario seguir insistiendo en la raíz familiar de toda sociedad[8]. Las relaciones familiares son el núcleo del desarrollo personal, por lo que han de ser reconocidas y atendidas[9].

Frente a la propuesta de Dewey, desde la perspectiva del discipulado cristiano que hemos descrito anteriormente, se podría alegar que este discipulado cristiano supone una ruptura con la familia de origen. Así lo vemos en la llamada de los discípulos, que han de abandonar sus familias (cf. Mc 1, 16-20). Es más, Jesús parece obligar a romper estos lazos de modo radical en varias ocasiones: "El que quiere a su padre o a su madre más que a mí, no es digno de mí; el que quiere a su hijo a su hija más que a mí, no es digno de mí" (Mt 10, 38), o también cuando recomienda ni enterrar ni despedirse de los padres (cf. Lc 9, 59-62). Sin embargo, desde el momento en que Él introduce a sus discípulos en su propia relación de filiación con el Padre, está sentando las bases de una nueva relación de familiaridad superior a la de la carne y la sangre, fundada sobre el don del Espíritu, tal como recoge el prólogo de san Juan: "A cuantos le recibieron, les dio poder de ser hijos de Dios a los que creen en su nombre. Estos no han nacido de sangre, ni de deseo de carne, de deseo de varón, sino que han nacido de Dios" (Jn 1, 12-13). De este modo, podemos afirmar que el discipulado cristiano tiene una profunda raigambre familiar, es más, se trata de la raíz de toda familia, tal como apunta Pablo a los Efesios: "doblo las rodillas ante el Padre, de quien toma nombre toda paternidad en el cielo y en la tierra" (Ef 3, 14-15).

---

8   Cf. P. Donati, *La familia como raíz de la sociedad* (BAC, Madrid 2013).

9   Son numerosos los estudios en psicología al respecto, principalmente desde la terapia sistémica y la perspectiva relacional. Las referencias que siguen están en consonancia con perspectivas cristianas, y corresponden a profesores-terapeutas con prolongada experiencia. Cf. E. Scabini – V. Cigoli, *La identidad relacional de la familia* (BAC, Madrid 2013); J. A. Ríos, *Los ciclos vitales de la familia y la pareja. ¿Crisis u oportunidades?* (CCS, Madrid 2005); J. L. Linares, *Terapia familiar ultramoderna. La inteligencia terapéutica* (Herder, Barcelona 2012).

El problema que no consideraba Dewey, ni tampoco el resto de pedagogos y psicólogos modernos, es la razón por la cual fracasan tanto la institución familiar como las instituciones sociales, en su tiempo, en la antigüedad, hoy y en el futuro: se trata de la realidad del pecado que afecta al corazón humano. Así lo afirmaba san Manuel González: "El punto de partida de toda pedagogía racional, humana y de verdad educadora, tiene que ser el conocimiento del estado en que ha dejado al hombre la triste herencia de su primer padre: el pecado"[10]. El santo obispo andaluz es muy contundente al afirmar que si la educación "prescinde de contar con la influencia del pecado original y actual en sus educandos, está condenada de antemano a los fracasos más ruidosos y estrepitosos y a la esterilidad más vergonzosa"[11].

Sobre el mismo tema se expresaba así san Juan Pablo II en *Veritatis Splendor:* "Mientras que las ciencias humanas, como todas las ciencias experimentales, parten de un concepto empírico y estadístico de *normalidad*, la fe enseña que esta normalidad lleva consigo las huellas de una caída del hombre desde su condición originaria, es decir, está afectada por el pecado. Sólo la fe cristiana enseña al hombre el camino de retorno "al principio" (cf. Mt 19, 8), un camino que con frecuencia es bien diverso del de la normalidad empírica. En este sentido, las ciencias humanas, no obstante todos los conocimientos de gran valor que ofrecen, no pueden asumir la función de indicadores decisivos de las normas morales. El evangelio es el que revela la verdad integral sobre el hombre y sobre su camino moral" (n. 112).

Aquí cobra toda su fuerza el inicio de la predicación pública de Jesús llamando a la conversión (cf. Mt 4, 17; Mc 3, 15). Jesús, el Hijo, llama a la conversión, a la vuelta al Padre. No puede haber modelo más claro de lo que es una "educación familiar". En un momento como el que atravesamos en la actualidad, recuperar la relación con Dios Padre por medio de Cristo, mediante el don del Espíritu parece una urgencia

---

10   S. Manuel González, *La Gracia en la educación* (Ed. El granito de arena, Madrid [5]1985), 47.

11   Manuel González, *La Gracia en la educación,* 48.

no suficientemente atendida en los modelos educativos cristianos, en la formación cristiana en general, y en la formación sacerdotal y religiosa en particular.

2.2. El desarrollo social del niño: la teoría del apego

La centralidad de la familia resulta, por lo tanto, esencial en el desarrollo de cada persona. Frente al resto de los animales, el hombre se caracteriza por nacer en un estado tremendamente inmaduro, que le hace necesitar de los demás muchísimo, frente a lo que ocurre con otras especies, que en breves horas son capaces de regular su comportamiento, gobernar su cuerpo y valerse por sí mismos[12]. Esta fragilidad del hombre pone de manifiesto aquello que dice Dios del hombre al crearlo, y que ya hemos comentado anteriormente: "No es bueno que el hombre esté solo" (*Gn* 2, 18). El hombre está hecho para la relación, es un ser comunional.

La centralidad de las relaciones en el inicio de la vida humana ha sido estudiada de modo particular por John Bowlby (1907-1990) y Mary Ainsworth (1913-1999), que desarrollaron la teoría del apego[13]. Los estudios de Bowlby y Ainsworth se desarrollan desde la perspectiva del psicoanálisis. Según estos autores, el estilo de relaciones que el niño establezca con su cuidador principal en los primeros meses de vida va a determinar el estilo relacional vital. No ha de confundirse aquí sin más apego con dependencia. Estos autores definen dos tipos básicos de apego: seguro e inseguro. El apego seguro es el tipo de relación que establecen estos niños con los adultos y que les permite resistir mejor las situaciones de estrés, los hace más capaces de adaptarse a la situa-

---

12   Cf. L. Prieto, *El hombre y el animal. Nuevas fronteras de la antropología* (BAC, Madrid 2008).

13   La teoría fue expuesta por J. Bowlby en una obra en tres volúmenes titulada "Apego y pérdida", y se publicó originalmente en 1969 (vol. 1: Apego), 1972 (vol. 2: Separación) y 1980 (vol. 3: Pérdida). Posteriormente, en 1982 se revisó el primer volumen para incorporar los estudios posteriores.

ción y a vivir en una situación de seguridad mayor. Esto no quiere decir que necesiten que el adulto esté constantemente con ellos, sino que la relación con los adultos les ha posibilitado percibir la realidad como un entorno más seguro y son capaces de afrontar situaciones problemáticas a solas sin desesperarse, han aprendido a manejar el estrés y la frustración convenientemente. Lo fundamental que hacen estos padres es introducir a los hijos en una realidad con un sentido que ellos puedan entender y manejar.

La nota principal del apego seguro es introducir a una realidad llena de sentido. Los padres explican al hijo la realidad, y así el niño aprende a vivir y a regularse a sí mismo ante la realidad. No se trata de pensar que todo es bueno, pues no es esa la realidad, sino de saber cómo actuar en cada situación. La sobreprotección de los niños que vemos en la actualidad no permite el desarrollo de un apego seguro, y por tanto tampoco hace que las personas maduren. El apego seguro enseña a responder ante la dificultad y la frustración, no las elimina.

Apliquemos este esquema a los primeros momentos del hombre en el paraíso. En un primer momento, Dios está con Adán y Eva, y les introduce en una realidad de sentido, les comunica una verdad que es la que rige la creación, y la que les permite vivir en ella. Pero luego se aparta de ellos, les deja crecer. Dios no sobreprotege al hombre, sino que le explica la realidad (cf. *Gn* 1, 28-31). Le ha dicho cómo responder ante la dificultad, le ha preparado para la prueba y la frustración (cf. *Gn* 3, 2-3). Así, cuando la serpiente tienta a Eva, Eva podía responder rechazando a la serpiente, aunque no lo hiciera. La acción tiene sus consecuencias. Y esto muestra que Dios no se salta la libertad del hombre. Ni lo hiperprotege, ni anula las consecuencias de sus actos. No obstante, no rechaza al hombre, sino que le acompaña en su destierro, mejorando su situación, como vemos en el cambio de las hojas de higuera por las túnicas de piel (cf. *Gn* 3, 21).

¿Qué es lo que Adán y Eva pudieron aprender entonces? Que si bien sus actos tienen consecuencias, Dios no los abandonaba. Lo mismo pudo aprender Caín (cf. *Gn* 4, 13-16). Así pues, en las primeras páginas del *Génesis* hallamos las notas esenciales de un apego seguro aplicadas a Dios: Dios se hace presente al hombre y le introduce en el sentido de la realidad. Son dos aspectos nucleares: la compañía y la verdad. Podemos ya percibir aquí la voz de Cristo en el evangelio de san Juan: "Si os mantenéis en mi palabra, seréis verdaderamente discípulos míos, y conoceréis la verdad y la verdad os hará libres" (Jn 8, 31s).

La relación entre verdad y libertad es uno de los temas más controvertidos hoy día, dado el dominio del relativismo en nuestra cultura. Fue un tema ya abordado por San Juan Pablo II en 1993, en la ya citada encíclica *Veritatis Splendor,* que insistió en la verdad como fundamento de la libertad[14]. Se puede seguir el rastro de esta enseñanza en *Fides et Ratio,* publicada en 1999, y también en el magisterio de Francisco, en *Lumen Fidei* (2013). A pesar de la claridad del Magisterio al respecto, la discusión teológica ha seguido siendo compleja, más aún si cabe en estos últimos años[15].

A este respecto, la teoría del apego nos pone de manifiesto la importancia de la relación interpersonal para conocer la verdad y vivir en libertad. Hemos de recoger de este aspecto la radical importancia de la relacionalidad, como ya indicamos al inicio, para el desarrollo de la vida humana. La experiencia cotidiana nos muestra nuestra dependencia de las relaciones con otros, y la teoría psicológica lo corrobora. Pero, sigamos con la presentación de la teoría del apego.

Frente al apego seguro, el apego inseguro puede ser de dos tipos: estructurado o desestructurado. El apego seguro estructurado se desarrolla cuando los padres, en su falta de una respuesta conveniente, son estables en el modo de ser.

En la situación extraña diseñada por Mary Ainsworth para estudiar la relación de apego, el niño es sometido a distintas situaciones de estrés. Inicialmente, el niño está con la madre o con el cuidador prin-

14   Cf. S. JUAN PABLO II, *Carta enc. Veritatis Splendor,* nn. 31-34.
15   Cf. K-H. MENKE, ¿La verdad nos hace libres o la libertad nos hace verdaderos? *Una controversia* (Didaskalos, Madrid 2020).

cipal. Una persona extraña entra en la sala. Al poco tiempo, la madre abandona la sala. El niño sufre la situación de abandono según sea el tipo de apego que haya desarrollado. Al tiempo, la madre vuelve. La persona extraña abandona la sala y después lo hace la madre. El niño se queda ahora totalmente solo, se trata de una nueva situación de estrés. Las posibilidades de estudio son múltiples. Se puede ver qué ocurre si el extraño es presentado al niño o no, cómo es la relación madre-extraño, qué ocurre si la madre explica que se va a marchar, etc.

Los dos tipos de apego inseguro estructurado son el ansioso-ambivalente y el evitativo. Los niños con apego ansioso-ambivalente suelen ser niños hiper-excitados, que no se regulan bien y que lloran mucho. Son niños que en la dificultad de sus padres, intentan desarrollar un patrón de relaciones, es decir, tienden al control, aunque no lo consigan, por eso lloran. Pero el dato definitorio de ellos es que mantienen la tendencia a la relación. Esto no ocurre con los niños con patrón evitativo, que se cierran sobre sí mismos, cayendo en una hipo-activación, parece que nada les pudiera motivar; pero lo que ocurre es que han desarrollado una sobre-regulación emocional, de modo que ejercen un control férreo sobre sus propias emociones. Es evidente que hay una gradación en los patrones de apego. Del apego seguro, que da origen a personas sociables, pasamos al ansioso-ambivalente, que origina personas con dificultad en la sociabilidad, pero tendentes a ella. El apego evitativo genera personas que rehúyen la socialización. Esta huida es la consecuencia de la ausencia de un patrón relacional estable en los padres, de la falta de una introducción en la verdad de la realidad de modo conveniente. El distanciamiento social es un modo de regulación al final, que busca una estabilidad interior que el exterior no ofrece. En este distanciamiento hay una cierta estabilidad emocional, provocada por la represión emocional ciertamente, pero al menos algo estable todavía.

Existe un último patrón de apego, introducido este por Mary Main (1943-2023). Se trata del apego desorganizado[16]. Es el caso de niños cuyos padres no tienen un patrón estable de cuidado, el problema fundamental es que estos niños no consiguen separarse lo suficiente de sus padres, como lo hace el niño con apego evitativo, y entonces van asumiendo un patrón de comportamiento de gran inestabilidad, que es el que tienen ante ellos. Main se refiere a estas figuras paternas como figuras de apego oscilante. Estos casos suelen dar pie a que los niños crezcan con trastornos patológicos en la socialización. Si el fin de la relación con los adultos es la regulación de la conducta propia, la inestabilidad tan grande de los adultos impide que los niños se regulen adecuadamente.

Por desgracia, esta forma tiene gran circularidad, y cuanto más inestables son los padres, tanto más lo son después los hijos. La única salida de este círculo es la búsqueda de patrones más estables. Es por esto que en tiempos de confusión crece el riesgo de comportamientos más extremos. La necesidad de una referencia clara para la vida resulta evidente. En el ámbito de la vida religiosa familiar ha escrito al respecto Boris Cyrulnik. De nuevo nos encontramos con un autor de corte psicoanalítico. En su libro *Psicoterapia de Dios,* comenta como los hijos de padres que quisieron evitar a sus hijos cualquier tipo de imposición religiosa han visto cómo sus hijos han seguido formas religiosas que en ocasiones han llegado al fundamentalismo religioso[17]. El autor es de origen francés, por lo que ha tenido ante los ojos las historias de muchos jóvenes que se alistaron en grupos fundamentalistas islámicos. Pero estos movimientos hacia posturas más radicales, no siempre muy convenientes, aparecen también en el ámbito cristiano.

---

16 M. MAIN – J. SOLOMON, "Discovery of a new, insecure-disorganized/disoriented attachment pattern", en: M. YOGMAN – T. B. BRAZELTON (eds.), *Affective development in infancy* (Ablex, Norwood, NJ, 1986), 95-124.

17 Cf. B. CYRULNIK, *Psicoterapia de Dios. La fe como resiliencia* (Gedisa, Barcelona 2018).

Podemos considerar también cómo la aplicación de la teoría del apego puede ayudar a explicar situaciones de vida comunitaria que tienen que ver con los abusos de poder y de conciencia[18], la generación de dependencias inconvenientes para el crecimiento de las personas, etc. Para ello, vamos a adentrarnos en la teoría del vínculo de Enrique Pichon-Rivière.

2.3. Apuntes desde la teoría del vínculo de Pichon-Rivière

La teoría del vínculo se distingue de la del apego en que esta segunda se refiere fundamentalmente al establecimiento de vínculos al inicio de la vida, mientras que la teoría del vínculo trata las relaciones humanas en general, más centrada en adultos. Podemos tomar como referencia los estudios de E. Pichon-Rivière (1907-1977), de origen suizo, aunque su familia emigró a Argentina siendo él niño. Allí fue el gran introductor del psicoanálisis. Su teoría corre temporalmente pareja a la de Bowlby. Pichon-Rivière concibe el vínculo como un sistema relacional con la realidad, tanto personas como cosas, que tiene su núcleo en el interior de la persona: "La manera particular en que un sujeto se conecta o relaciona con el otro o los otros, creando una estructura que es particular para cada caso y para cada momento"[19]. Lo interesante para nosotros de esta teoría es que viene a presentar el vínculo con características cercanas a lo que la filosofía medieval definía como *intencionalidad,* es decir, a la presencia de la realidad en el interior de la persona[20]. En la filosofía medieval esta presencia se sostenía en una

---

18 Cf. S. Fernández, "Towards a Definition of Abuse of Conscience in the Catholic Setting", *Gregorianum* 102, 3 (2021) 557-574. C. Borgoño – C. Hodge, "El abuso de conciencia Hacia una definición que permita su tipificación penal canónica", *Veritas* 50 (2021) 173-195.

19 E. Pichon-Rivière, *Teoría del vínculo* (Ed. Nueva Visión, Buenos Aires 1988). El contenido del libro corresponde a las clases que el autor dio en el curso 1956-57.

20 Cf. R. Sacristán, *Movidos por el amor. Estudio del dinamismo afectivo* (UESD 2020), 129-133.

metafísica que describía al hombre como compuesto de alma y cuerpo, siendo la primera inmaterial. El modo cómo describe Pichon-Rivière esta realidad de la presencia interior, evidentemente, no considera la inmaterialidad del alma, es más, ni siquiera habla de ella. Los términos que refiere "imagen", "objeto interno":

> Tenemos así dos campos psicológicos en el vínculo: un campo interno y un campo externo. Sabemos que hay objetos externos y objetos internos. Es posible establecer un vínculo, una relación de objeto con un objeto interno y también con un objeto externo. Podemos decir que lo que más nos interesa desde el punto de vista psicosocial es el vínculo externo, mientras que desde el punto de vista de la psiquiatría y del psicoanálisis lo que más nos interesa es el vínculo interno, es decir, la forma particular que tiene el yo de relacionarse con la imagen de un objeto colocado dentro de uno. Ese vínculo interno está entonces condicionando aspectos externos y visibles del sujeto. Podemos definir el carácter de un sujeto en términos del vínculo diciendo que su carácter, o sea, la manera habitual de comportarse esa persona, pueda ser comprendida por una relación de objeto interno[21].

Aquí aparece el vínculo como configurador de la conducta de la persona. Es más, dice que es lo que configura el "carácter" o "manera habitual de comportarse". Si bien es cierto que aquí "habitual" tiene un sentido preferencial de cantidad, de un elevado número de veces en que algo se repite, la filosofía clásica se refería con "hábito" a una especie de segunda naturaleza que la persona adquiría por una configuración interior muy ligada a la dimensión afectiva, es decir, a

---

21   PICHON-RIVIÈRE, 35.

la intencionalidad[22]. En todo caso, aunque se refiera a la repetición, se está refiriendo siempre a la conducta que define, que caracteriza a una persona, y apunta a que esta viene definida por su configuración interior. Es cierto que en el párrafo citado se habla de "imagen interior", lo que podría entenderse bajo un aspecto más bien nocional, racional. Sin embargo, en otro momento Pichon-Rivière explica que el vínculo tiene un cariz afectivo:

> El vínculo es un concepto instrumental de la psicología social
> que toma una determinada estructura y que es manejable ope-
> racionalmente. El vínculo es siempre un vínculo social, aunque

---

22 Así lo explica santo Tomás en la *Summa Theologiae*: Cf. *STh* I-II, q. 49, a. 1, resp.:
«La palabra hábito procede del verbo haber, del cual deriva en un doble sentido: bien
en cuanto el hombre o cualquier otra cosa tiene algo, o bien en cuanto una cosa se
ha de un modo determinado en sí misma o respecto de otra. En cuanto a la primera
acepción, hay que tener en cuenta que haber dicho respecto de cualquier cosa que
se tiene, es común a diversos géneros. De ahí que Aristóteles ponga el haber entre los
pospredicamentos, que siguen a diversos géneros de cosas, como son la oposición,
la prioridad y posterioridad, y cosas así. Pero entre las cosas que se tienen parece
que hay esta distinción: que en unas no media nada entre el que tiene y lo tenido,
como no media nada entre el sujeto y su cualidad o cantidad; en otras, en cambio,
media algo, pero no es más que una relación, como cuando se dice que alguien
tiene un socio o un amigo; y en otras, finalmente, media algo, que no es una acción
o una pasión, sino algo que se les parece, en cuanto que el que tiene y lo tenido se
han entre sí como adorno o cobertura y como adornado y cubierto. De ahí que diga
Aristóteles, en el libro V *Metaphys.*, que se llama hábito como si fuese una cierta
acción del que tiene y de lo tenido, como nos ocurre respecto de aquellas cosas que
tenemos alrededor. Por eso entre estas cosas se constituye un género especial, que se
llama predicamento hábito, del cual dice Aristóteles, en el libro V *Metaphys.* (ibid.),
que entre el que tiene vestido y el vestido tenido media el hábito. Pero si se toma
el verbo haber en el sentido de que una cosa se ha de un modo determinado en sí
misma o respecto de otra, como ese modo de haberse se debe a alguna cualidad,
en esa acepción el hábito es una cierta cualidad, del cual dice Aristóteles, en el libro
V *Metaphys.*, que el hábito es una disposición por la cual el sujeto está bien o mal
dispuesto en sí mismo, o en relación con otra cosa, al modo como es un cierto hábito
la salud. Y en este sentido hablamos ahora del hábito. Por consiguiente, hay que decir
que el hábito es una cualidad».

sea [solo] con una persona. (…) En la relación de objeto está implicada toda la personalidad, con su aparato psíquico, con sus estructuras, con los dos instintos básicos descritos por Freud: la libido y la agresión, Eros y Tánatos. Es una relación con otro establecida de una manera particular[23].

Tenemos aquí ya el tercer elemento del vínculo: su carácter afectivo. Pichon-Rivière, en cuanto psicoanalista, lo explica desde los términos freudianos de *eros* y *thánatos,* entendidos como los impulsos fundamentales. No se han de entender aquí estos dos como dos fuerzas cósmicas contrapuestas que existan en el interior del individuo, sino como reacciones afectivas que provocarán movimientos de atracción o retracción respecto de la realidad, bajo la consideración de esta como bien o mal para la persona.

Así pues, los tres elementos del vínculo son la imagen interna, la reacción afectiva y la conducta subsiguiente. La posibilidad de establecer una relación entre esta concepción y el análisis clásico de la voluntad como principio de la acción nos parece de gran importancia para un diálogo entre la psicología moderna y la teoría moral clásica. Aunque haya quienes hoy piensen que esto es imposible, no hemos de olvidar la íntima relación que existe entre la propuesta aristotélica de la Ética a Nicómaco y su concepción psicológica manifiesta en el *De anima.* El Estagirita diseñó su psicología como ayuda para la explicación de la ética[24]. La moral clásica explica que la acción está imperada, mandada por la voluntad, y que esta facultad tiene una dimensión racional y otra afectiva, de hecho venía definida como "apetito racional"[25].

---

23 PICHON-RIVIÈRE, 47.

24 Es la propuesta de C. VICOL IONESCU, *La filosofía moral de Aristóteles* (CSIC, Madrid 1973). Insiste en esta relación entre moral y psicología: M. F. ECHEVARRÍA, De *Aristóteles a Freud, y vuelta* (Cor Iesu, Toledo ²2022).

25 Para la exposición clásica sobre la voluntad: cf. STO. TOMÁS DE AQUINO, *STh* I-II, q. 82.

Otro aspecto relevante de la teoría del vínculo para nuestra reflexión es la comprensión de la realidad como totalmente impregnada por la estructura vincular:

> Las características de esa estructura de relación de objeto adquieren cierta diferenciación en ese momento y en ese sujeto, configurando un vínculo personal que puede ser diferente con otro, o con otros y también con cosas, es decir, con objetos animados y con objetos inanimados. (…) Y cada uno de esos vínculos tiene una significación particular para cada individuo. En el vínculo está implicado todo y complicado todo[26].

La evolución del pensamiento de Pichon-Rivière le fue llevando de una concepción más autónoma a una concepción cada vez más interpersonal, hasta llegar explicar la realidad en función de los vínculos que las personas establecen con otras personas o con cosas, tomando para ello la noción de "campo psicológico" de Kurt Lewin[27]. Aprovechemos

---

26 PICHON-RIVIÈRE, 47.

27 Cf. PICHON-RIVIÈRE, 69: "Volviendo al campo de la psiquiatría podemos decir que la psicología médica es la que ha contribuido especialmente a poner de relieve este problema de la interdependencia. Así ha llegado a elaborar conceptos que permiten eliminar la dicotomía organismo-situación, integrando las dos nociones en una representación de conjunto. Antes se estudiaban por separado el organismo y la situación, en tanto que actualmente lo que interesa es la interacción entre ambos. Psicología es precisamente esto: el descubrimiento de la interacción. Esta necesidad responde a la noción de campo psicológico y a la de campo de las interacciones del organismo y del medio". Y unas páginas más adelante encontramos lo siguiente (p. 70): "Podemos decir que no hay situación que no sea situación para un organismo, ni organismo que no esté en situación. La noción de campo psicológico formulada por Kurt Lewin designa la interacción entre organismo y medio como el objeto mismo de la psicología. Podemos entender el desarrollo de la persona como un proceso de socialización progresiva. El problema de la representación del otro y de las relaciones con el otro, así como el problema de la comunicación, han llegado a ser los más representativos en la psicología contemporánea".

que hemos citado a Lewin para adentrarnos con él en los estudios de
psicología social, siguiendo la pista que nos ha dejado Pichon-Rivière.

2.4. El maestro como líder grupal

Kurt Lewin (1890-1947), nacido en territorio de la actual Polo-
nia, pero huido de Alemania a EE.UU., es considerado el padre de la
psicología social moderna. Lewin, uno de los fundadores de la Escuela
Gestáltica, desarrolla sus estudios del liderazgo en 1939. Lo hace en el
ámbito escolar. Su estudio, ya clásico, establecía tres tipos de liderazgo
y sus consecuencias en el grupo. Así, un profesor autoritario (liderazgo
autocrático) conseguía los objetivos propuestos, pero sólo mientras él
estaba en el aula: cuando faltaba, los alumnos no sabían trabajar convenientemente; un profesor laxo (liderazgo liberal), que dejaba hacer a
los alumnos lo que quisieran, no conseguía nada, ni estando ni ausen-
tándose; por último, un profesor democrático (liderazgo democrático),
que potenciaba la participación de los alumnos, su propia responsabilidad y la toma de decisiones en conjunto, conseguía un mayor y mejor
desempeño de las tareas en el grupo, aun estando ausente, aunque no
se consiguieran todos los objetivos[28].

Después de la II Guerra Mundial, la psicología social ha abordado
el tema del liderazgo desde una perspectiva empírica, con lo que los
casos paradigmáticos de liderazgo quedaron al principio excluidos[29].
Nos referimos al liderazgo carismático, al que atenderemos después.

Los estudios clásicos desde la psicología social, los realizados
por Homans (1961) y Hollander y sus colaboradores (1969-1970), se
enmarcan en lo que se llama *liderazgo transaccional,* es decir, líder y
grupo se ofrecen algo recíprocamente: el líder responde a las necesidades
del grupo, y el grupo le ofrece reconocimiento. La autoridad del líder

---

28   Cf. Delgado Losada, 298-299.
29   M. S. Navas – F. Molero, "El liderazgo", en: J. F. Morales (coord.), *Psicología social*
     (McGraw-Hill, Madrid 1995), 701-716.

deriva de su capacidad para lograr objetivos, el líder tiene una influencia sobre el grupo, que le va a posibilitar llevar al grupo adelante, a veces incluso más allá de donde el grupo pudiera esperar (como cuando un líder político asume medidas que no son propias de su ideología política, pero el grupo las asume porque le sigue a él). Aquí se percibe que la *consideración del líder* es clave para la constitución del liderazgo; pero hay un segundo elemento: la *iniciación de estructura,* es decir, la clarificación de los roles de líder y grupo, que dará pie al proceso de liderazgo propiamente dicho. Es decir, el líder es reconocido como tal, y el grupo sabe lo que tiene que hacer, de modo que comienza el movimiento siguiendo al líder:

> Las conductas del líder aumentan la cohesión cuando consiguen que la participación en el grupo sea atractiva, cuando aseguran la satisfacción de las necesidades de los integrantes, cuando crean expectativas de recompensas futuras por el simple hecho de pertenecer al grupo o cuando convencen a los integrantes de la importancia de la interdependencia para conseguir los objetivos[30].

Las investigaciones sobre el liderazgo carismático ponen de relieve que este tipo de líderes se caracterizan por cuatros aspectos[31]:

a. Discrepancia con lo establecido
b. Propuesta de una alternativa que ilusione y convenza
c. Uso de medios no convencionales e innovadores
d. Ser capaces de asumir altos riesgos personales

---

30 Navas – Molero, "El liderazgo", 707.
31 Navas – Molero, "El liderazgo", 711, en donde refiere el estudio clásico de Conger (1989).

En todo caso, los investigadores convergen en que estos líderes carismáticos son difícilmente definibles, y que dependen mucho de los propios seguidores. Sin embargo, se apunta a la importancia de los estados emocionales que producen como característica principal común, que va más allá de la veracidad de la propuesta que hacen. El líder carismático genera una especie de "campo afectivo" (Lewin) en torno a sí, que atrae a las personas y consolida el grupo. Ahora bien, la cuestión es definir las cualidades de este campo. Es decir, la esperanza de cambio y las posibilidades han de ser realistas y justas. La obnubilación afectiva impediría ver la falacia de la propuesta, como ocurrió con Hitler, o con Napoleón. En cambio, se ve aquí la clave de Gandhi.

Pasemos ahora a comparar estos datos del liderazgo ofrecidos por la psicología con la forma de guiar Cristo a sus discípulos.

Si comenzamos por los estudios de liderazgo de Lewin, podemos decir con facilidad que Cristo no encaja ni en el modelo autocrático ni en el laxo o liberal, pero ¿encaja en el democrático? Nuestra respuesta es que tampoco. Es cierto que encontramos a Jesús preguntando a sus discípulos, iniciando parábolas y enseñanzas con la expresión "¿qué os parece?", lo que sería un modo de implicarlos en el discurso. Incluso les pide, antes de la multiplicación de los panes y los peces, que sean ellos quienes den de comer a la multitud, resulta que es un modo de implicación imposible. Es cierto que les dice que hagan cosas (echar la red, traer de los peces pescados, etc.), pero al final resulta que todo es un camino para que lleguen a él en la necesidad. A diferencia del líder democrático, que motivaba a sus alumnos para que trabajasen sin él, Jesús les dice claramente a los discípulos "Sin mí no podéis hacer nada" (Jn 15, 5). Jesús se presenta como el principio de la acción de los discípulos, un principio que radica en su misma divinidad, este principio divino es lo que en griego se dice *jerarquía*.

El liderazgo de Jesús no es democrático, sino jerárquico. Radica en su divinidad, en la peculiar relación que Dios tiene con su criatura. Por eso, el liderazgo de Cristo es único, ya que nadie más que él ha reclamado para sí ser Dios mismo. Aquí es necesario aludir a los estudios cristológicos sobre la *exousía* de Jesús. El asombro que producía en sus contemporáneos al hablar (cf. Mt 7, 29; Mc 1, 22; Lc 4, 22.36) y al actuar ante la naturaleza (cf. Mt 8, 27 y par.), contra los demonios (cf. Mc 1, 27), les lleva a reconocer en él el misterio de Dios[32].

Precisamente desde esta comprensión jerárquica del liderazgo de Jesús sí se puede entender como un liderazgo transaccional, en cuanto hay dos acciones relacionadas: la salvación que Cristo ofrece y el reconocimiento de él como Dios. También podemos ver que hay una correspondencia entre las características que hemos apuntado con los estudios de Homans y Hollander, puesto que la consideración del líder da origen a una estructura. Lo vemos explícitamente en el primado petrino (cf. Mt 16, 13-20): Pedro afirma la divinidad de Cristo, y Cristo le constituye en piedra sobre la que construirá la Iglesia. En ese acto queda claro quién es Jesús, el Mesías, y cuáles son las atribuciones y tareas de Pedro, según el discurso de la entrega de las llaves.

Por último, respecto del liderazgo carismático, hemos de apuntar primeramente que el mismo término "carismático" encuentra su razón de ser en el uso actual por vía del cristianismo y su doctrina de los carismas, entendidos como gracias divinas. El carisma es considerado como un don que viene por medio del Espíritu Santo, y el mismo Espíritu es el Don divino por antonomasia. Jesús es carismático en el sentido más pleno porque ha recibido el Espíritu (cf. Lc 4, 18) y lo da sin medida (cf. Jn 3, 34). No es casual que en el diálogo con Nicodemo, que es donde aparece el dar el Espíritu sin medida, se habla siempre en relación a la verdad que Cristo comunica.

El Espíritu, como no podía ser de otro modo, es Espíritu de la Verdad (cf. Jn 15, 26). Así, la fuerza carismática de Cristo, lejos de obnubilar, como algunos líderes humanos, ilumina con el esplendor de la Verdad. El vínculo afectivo de los discípulos con Cristo no los aparta

---

32 Cf. L. Sánchez Navarro, "La *exousía* y su manantial", en: J. A. Granados – L. Granados (eds.), *Autoridad. El origen que nos hace crecer* (Didaskalos, Madrid 2023), 97-116. L. F. Ladaria, *Cristología* (BAC, Madrid 2001), 64-78.

de la verdad, sino que siendo él la Verdad, los une más con ella. Una de las mejores explicaciones de este vínculo entre afecto y verdad en la predicación de Cristo lo ofrece san Juan Pablo II en una de las catequesis de su teología del cuerpo:

> Cristo se dirige también, de modo indirecto pero real, *a todo hombre "histórico"* (entendiendo este adjetivo sobre todo en función teológica). Y este hombre es precisamente el "hombre de la concupiscencia", cuyo misterio y cuyo corazón es conocido por Cristo ("pues Él conocía lo que en el hombre había": Jn 2, 25). Las palabras del discurso de la montaña nos permiten establecer un contacto *con la experiencia interior de este hombre,* casi en toda latitud y longitud geográfica, en las diversas épocas, en los diversos condicionamientos sociales y culturales. El hombre de nuestro tiempo se siente llamado por su nombre en este enunciado de Cristo, no menos que el hombre de "entonces", al que el Maestro directamente se dirigía[33].

La gran novedad de la enseñanza de Cristo es que, siendo Dios, nadie como él se puede dirigir al corazón humano, no solo de sus contemporáneos, sino de todos los hombres de todos los tiempos. He aquí la clave del atractivo de Jesucristo: ser Dios.

Esta unión entre vínculo afectivo y relación con la verdad que tiene lugar en Cristo subsana los riesgos de los liderazgos carismáticos humanos. Aquellos que han vivido íntimamente unidos a Cristo han sido capaces de generar a su alrededor comunidades vivas, lo vemos fácilmente en los santos, especialmente en los fundadores de familias religiosas. Sin embargo, por desgracia, también en la Iglesia conocemos casos en los que el don de Dios ha sido pervertido y utilizado en contra de las personas. Aquí podemos ver desde los antiguos heresiarcas hasta los casos de abusos sexuales y de poder actuales.

---

33 S. Juan Pablo II, *Audiencia del 6 de agosto de 1980* (catequesis 34, 2).

Como dijimos al tratar la teoría del vínculo, Pichon-Rivière fue desarrollando su teoría de modo que fue pasando de una consideración más individual de la persona, tal y como había ocurrido en la psicología moderna, y de modo particular con los inicios del psicoanálisis freudiano, a una psicología social, que tenía en cuenta las relaciones interpersonales de quienes acudían a consulta. Este proceso no fue solo suyo, sino de la psicología en general. Aunque esta tendencia se inicia durante la segunda década del siglo XX con las ideas de W. McDougall, no fue hasta mediados de siglo que la psicología social empieza a tomar un cuerpo definido. En estos momentos tienen lugar los experimentos de Solomon Asch (1956) sobre la conformidad social, los de Stanley Milgram (1963) sobre la obediencia, y los de Zimbardo (1973) sobre la asunción de roles. Aunque son sobradamente conocidos, pasando casi a pertenecer al acerbo cultural occidental moderno (del experimento de Zimbardo se hizo incluso una película), podemos recordarlos sucintamente para comprender mejor las consideraciones que podamos sacar después[34].

El experimento de S. Asch sobre la conformidad pedía a un individuo identificar dos líneas de igual longitud en un grupo de líneas que se le presentaban. La tarea, que no tenía ninguna dificultad por la evidencia, se complicaba cuando se realizaba en grupo y el grupo pensaba de modo distinto al sujeto. El error pasaba del 1% al 36,8%, y el seguimiento de la opinión grupal en al menos una ocasión llegaba hasta el 76%.

El experimento de S. Milgram tiene su origen en el estudio de la obediencia de los mandos nazis durante la Segunda Guerra Mundial: ¿por qué obedecieron cometiendo tales atrocidades cuando lo supieron? El experimento pedía al sujeto dar unas descargas a una persona que

---

34   Una presentación sucinta de los mismos la hallamos en: M. L. Delgado Losada (dir.), *Fundamentos de Psicología para Ciencias Sociales y de la Salud* (Panamericana, Madrid 2014), 298-307.

debía memorizar unos pares de palabras. El 65% de los sujetos llegó a aplicar la máxima descarga, unos 450v. Aunque fuera una escenificación, y la persona solo actuase como si recibiera las descargas, el hecho de la aplicación estaba ahí.

El tercer experimento, el de Zimbardo, consistió en simular una cárcel en la universidad de Standford. Los sujetos eran todos alumnos universitarios. Fueron divididos en guardianes y reclusos. Fue necesario suspender el experimento a los pocos días de comenzar por la violencia que se desencadenó en la cárcel ficticia.

Los tres experimentos ponen de manifiesto la influencia social sobre nuestra conducta. Habrá quienes piensen que no actuarían así, sin embargo, las personas que participaron en los experimentos pertenecían a grupos sociales variados, y en el caso de Zimbardo eran universitarios todos. Aunque estos experimentos, en particular los de Milgram y Zimbardo, sean sobre situaciones extremas, podemos descubrir patrones similares en conductas cotidianas, como por ejemplo las relacionadas con la moda, o la intención de voto. También hemos visto situaciones de obediencia si no extrema, casi extrema, durante el periodo primero de la pandemia del covid.

No creo que baste con decir que hay personas capaces de cosas impensables, y procurar decir que nosotros no caeríamos. Sino que hay otra lectura de estos experimentos, en modo positivo, que nos ofrece luces sugerentes para nuestra reflexión sobre el discipulado.

Y es que lo que vemos, por ejemplo, en el experimento de Asch es que estamos dispuestos a confiar en el grupo más que en nosotros mismos, pues confiamos en que el grupo sea capaz de descubrir lo que yo no veo. Esta confianza grupal suele ser conveniente, y nos ahorra muchas horas y esfuerzos de discernimiento. Es cierto que el grupo se puede equivocar, pero también puede ocurrir al contrario. Lo que resulta importante de aquí es que la importancia del grupo pone de relieve que estamos hechos para vivir en comunidad, y que nos cuesta separarnos del grupo. Que el grupo tenga una primacía sobre la persona es signo de nuestro carácter eminentemente social. De hecho, nuestro aprendizaje social es en grupo, y no suele ser tan desastroso, al contrario. Tanto en las relaciones fraternas en la familia, como en las de los alumnos de una misma clase, el grupo ahorra muchos esfuerzos a los educadores. Este mismo aspecto de la importancia del grupo se puede percibir en el modelo discipular de Jesús, dado que los discípulos se ayudaban entre sí, traían nuevos miembros a la comunidad, los iban introduciendo en la novedad de vida que ellos iban viviendo.

Respecto del experimento de Milgram sobre la obediencia a la autoridad, podemos seguir el mismo proceso y afirmar que estamos hechos para confiar en la autoridad. De hecho gracias a eso sobrevivimos. Entendemos que la autoridad es buena, a no ser que se demuestre lo contrario. E incluso cuando parece que se demuestra lo contrario, como analizó Milgram, seguimos obedeciendo de un modo cuasi instintivo. De primeras, consideramos que la autoridad es buena porque la experiencia de autoridad que hemos vivido originalmente, en nuestra familia, en la escuela infantil, ha sido buena, aun con sus dificultades. De cara a nuestra reflexión sobre el discipulado, vemos que Jesús es llamado "Maestro" numerosas ocasiones, porque es reconocido como autoridad bondadosa.

La situación de la cárcel recreada por el experimento de Zimbardo se explica como consecuencia de un proceso de "desindividuación". Se trata de una situación en la que el individuo abandona su control en función de lo que hace el grupo. Sería algo similar a lo que podemos ver en un concierto, en un partido de fútbol o en una manifestación. Ahora bien, si se hubiera realizado el experimento con una situación positiva, por ejemplo, ayudar en un campo de refugiados, es muy posible que el comportamiento fuera bien diverso. Las experiencias de voluntariado y de ayuda en situaciones extremas lo ponen de relieve, y quienes las viven se ven transformados. En estos casos no se suele hablar de "desindividuación", pero si se hiciera, habría que hacerlo en modo positivo. De nuevo, encontramos aquí el peso de la influencia grupal, que puede ir en dos sentidos bien diversos. La bondad irradiada por el grupo de los primeros discípulos de Cristo, así como por muchos grupos de cristianos

discipular que resulta muy beneficiosa para la sociedad.

3. Consecuencias para la consideración sobre el discipulado

3.1. Solo el amor educa, solo se educa para el amor

Tanto la teoría del apego como la del vínculo nos ponen de manifiesto la importancia de la relación interpersonal en la construcción de la acción. Es cierto que estas teorías tienen una consideración de esta relación según el modo de la cognición o de la emoción. Sin embargo, sabemos que la mera cognición no es principio de acción, dado que a menudo pensamos cosas que no hacemos, y que la emoción, tal y como la considera la psicología moderna, no garantiza la rectitud de nuestra acción, pues si nos dejásemos llevar solo por nuestra apetencia haríamos cosas de las que nos arrepentiríamos después. Es necesario, por lo tanto, la recuperación de la voluntad como facultad original que integra cognición y emoción, o mejor dicho, con términos de la filosofía moral, inteligencia y afectividad[35]. La psicología moderna, llevada por principios positivistas y empiristas, no llega a considerar la dimensión inmaterial, espiritual, de la persona humana, por lo que no llega a una presentación ajustada del hombre. La recuperación del alma en la psicología moderna es un reto de gran relevancia para la psicología misma y para la ayuda que esta pueda prestar a las personas[36]. Esta recuperación, por la que ya abogaba Edith Stein[37], permitiría comprender mejor

---

35   Este problema ha sido tratado por J. A. Marina, pero su propuesta acaba en una forma de inteligencia voluntariosa. Cf. J. A. Marina, *El misterio de la voluntad perdida* (Anagrama, Barcelona 2005).

36   Cf. R. Sacristán, *Psicología, persona y familia* (Didaskalos, Madrid 2021).

37   Cf. F. Merino, "Edith Stein: una psicología con alma o sobre la fundamentación filosófica de la psicología", en: M. I. Rodríguez (dir.), *Integrando la espiritualidad en la psicología* (Monte Carmelo, Burgos 2011), 13-28.

la presencia del otro en nosotros al modo de la unión amorosa, que ha sido definida con gran precisión por Sto. Tomás de Aquino[38]. Aunque las teorías psicológicas que hemos repasado no lleguen a expresarse así, el reconocimiento de la importancia de las dimensiones intelectual y afectiva (o cognitiva y emocional) para la acción, es ya un indicador firme de la importancia del amor en el crecimiento personal y por tanto en el desarrollo de la estructura discipular. Así lo expresa otro gran pedagogo católico, Romano Guardini: "Solo cabe ser educado desde la simpatía. Sólo quien ama la vida joven puede entenderla. Sólo quien ve sus posibilidades conoce sus dificultades y tiene el poder de poner en movimiento su fundamento creativo interior"[39].

Es por ello que podemos decir que sólo el amor educa. Es esta una afirmación sobre la que ya hemos tratado en otras ocasiones, pero que conviene retomar[40]. Debemos fijar primero lo que supone la acción educativa. El fin de la acción educativa no puede ser reducido a la instrucción formal, al aprendizaje de habilidades de distintas materias, la memorización, etc. Esto es evidente desde el momento en que hablamos de la educación que reciben los hijos en el hogar, o de que alguien es educado cuando se comporta de modo cívico, respetuoso. La acción educativa, por lo tanto, ha de ser entendida en un sentido amplio, según el cual la persona se desarrolla como tal para vivir en sociedad. En este sentido, al cifrar la acción educativa en el desarrollo personal, podemos entender claramente que la persona crecerá más y mejor, tal como nos ha mostrado la teoría del apego, cuando se siente segura, amada. De hecho, quien ame a alguien será capaz de sacar lo mejor de esa persona. Si no somos amados, podremos ser informados, adquiriremos

---

38 Cf. R. SACRISTÁN, *Ipsa unio est amor. Estudio del dinamismo afectivo en la obra de santo Tomás de Aquino* (UESD, Madrid 2013).

39 R. GUARDINI, *Ética* (BAC, Madrid 2000), 704.

40 Cf. R. SACRISTÁN, *Educación y afectividad. Jalones para una pedagogía del amor* (Didaskalos, Madrid 2022), 193-216. Una presentación más breve en: ID., "La afectividad en la educación del sujeto emotivo: pedagogía del amor": *Teología y catequesis* 155 (2023) 29-49.

habilidades, pero no habremos sido propiamente educados, dado que la educación es para la socialización, para la vida en común.

Los estudios psicológicos que hemos repasado sobre el apego, el vínculo, e incluso los del liderazgo, nos han puesto sobre la mesa la relevancia del amor para que pueda existir un verdadero crecimiento de la persona. El amor provoca un efecto extático[41], es decir, nos saca de nosotros mismos, y nos vincula con el amado. Es a partir de aquí cuando la comunión se va realizando como desarrollo y perfección de la persona. Sin este vínculo, como ya vieran John Dewey, Maria Montessori, Erik Erikson, el resultado de la acción educativa es nulo en cuanto tal, aunque el educando pueda adquirir conocimientos. En esta misma línea encontramos a los pedagogos católicos, entre los que hemos citado ya a Edith Stein, pero podemos añadir a S. Juan Bosco, S. Pedro Poveda o S. Manuel González.

Una consecuencia lógica de que solo el amor eduque es que el mismo amor es el fin de la educación, solo se educa para el amor, es decir, para promover la comunión interpersonal, que es la perfección de las personas. Esta afirmación, si bien todos la acogerán como verdadera, no son muchos los que la lleven a la práctica en sus métodos pedagógicos. Sin embargo, es la clave del discipulado que Cristo inició, de quien se dice que "eligió a los que quiso" (Mc 3, 13), y le dejó como máxima el mandamiento del amor: "amaos unos a otros como yo os he amado" (Jn 13, 35).

Es importante señalar aquí que estamos tratando al mismo tiempo de una doble dimensión del amor: la afectiva y la volitiva. La dimensión afectiva del amor (amor-pasión) se refiere al vínculo que se establece entre las personas, en el que aún no entra propiamente en juego la voluntad. La dimensión volitiva (amor-elección) es aquella en la que la voluntad elige, quiere, el bien del amado. Estas dos dimensiones entran en nuestra sentencia sobre la educación del siguiente modo: "solo el amor (pasión) educa (en cuanto solo mediante el vínculo

41   Cf. Sto. Tomás de Aquino, STh I-II, q. 28, a. 3.

interpersonal se puede realizar la acción pedagógica), solo se educa para el amor (elección; en cuanto la educación consiste en vivir en comunión, es decir, buscando el bien del amado). Estos principios que hemos enunciado se corroboran tanto en la educación familiar, como la escolar o la cristiana. Por tanto son esenciales para la mejora de toda sociedad, pero también para afrontar la nueva evangelización, los retos de la formación religiosa, etc.

Esta doble dimensión del amor, afectiva y volitiva, se integra en el desarrollo de las virtudes[42]. Las virtudes han sido consideradas como el perfeccionamiento de la persona. Los listados de virtudes aparecen desde los códigos éticos más antiguos hasta el listado de fortalezas de la actual psicología positiva. Sin embargo, no todos entienden igual la virtud. El esquema clásico de la virtud como perfección personal supone la integración de los diversos elementos de la persona. Así suponen un orden respecto del cuerpo y de las facultades espirituales (inteligencia, afecto y voluntad). La clave de la virtud es la adquisición del hábito, que no es la mera repetición de una acción, sino la plasmación del sujeto por la presencia interna de una realidad externa. Adquiere en este punto toda su relevancia la dimensión afectiva, pues ella es la que recibe propiamente esta plasmación novedosa, que hace que la persona se ordene totalmente hacia un fin que antes no había descubierto. Solo si la plasmación es realizada conforme a aquello que es el fin de la persona humana, que es la comunión, como ya hemos indicado, y en particular la comunión con Dios, la caridad, entonces se desarrollará este organismo virtuoso; en caso contrario, cuando no sea el amor de Dios, sino el amor propio, lo que se desarrollará será un organismo vicioso, tal y como sentenciara san Agustín en *La ciudad de Dios:* "Dos amores han dado origen a dos ciudades: el amor de sí mismo hasta el desprecio de Dios, la terrena; y el amor de Dios hasta el desprecio de sí, la celestial"[43]. El santo obispo pone perfectamente en relación la cuestión del

---

42   Cf. J. J. Pérez-Soba, *¿Por qué las virtudes?* (Didaskalos, Madrid 2023).

43   S. Agustín, *La ciudad de Dios* XIV, 28 (BAC, Madrid 2007).

amor con su relevancia para la construcción de la sociedad, de donde se colige la importancia de la acción educativa para la construcción social, como han apuntado después todas las teorías pedagógicas, y la fundamentación de esta sobre la teoría del amor y la virtud[44], aspecto este no tan reconocido por las mismas teorías pedagógicas aludidas.

Esta forma de proponer la acción educativa parte de una relación interpersonal asimétrica entre el maestro y el discípulo. Esta asimetría se fundamenta en la autoridad del maestro, que suscita la obediencia del discípulo. A estas dos dimensiones, autoridad y obediencia, vamos a dirigir ahora nuestra atención.

3.2. La relación entre autoridad y obediencia

Sin duda que hablar hoy día de autoridad y obediencia no suscita de suyo una atracción espontánea[45]. La experiencia humana del ejercicio de la autoridad ha degenerado muchas veces en autoritarismo, abusos, etc. Esta degeneración, que ha ocurrido tan a menudo en la historia de la humanidad, ha provocado de modo particular en la cultura occidental tras la II Guerra Mundial un rechazo muy generalizado a cualquier tipo de autoridad. En consecuencia, ha quedado también denostada la obediencia, pues la desconfianza hacia la autoridad desintegra la obediencia.

Para poder entender adecuadamente lo que es la autoridad, y cuál es su relevancia en el discipulado conviene saber que *auctoritas* es un sustantivo latino relacionado con el verbo *augere,* cuyo significado es *hacer crecer, aumentar.* Este sentido está muy lejos del primero que la RAE otorga actualmente al término: "poder que gobierna o ejerce el mando, de hecho o de derecho". Si bien no se contraponen necesaria-

---

44 Cf. J. J. Pérez-Soba, *Amor, justicia y caridad* (EUNSA, Pamplona 2011); J. J. Pérez-Soba – M. Magdič (eds.), *L'amore principio di vita sociale. "Caritas aedificat" (1Cor 8, 1)* (Cantagalli, Siena 2011).

45 Sobre el tema de la autoridad, recomendamos el reciente volumen ya citado: J. A. Granados – L. Granados (eds.), *Autoridad. El origen que nos hace crecer* (Didaskalos, Madrid 2023).

mente, el sentido actual pierde la originalidad del término latino. Aunque hay que reconocer que ya en los tiempos romanos la autoridad era entendida como poder. Basta releer el diálogo entre Jesús y Pilato acerca de la misma (cf. Jn 19, 11). El término griego utilizado es *exousía,* traducido al latín por *potestas,* y al español por *autoridad* o por *poder*[46]. Dentro de la cercanía que puede reconocerse entre ambos términos, resulta de gran importancia determinar que hay dos modos de *autoridad-poder* respecto de su ejercicio: uno, posibilitante, otro, coaccionante. Es decir, la autoridad o el poder pueden ser ejercidos de modo que se generen cosas nuevas, o de modo que se sometan cosas que existan. En todo caso, hay que reconocer que la forma más originaria del término siempre será generar algo nuevo, porque someter algo existente, o incluso destruirlo, es secundario respecto de la generación. Así pues, es mejor sostener que la autoridad, o el poder, se refiere primariamente a la capacidad para hacer crecer, aumentar. La autoridad será máxima cuando este crecimiento o aumento se realiza desde la nada previa. Este es el caso de la creación, por lo que atribuimos a Dios la máxima autoridad, el máximo poder. La máxima autoridad reside en ser origen[47].

Pero si consideramos con detenimiento lo que implica dar origen podemos descubrir un aspecto de gran relevancia: el autor que da origen a algo lleva ya previamente su obra en su interior. Para que la obra se realice en el exterior es necesario un acto de voluntad: el autor tiene que querer realizar su obra, darle una consistencia fuera de sí mismo. Para que esto sea posible es necesario que el autor ame aquello que va a ser originado, conforme aquello del libro de la *Sabiduría*: "Amas

---

46   Así lo hace la Biblia de la Conferencia Episcopal Española; en cambio, la Biblia de Jerusalén traduce como *poder,* también en el resto de lenguas modernas.

47   Esta idea de la relación entre autoridad y origen es el centro del texto de Granados y Granados, cf. supra n. 44. Esta relación halla su razón en el texto de H. Arendt que toman como punto de referencia para sus reflexiones: cf. H. ARENDT, "What is authority?", en ID., *Between Past and Future* (Viking, New York 1961).
A nuestro juicio, es necesario, como veremos en nuestro desarrollo, fijar la autoridad no en el origen, sino en el amor originario.

a todos los seres y no aborreces nada de lo que hiciste, pues si algo odiases, no lo habrías creado" (*Sab* 11, 23). El amor es la verdadera fuente de la autoridad. Ni siquiera el hecho de concebir interiormente distintas obras es la fuente de la autoridad, pues un autor no realiza todo lo que se le ocurre, sino aquello que quiere, lo que estando en su interior es más amado. Existe pues un amor originario que es un amor originante. Es importante al menos traer aquí a colación la relación entre amor y verdad. Crear cosas mal dotadas sería un acto mentiroso. La creación "funcionaba" bien, pues "vio Dios todo lo que había creado y era muy bueno" (*Gn* 1, 31). El pecado es el elemento desequilibrante de la creación, pero este radica en la libertad mal usada por el diablo y por el hombre, no en el designio del Creador.

Por eso, resulta importante en este momento de nuestra reflexión es retomar aquello que le dice Jesús a Pilato: reconocer que todo poder humano, toda autoridad humana "viene de lo alto", es decir, de Dios Padre. Así lo recuerda san Pablo a los efesios: "Doblo mis rodillas ante el Padre, de quien recibe nombre toda familia en el cielo y en la tierra" (*Ef* 3, 14).

Que la experiencia humana de la autoridad y el poder hayan sido negativas a lo largo de la historia responde a la realidad del pecado humano, tan olvidado en la reflexión filosófica y tan presente en la vida humana. Reconocer la autoridad divina, y su bondad, es el camino para la redención de la autoridad humana. Esto es justamente lo que hace Jesús como Maestro, remitir siempre a su Padre, sin apropiarse nada (cf. Mt 11, 30), sin reservarse nada (cf. Jn 15, 15). Desde aquí se ha de entender toda autoridad humana, es decir, desde la remisión al Padre. La tarea fundamental de los padres, de los educadores y maestros, de todos aquellos que detentan cualquier tipo de autoridad en las relaciones humanas consiste, por tanto, en remitir a la autoridad divina, y por lo tanto a su proyecto creador.

Esta referencia de las autoridades humanas a la divina supone que han de estar vueltos al Creador, han de escucharle. Es aquí donde autoridad y obediencia se integran. Si autoridad es la capacidad de "hacer crecer, aumentar", la obediencia es la escucha atenta. De nuevo nos encontramos con que la RAE define obedecer como "cumplir la voluntad de quien manda". Pero esta definición resulta de nuevo pobre. Con esta definición se puede aplicar la obediencia no solo a una acción humana, sino a una acción animal, y hasta a una máquina. Sin embargo, si volvemos a la raíz latina de la escucha atenta, *ob-audire*, vemos que la atención supone una acción que tiene una especificidad humana, dado que la atención humana está vinculada con nuestra voluntad, dirigimos voluntariamente nuestra atención a determinados lugares, objetos, personas... No es fácil captar la atención de alguien, ¡qué gran experiencia de esto tienen los padres y los maestros!

La atención es una actividad que supone una atracción, y por lo tanto está fundada sobre la experiencia afectiva. Luego hay una relación entre atención y amor, por lo que podemos decir que obedecer es escuchar amorosamente. El reto del que obedece es saber discernir convenientemente aquello que escucha, pues le conviene atender de modo particular a lo que le hace crecer, a la autoridad que le ama. Podemos entonces definir la obediencia como la escucha atenta a quien nos ama. Sin el amor de la autoridad no habrá verdadera obediencia, pero sin el amor de quien escucha tampoco. La obediencia es una acción amorosa entre el amante que ordena para que el amado crezca.

Que estemos predispuestos a la obediencia significa, por lo tanto, que estamos predispuestos al amor, de modo particular al amor a quien representa la autoridad. Cuando esta autoridad no busca nuestro bien, cuando no somos amados, cuando no se busca la verdad de nuestro ser personal, entonces todo queda truncado. Al hilo de nuestra reflexión podemos mirar ahora ya finalmente de nuevo a los experimentos de Asch, Milgram y Zimbardo... La realidad es que aparecen como bastante pobres. Si lo que querían era probar la falibilidad humana, es decir, que por la herida del pecado original no somos tan rectos en nuestras decisiones y en nuestros comportamientos, está bien. Al menos Asch y Milgram pusieron a quienes participaron en sus experimentos en una situación falsa, de mentira, la situación recreada por Zimbardo es reconocida por

todos los participantes, luego no puede ser tomada igualmente. De   219
aquellos que se conformaron al grupo o a la autoridad se puede decir
que confiaban. Aparece aquí la necesidad de recuperar la relación entre
confianza y verdad (amor y verdad). Si los experimentos de estos autores
hubieran servido para que la gente confiara menos unos en otros, el
resultado sería funesto. El reto del discipulado es generar comunión,
confianza, para construir una sociedad buena. Las dificultades para esta
construcción ya las conocemos desde los orígenes. Los abusos han sido
innumerables. Pero la esperanza de poder vivir una buena experiencia
discipular no se fundamenta en los maestros humanos, sino en el Maestro Divino, que nos ha prometido siempre su compañía (cf. Mt 28, 20).

4. Bibliografía

Agustín, La ciudad de Dios (BAC, Madrid 2007).
Arendt, Hannah, Between Past and Future (Viking, New York 1961).
Cyrulnik, Boris, Psicoterapia de Dios. La fe como resiliencia (Gedisa, Barcelona 2018).
Delgado Losada, M. Luisa (dir.), Fundamentos de Psicología para Ciencias Sociales y de la Salud (Panamericana, Madrid 2014).
Dewey, John, Democracia y educación (Losada, Buenos Aires 1982).
Donati, Pierpaolo, La familia como raíz de la sociedad (BAC, Madrid 2013).
Echevarría, Martin F., De Aristóteles a Freud, y vuelta (Cor Iesu, Toledo ²2022).
González, Manuel, La Gracia en la educación (Ed. El granito de arena, Madrid ⁵1985).
Granados, Juan A. – Granados, Luis (eds.), Autoridad. El origen que nos hace crecer (Didaskalos, Madrid 2023).
Guardini, Romano, Ética (BAC, Madrid 2000), 704.
Juan Pablo II, Carta enc. Veritatis Splendor.
Juan Pablo II, Hombre y mujer lo creó (Cristiandad, Madrid 2000).

220   Ladaria, Luis F., *Cristología* (BAC, Madrid 2001).

Linares, Juan Luis, *Terapia familiar ultramoderna. La inteligencia terapéutica* (Herder, Barcelona 2012).

Marina, José A., *El misterio de la voluntad perdida* (Anagrama, Barcelona 2005).

Menke, Karl- Heinz, *¿La verdad nos hace libres o la libertad nos hace verdaderos? Una controversia* (Didaskalos, Madrid 2020).

Morales, Juan Fco. (coord.), *Psicología social* (McGraw-Hill, Madrid 1995).

Pérez-Soba, Juan José – Magdič, María (eds.), *L'amore principio di vita sociale. "Caritas aedificat" (1Cor 8, 1)* (Cantagalli, Siena 2011).

Pérez-Soba, Juan José, *¿Por qué las virtudes?* (Didaskalos, Madrid 2023).

Pérez-Soba, Juan José, *Amor, justicia y caridad* (EUNSA, Pamplona 2011).

Pérez-Soba, Juan José, *La pregunta por la persona, la respuesta de la interpersonalidad* (San Dámaso, Madrid 2005).

Pichon-Rivière, Enrique, *Teoría del vínculo* (Ed. Nueva Visión, Buenos Aires 1988).

Prieto, Leopoldo, *El hombre y el animal. Nuevas fronteras de la antropología* (BAC, Madrid 2008).

Ríos, Juan Antonio, *Los ciclos vitales de la familia y la pareja. ¿Crisis u oportunidades?* (CCS, Madrid 2005).

Rodríguez, M. Isabel (dir.), *Integrando la espiritualidad en la psicología* (Monte Carmelo, Burgos 2011).

Sacristán, Raúl, *Educación y afectividad. Jalones para una pedagogía del amor* (Didaskalos, Madrid 2022).

Sacristán, Raúl, *Ipsa unio est amor. Estudio del dinamismo afectivo en la obra de santo Tomás de Aquino* (UESD, Madrid 2013).

Sacristán, Raúl, *Movidos por el amor. Estudio del dinamismo afectivo* (UESD 2020)

Sacristán, Raúl, *Psicología, persona y familia* (Didaskalos, Madrid 2021

Sánchez Navarro, Luis, "La *exousía* y su manantial", en: J. A. GRANADOS – L. GRANADOS (eds.), *Autoridad. El origen que nos hace crecer* (Didaskalos, Madrid 2023), 97-116.

Scabini, Eugenia – Cigoli, Vittorio, *La identidad relacional de la familia* (BAC, Madrid 2013).

Vicol Ionescu, Constantin, *La filosofía moral de Aristóteles* (CSIC, Madrid 1973).

EDICIONES UNIVERSIDAD SAN DÁMASO

Catálogo completo en *http://www.sandamaso.es/tienda/*
Pedidos a SOLUZIONO   T. 91 447 35 66
info@soluziono.com   www.soluziono.com

PRESENCIA Y DIÁLOGO

75   GABRIEL RICHI ALBERTI (ed.), *Conversión y reconciliación. VII Jornadas de Actualización teológico-pastoral para Sacerdotes* (2024) 158 pp. ISBN: 978-84-17561-97-0

74   VÍCTOR MANUEL TIRADO SAN JUAN (ed.), *Ampliación de la razón. Acercamiento histórico y sistemático* (2024) 432 pp. ISBN: 978-84-17561-96-3

73   JUAN CARLOS CARVAJAL BLANCO – RAFAEL DELGADO ESCOLAR (eds.), El Ritual de la Iniciación Cristiana de Adultos. *Claves de acceso* (Evangelización y catequesis 2; PPC – UESD 2024) 174 pp. ISBN: 978-84-288-4170-2

72   JUAN DE DIOS LARRÚ (ed.), *Vulnerabilidad, enfermedad y muerte. Reflexiones a la luz de la carta* Samaritanus bonus. *VI Jornadas de Actualización teológico-pastoral para Sacerdotes* (2023) 111 pp. ISBN: 978-84-17561-84-0 [8 €]

71   JOSÉ ANTÚNEZ CID (ed.), *El mal. Jornada de filosofía 2021* (2023) 292 pp. ISBN: 978-84-17561-64-2 [14 €]

70   PILAR FERNÁNDEZ BEITES, *El dinamismo de la vida moral. Desde un realismo no naturalista* (2022) 304 pp. ISBN: 978-84-17561-58-1 [14 €]

69   ALFONSO GARCÍA NUÑO (ed.), *El tema de nuestro tiempo. Jornada de filosofía 2022* (2022) 182 pp. ISBN: 978-84-17561-61-1 [10 €]

68 Juan Carlos Carvajal Blanco – Rafael Delgado Escolar (eds.), Directorio para la Catequesis. *Acogida y perspectivas* (Evangelización y catequesis 1; PPC – UESD 2022) 216 pp. ISBN: 978-84-288-3963-1 [15,50 €]

67 Gabriel Richi Alberti (ed.), *Ministros de Cristo en el cambio de época. V Jornadas de Actualización teológico-pastoral para Sacerdotes* (2022) 142 pp. ISBN: 978-84-17561-50-5 [8 €]

66 Juan de Dios Larrú (ed.), *Generatividad y esperanza* (2022) 169 pp. ISBN: 978-84-17561-43-7 [10 €]

65 Rosario Neuman Lorenzini (ed.), *Cuatro alocuciones sobre el cuerpo. Entre el cuerpo expandido y el mundo de la vida* (2021) 118 pp. ISBN: 978-84-17561-38-3 [6 €]

64 Gabriel Richi Alberti (ed.), *Era digital y anuncio del Evangelio. IV Jornadas de Actualización Pastoral para Sacerdotes* (2021) 155 pp. ISBN: 978-84-17561-33-8 [8 €]

63 Jacinto Choza, *Historia del mal* (2021) 252 pp. ISBN: 978-84-17561-31-4 [12 €]

62 Juan Manuel Burgos (ed.), *Personalismo y metafísica. ¿Es el personalismo una filosofía primera?* (2021) 143 pp. ISBN: 978-84-17561-19-2 [disponible form. electr.]

61 Alejandro Trapero (ed.), *Lo estético* (2020) 230 pp. ISBN: 978-84-17561-20-8 [12 €]

60 Raúl Sacristán López, *Movidos por el amor. Estudio del dinamismo afectivo* (2020) 230 pp. ISBN: 978-84-17561-17-8 [10 €]

59 Gabriel Richi Alberti (ed.), *Madrid 2020: evangelizar la gran ciudad. III Jornadas de Actualización Pastoral para Sacerdotes* (2020) 250 pp. ISBN: 978-84-17561-11-6 [12 €]

58 Juan Carlos Carvajal Blanco (ed.), *La religiosidad popular, ámbito evangelizador. II Jornadas de Actualización Pastoral para Sacerdotes* (2019) 156 pp. ISBN: 978-84-17561-06-2 [10 €]

57 Víctor M. Tirado (ed.), *El alcance del pensamiento de Francisco Suárez. Una mirada en el cuarto centenario de su muerte. Jornada de Filosofía 2016* (2019) 170 pp. ISBN: 978-84-16639-85-4 [disponible form. electr.]

56 José Antúnez Cid (trad.), *Estado, democracia y cuestión religiosa* (2018) [traducción del manuscrito de Vittorio Possenti] 169 pp. ISBN: 978-84-16639-91-5 [12 €]

55 Juan de Dios Larrú (ed.), *El misterio de la acción conyugal. Perspectivas abiertas a 50 años de* Humanae Vitae (2018) 140 pp. ISBN: 978-84-16639-90-8 [disponible form. electr.]

54   Gerardo del Pozo Abejón – Juan Carlos Carvajal Blanco (eds.), *Parroquia misionera* (2018) 222 pp. ISBN: 978-84-16639-84-7 [10 €]

53   José María Magaz – Juan Miguel Prim Goicoechea (eds.), *F. Ximénez de Cisneros. Reforma, conversión y evangelización* (2018) 326 pp. ISBN: 978-84-16639-73-1 [14 €]

52   Mercedes Hurtado del Solo, *La belleza del canto al servicio de la fe en Joseph Ratzinger/Benedicto XVI* (2018) 231 pp. ISBN: 978-84-16639-66-3 [disponible form. electr.]

51   Víctor Manuel Tirado San Juan (ed.), *La persona. Jornada de Filosofía 2015* (2018) 190 pp. ISBN: 978-84-16639-69-4 [10 €]

50   José María Magaz Fernández (ed.), *Mártires, la victoria sobre los ídolos* (2017) 230 pp. ISBN: 978-84-16639-60-1 [12 €]

49   Nicolás Álvarez de las Asturias (ed.), *Avilistas del siglo XX* (2017) 226 pp. ISBN: 978-84-16639-48-9 [12 €]

48   Juan de Dios Larrú (ed.), *El camino de la misericordia* (2016) 152 pp. ISBN: 978-84-16639-38-0 [12 €]

47   Nicolás Álvarez de las Asturias (ed.), *El IV concilio de Letrán en perspectiva histórico-teológica* (2016) 288 pp. ISBN: 978-84-16639-17-5 [12 €]

46   Philibert Secretan, *Reforma protestante y filosofía. Tres lecciones y un epílogo* (2015) 85 pp. ISBN: 978-84-15027-83-6 [6 €]

45   José Antúnez Cid (ed.), *La representación. Jornada de filosofía* (2015) 302 pp. ISBN: 978-84-15027-87-4 [12 €]

44   Gerardo del Pozo Abejón – Ignacio Serrada Sotil (eds.), *Fe cristiana y ateísmo en el siglo XXI* (2015) 207 pp. ISBN: 978-84-15027-82-9 [12 €]

43   Jordi Girau Reverter, *¿Cristiano filósofo o filósofo cristiano? La filosofía a la luz del Magisterio de la Iglesia* (2015) 374 pp. ISBN: 978-84-15027-71-3 [disponible form. electr.]

42   Juan Carlos Carvajal Blanco (ed.), *La misión que nace de la alegría del encuentro. En el surco de* Evangelii gaudium (2015) 237 pp. ISBN: 978-84-15027-72-0 [12 €]

41   Gabriel Richi (ed.), *Juan XXIII y Juan Pablo II. Testigos para nuestro tiempo* (2015) 224 pp. ISBN: 978-84-15027-66-9 [12 €]

40   Manuel Oriol (ed.), *El asentimiento religioso. Razón y fe en J.H. Newman* (2015) 210 pp. ISBN: 978-84-15027-65-2 [12 €]

39   José María Magaz (ed.), *Los riesgos de la fe en la sociedad española* (2014) 201 pp. ISBN: 978-84-15027-62-1 [12 €]

38 Jordi Girau Reverter (ed.), *Jornada de filosofía 2012. La Sabiduría* (2014) 149 pp. ISBN: 978-84-15027-48-5 [12 €]

37 Juan Carlos Carvajal Blanco (ed.), *Emplazados para una Nueva Evangelización* (2013) 292 pp. ISBN: 978-84-15027-40-9 [12 €]

36 Nicolás Álvarez de las Asturias (ed.), *"San Juan de Ávila, doctor de la Iglesia* (2013) 131 pp. ISBN: 978-84-15027-39-3 [8 €]

35 Andrés García Serrano – Luis Sánchez Navarro, *"Dichosos los que escuchan la Palabra". Exégesis bíblica y lectio divina* (2012) 137 pp. ISBN: 978-84-15027-29-4 [8 €]

34 Manuel Aroztegi Esnaola, *La causa formal del matrimonio según San Buenaventura (IV Sent d 26)* (2012) 244 pp. ISBN: 978-84-15027-26-3 [12 €]

33 Roberto López Montero, *Tertuliano y las manos de Dios* (2012) 110 pp. ISBN: 978-84-15027-23-2 [disponible form. electr.]

32 Luis Sánchez Navarro (ed.), *Escudriñar las Escrituras. Verbum Domini y la interpretación bíblica* (2012) 115 pp. ISBN: 978-84-15027-18-8 [7 €]

31 José Mª Magaz – Nicolás Álvarez de las Asturias (eds.), *La Reforma Gregoriana en España* (2011) 211 pp. ISBN: 978-84-15027-15-7 [12 €]

30 Agustín Giménez González – Luis Sánchez Navarro (eds.), *Canon, Biblia, Iglesia. El canon de la Escritura y la exégesis bíblica* (2010) 251 pp. ISBN: 978-84-15027-04-1 [12 €]

29 José María Magaz (ed.), *Los partidos confesionales españoles* (2010) 175 pp. ISBN: 978-84-96318-99-1 [10 €]

28 HH. Oblatas de Cristo Sacerdote, *Sacerdocio de Cristo y santidad sacerdotal* (2010) 96 pp. ISBN: 978-84-96318-97-7 [6 €]

27 Javier Prades – Eduardo Toraño (eds.), *La razón de la esperanza* (2010) 236 pp. ISBN: 978-84-96318-93-9 [12 €]

26 Carmen Álvarez Alonso, *Teología del cuerpo y Eucaristía* (2010) 178 pp. ISBN: 978-84-96318-88-5 [disponible form. electr.]

25 María Lacalle – Andrés Martínez (eds.), *La familia. Recursos y conflictos en la sociedad contemporánea* (2009) 212 pp. ISBN: 978-84-96318-85-4 [10 €]

24 José María Magaz (ed.), *La Iglesia en los orígenes de la España contemporánea* (2009) 287 pp. ISBN: 978-84-96318-80-9 [15 €]

23 Alfonso Pérez de Laborda (ed.), *El dios de Aristóteles.* νόησις νοήσεως (2009) 409 pp. ISBN: 978-84-96318-75-5 [20 €]

22 Manuel del Campo Guilarte (ed.), *La pedagogía de la fe. Al servicio del itinerario de iniciación cristiana* (2009) 341 pp. ISBN: 978-84-96318-76-2 [20 €]

21 EDUARDO TORAÑO – JAVIER PRADES (eds.), *Dios es amor. Extensión Universitaria* (2009) 185 pp. ISBN: 978-84-96318-70-0 [10 €]

20 IGNACIO CARBAJOSA – LUIS SÁNCHEZ NAVARRO (eds.), *Palabra Encarnada. La Palabra de Dios en la Iglesia* (2008) 137 pp. ISBN: 978-84-96318-68-7 [8 €]

19 JOSÉ MARÍA MAGAZ (ed.), *Los obispos españoles ante los conflictos políticos del siglo XX* (2008) 293 pp. ISBN: 978-84-96318-59-5 [15 €]

18 ANDRÉS MARTÍNEZ ESTEBAN (ed.), *El Seminario de Madrid. A propósito de un Centenario* (2008) 272 pp. ISBN: 978-84-96318-53-3 [15 €]

17 JOSÉ MARÍA MAGAZ (ed.), *El Cantar de los Cantares y el arte. Jornada de Arte Sacro* (2007) 102 pp. ISBN: 978-84-96318-47-2 [6 €]

16 IGNACIO CARBAJOSA – LUIS SÁNCHEZ NAVARRO (eds.), *Entrar en lo antiguo* (2007) 173 pp. ISBN: 978-84-96318-45-8 [10 €]

15 JAVIER PRADES – EDUARDO TORAÑO (eds.), *Educar en la verdad* (2007) 188 pp. ISBN: 978-84-96318-42-7 [8 €]

14 ALFONSO PÉREZ DE LABORDA (ed.), *Jornada sobre la analogía* (2006) 263 pp. ISBN: 978-84-96318-28-1 [14 €]

13 ALFONSO PÉREZ DE LABORDA (ed.), *Naturaleza* (2006) 216 pp. ISBN: 978-84-96318-29-8 [11 €]

12 MANUEL DEL CAMPO GUILARTE (ed.), *La comunicación de la fe* (2006) 281 pp. ISBN: 978-84-96318-25-0 [disponible form. electr.]

11 JAVIER PRADES (ed.), *En busca del padre. Extensión Universitaria* (2006) 183 pp. ISBN: 978-84-96318-24-3 [8 €]

10 JUAN JOSÉ PÉREZ-SOBA DIEZ DEL CORRAL, *El corazón de la familia* (2006) 398 pp. ISBN: 978-84-96318-20-5 [20 €]

9 JOSÉ Mª MAGAZ FERNÁNDEZ (ed.), *Isabel la Católica hija de la Iglesia. Jornada sobre Isabel la Católica en el V Centenario de su muerte* (2006) 196 pp. ISBN: 978-84-96318-18-2 [disponible form. electr.]

8 JOSÉ Mª MAGAZ FERNÁNDEZ, *Autocrítica de la modernidad. La providencia en la historia según Donoso Cortés* (2004) 186 pp. ISBN: 978-84-96318-04-5 [8 €]

7 ANDRÉS-GALLEGO – OTERO NOVAS – PÉREZ-SOBA – VIDE, *La Nación y el Nacionalismo: contribuciones para un diálogo* (2004) 160 pp. ISBN: 978-84-96318-08-3 [8 €]

6 JAVIER PRADES (ed.), *La esperanza en un mundo globalizado* (2004) 192 pp. ISBN: 978-84-96318-09-0 [8 €]

5 MANUEL DEL CAMPO GUILARTE (ed.), El Catecismo de la Iglesia Católica. En el X aniversario de su promulgación (2004) 210 pp. ISBN: 978-84-96318-07-6 [9 €]

4 JAVIER PRADES (ed.), *La voz que yace bajo las voces* (2003) 242 pp. ISBN: 978-84-93270-57-5 [9 €]

3 JUAN JOSÉ PÉREZ-SOBA DIEZ DEL CORRAL (ed.), *"Para ser libres Cristo nos ha liberado" (Ga 5,1)* (2003) 240 pp. ISBN: 978-84-93270-58-2 [disponible form. electr.]

2 ALFONSO PÉREZ DE LABORDA (ed.), *Dios para pensar. El Escorial 2002* (2003) 242 pp. ISBN: 978-84-93270-55-1 [9 €]

1 JAVIER PRADES (ed.), *El misterio a través de las formas* (2002) 198 pp. ISBN: 978-84-96270-52-0 [disponible form. electr.]

STUDIA THEOLOGICA MATRITENSIA

32 RAÚL OROZCO RUANO (ed.), *Notas evangélicas para una cristología. Marie-Joseph Le Guillou* (Series Le Guillou 22; 2023) 106 pp. ISBN: 978-84-17561-80-2 [10 €]

31 GABRIEL RICHI ALBERTI (ed.), *Marie-Joseph Le Guillou. Textos sobre el ecumenismo (1948-1965)* (Series Le Guillou 19; 2022) 278 pp. ISBN: 978-84-17561-52-9 [20 €]

30 BAUDOUIN DE LA BIGNE (ed.), *Marie-Joseph Le Guillou et L'apostolicité de l'Église et la succession apostolique de la Commission Théologique Internationale* (Series Le Guillou 18; 2021) 507 pp. ISBN: 978-84-17561-41-3 [30 €]

29 GABRIEL RICHI ALBERTI (ed.), *Marie-Joseph Le Guillou y el Institut Supérieur d'Études Œcuméniques* (Series Le Guillou 17; 2021) 342 pp. ISBN: 978-84-17561-35-2 [25 €]

28 GABRIEL RICHI ALBERTI (ed.), *Marie-Joseph Le Guillou. Textos sobre la Iglesia* (Series Le Guillou 15; 2020) 448 pp. ISBN: 978-84-17561-10-9 [30 €]

27 GABRIEL RICHI ALBERTI (ed.), *Les noces de l'Agneau de Marie-Joseph Le Guillou* (Series Le Guillou 14; 2019) 346 pp. ISBN: 978-84-16639-93-9 [25 €]

26 JAIME LÓPEZ PEÑALBA (ed.), *Marie-Joseph Le Guillou. La charité, forme des vertus* (Series Le Guillou 12; 2018) 282 pp. ISBN: 978-84-16639-80-9 [20 €]

25 JESÚS IGLESIAS COBO (ed.), *El dosier "Intercélébration Pentecostale" de Marie-Joseph Le Guillou* (Series Le Guillou 11; 2018) 320 pp. ISBN: 978-84-16639-76-2 [25 €]

24 GABRIEL RICHI ALBERTI (ed.), *Marie-Joseph Le Guillou. Séjour en Grèce 1956-1957* (Series Le Guillou 10; 2018) 425 pp. ISBN: 978-84-16639-68-7 [30 €]

23 JAIME LÓPEZ PEÑALBA (ed.), *Marie-Joseph Le Guillou. La vie chrétienne dans l'Église et dans le monde* (Series Le Guillou 9; 2017) 836 pp. ISBN: 978-84-16639-57-1 [30 €]

EDICIONES UNIVERSIDAD SAN DÁMASO